インドネシア領 パプアの苦闘

分離独立運動の背景

井上 治
Inoue Osamu

めこん

はじめに

　世界地図で見ると日本のほぼ真下、太平洋の南西に浮かぶ世界で2番目に大きな島、ニューギニア島の西半分は「パプア」と呼ばれるインドネシア領である。パプアの領域面積は日本全土をも上回り約41万6060平方キロメートルに及ぶ。そこには約360万人の住民がいるが、そのうちメラネシア人種に属する土着のパプア人は既に半数を割ったとも言われる。パプアの地のマジョリティーとなりつつあるのは、パプア人がアンベル（amber）と呼ぶ外来民族すなわち広義のマレー人種に属するジャワ人やブギス人などのインドネシア人である。

　インドネシアに併合されて以降、パプアにはジャワ島やスラウェシ島などインドネシア各地から続々と移民が流入した。その結果、土着のパプア人は次第に都市部から追いやられていったばかりでなく、数の上でもパプアの地のマイノリティーの立場に置かれつつある。

　オランダとインドネシアとの間で領有権が争われたこの地は1969年、国際社会の承認を得る形で、いわば正式にインドネシアに併合された。

　パプアの独立準備を進めていたオランダと、パプアを含む旧オランダ領東インドのすべてが自国領だと主張するインドネシアとの仲介を行なった国連は、1969年末までにパプア人の民族自決権を行使させることを条件に、1963年以降のパプアの行政権をインドネシアに委ねた。行政権を握ったインドネシアはその後、1025名のパプア人からなる「民族自決協議会」（DMP）なるものを組織し、そこでの「話し合い」（musyawarah）で1969年8月2日、パプア人はインドネシアへの併合を望んだと結論付けたのだった。

　1人に1票が与えられなかった民族自決権、またインドネシアが組織した「民族自決協議会」にしてもその委員が民主的に選出されたパプア人の代表ではないことに、パプア社会はもとより国際社会でも批判や不満は当時から高かった。

　1969年11月の国連総会では、アフリカのガーナが正当な民族自決行為とは言えないとして、改めて1975年に公正な民族自決投票を行なうよう提案し、15ヵ国がこれを支持した。インドも、パプアの民族自決行為はあくまで例外とし、今後はこのような手法が民族自決権の行使と認められることがあっては

ならないと発言した。しかしながら最終的に国連総会は、「一種の民族自決行為が実施された」という当時のウ・タント国連事務総長の報告を了承した。こうして国際的にもパプアのインドネシアへの帰属が認められることとなった。

だが、パプア人社会はこの決定を素直に受け入れることはできなかった。インドネシアからの分離独立を求めるための運動がいわば自然発生的に起こった。これに対しインドネシアは1974年にパプアを軍事作戦地域（DOM）に指定して分離独立派の徹底的な洗い出しと殲滅作戦で応じたのだった。その結果、パプアではこれまでにおよそ10万人が犠牲になったとも言われる。

1998年にインドネシアでは32年間に及んだスハルト長期独裁政権が崩壊した。そうしてインドネシアが民主化へ向けた改革に歩み始めると、翌99年2月26日、パプアの各界代表からなる「100人チーム」（Tim 100）がジャカルタの大統領宮殿を訪れ、当時のハビビ大統領に会談を求めた。その席で彼らは、インドネシアとの併合によってパプア人が味わわされた苦難は分離独立を求めるに十分な理由であると主張するとともに、パプアは1961年12月1日の時点で主権を保持していたことを認めるよう求めた。1961年12月1日は、「明けの明星」を図柄としたパプアの民族旗が初めて掲揚された日だからである。

高まるパプアの分離独立要求を懐柔するためインドネシアは2001年にパプア特別自治法を制定した。しかしながら、これもパプアの分離独立要求を収束させる決め手にはならなかった。それどころか2005年8月には、この法律を中央政府に「返上する」運動がパプア各地で繰り広げられる事態となった。

パプアにおけるパプア人の特権と優遇措置を定めた特別自治法の制定は、中央政府にとってパプアをインドネシアにつなぎとめるための最大限度の譲歩であったはずである。これが受け入れられなければ、パプア問題の政治的な解決は、もはや分離独立の是非をめぐる住民投票を認めるほかすべがない。だが、現状としてインドネシア政府がそこまでの決断を下すことはまず考え難い。

本書は、インドネシアが抱えるパプアの分離独立問題とは何なのか、つまりなぜ長年にわたりパプア人は民族自決権を要求し続けているのかをパプア人の立場から明らかにするために書かれた。なぜならジャカルタに中央政府を置くインドネシアとその国の東端で絶えることなく民族自決権を要求し続けているパプアとの間では、インドネシアへのパプアの併合から今日までの間、パプア人が置かれてきた状況とその歴史への認識に著しい歪みが見られるからである。

目次

はじめに 3

序章 パプアの概要 ……………………………………… 15

1. 地理 16
2. 行政区画 17
3. エスニック・グループと宗教 19
4. 略年表 22

第1章 パプア民族指導者たちの死 ……………………… 29

1. ケリー・カリックの射殺 30
2. テイス・エルアイの絞殺 33
3. トーマス・ワインガイの獄中死 37
4. アーノルド・クレメンスに仕掛けられた罠 39

第2章 パプアの人権状況 ………………………………… 41

1. 今なお続く人権侵害 42
2. 人権状況の悪化と特別自治の形骸化 44
3. 解明の進まぬ人権侵害事件 47
4. 対話への道 49

第3章 フリーポート社とパプア ………………………… 53

1. フリーポート社とは 54
2. 労働争議と治安部隊 56
3. 相次ぐ銃撃事件 58
4. 国軍と警察の関係 61

第4章 マイノリティー化するパプア人 ………………… 63

1. パプアの人口動態 64
2. パプア人とは 66
3. パプアへの国内移住政策 69

第5章 パプア問題の特異性 ……………………………… 75

1. インドネシアの中のパプア 76

2. 特異な歴史的背景と問題　78
3. 中央政府との交渉　88

第6章　インドネシアへの併合過程　91

1. パプアの地名の変遷　92
2. インドネシア独立前後の動き　95
3. パプア・ナショナリズムの高揚　99

第7章　パプア分離独立闘争　106

1. パプア独立組織（OPM）の出現　107
2. パプア分離独立闘争の展開　110
3. パプア市民の独立要求　118

第8章　パプア分離独立問題の展開　121

1. インドネシア政府の対応　122
2. パプア大協議会の開催　124
3. 第2回パプア住民会議の開催　129

第9章　第2回パプア住民会議の諸決定　132

1. パプアの歴史を正すための委員会　133
2. パプア闘争の政治的議題に関する委員会　139
3. パプア闘争の構成要素の強化に関する委員会　143
4. パプアの人民の基本的権利に関する委員会　146

第10章　第2回パプア住民会議への反応　155

1. インドネシア大統領への報告　156
2. パプア選出国会議員の報告書　159
3. 南太平洋諸国の反応　162
4. パプア独立組織（OPM）との合意　164
5. パプア人民の声明　165

第11章　パプア特別自治法の施行　169

1. パプア特別自治法案の策定　170
2. ソロッサ州知事の演説　173

  3．パプア特別自治法の特徴　181

第12章 パプア州の分割をめぐる混乱　185

  1．西パプア州の発足　186
  2．ソロッサ州知事の意見書　190
  3．パプア住民協議会（MRP）の勧告　197

第13章 パプア住民協議会の苦闘　200

  1．パプア住民協議会（MRP）の設置　201
  2．アグス・A・アルア議長の演説　208
  3．フリーポート社に関する勧告　211

第14章 第3回パプア住民会議とその後の展開　218

  1．第3回パプア住民会議の強制解散　219
  2．フォルコルス・ヤボイセンブトの声明文　221

おわりに　226

（付録）パプア特別自治法　228
（パプア州の特別自治に関するインドネシア共和国法律 2001年第21号）

事項索引　252／人名索引　254／略語　256／主な参考文献　258

表目次●　表1　パプア州の県・都市別人口と土着のパプア人の割合（2010年）　17
    表2　西パプア州の県・都市別人口と土着のパプア人の割合（2010年）　18
    表3　パプア州の県・都市ごとの宗教別人口（2010年）　20
    表4　西パプア州の県・都市ごとの宗教別人口（2010年）　22
    表5　パプアとインドネシアの人口動態　65
    表6　パプアのエスニック・グループ別人口とその割合（2000年）　68
    表7　国内移住政策によるパプアへの移住世帯数と推定移住者数　71
    表8　インドネシアの州別歳入（2010年）と人間開発指数（2009年）　77
    表10　1969年に実施されたパプアの「民族自決協議会」（DMP）　105

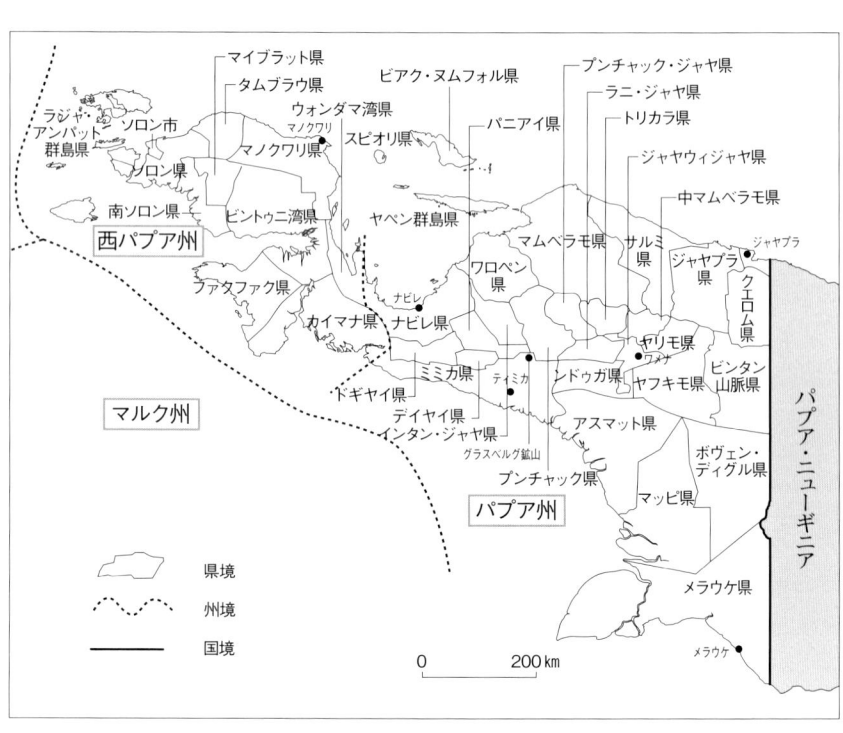

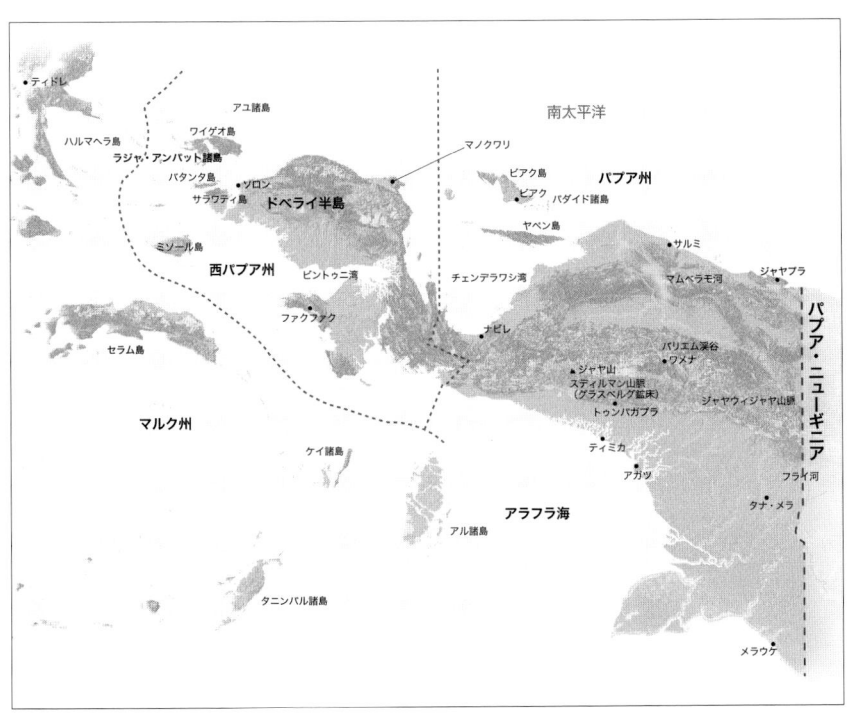

隣国パプア・ニューギニアとの国境に近いパプア南部の町メラウケの空港。

メラウケの大通り。

メラウケの海岸通り。

パプア南部の遠浅の海。

パプア州都ジャヤプラの港。

西パプア州ソロンの海。

内陸部の町ワメナ。

ワメナの空港

序章

パプアの概要

内陸部の町ワメナの郊外

1. 地理

　インドネシアの東端に位置し、東経141度線を境にニューギニア島の西側を占めるのがインドネシア領パプアである。ニューギニア島の国境を東に越えると独立国のパプア・ニューギニアである。

　インドネシア領パプアの面積は約41万6060平方キロメートルで日本の総面積をも上回る。だが人口は約360万人にすぎず、今なお大部分の地域が未開の自然に覆われている。

　気候区的には熱帯に属するが、パプアを東西に貫く山脈地帯には万年雪を戴いたプンチャック・ジャヤ（ジャヤ山）をはじめ4000メートル級の山々が連なっている。広大な低地湿地帯を含む海抜0メートルの熱帯海洋地区から標高4884メートルのプンチャック・ジャヤまでに至る総面積250万5600ヘクタールのロレンツ国立公園は、1999年12月にユネスコ（UNESCO）の世界遺産（自然遺産）に登録された。

　中央の山岳地帯は1年を通じて雨が降る。一方、パプアの北側は乾期よりも雨期が長く、東南地方は雨期よりも乾期のほうが長い。

　パプアの西端は東経124度で、北に太平洋、西にセラム海、南にバンダ海に囲まれている。島の北西部には幅約220キロメートル、奥行き約150キロメートルという広大なチェンデラワシ湾がある。

　なお、パプアにはニューギニア島西半分の周辺に散らばるビアク島をはじめとした大小約2500の島々も行政的には含まれている。

2. 行政区分

　インドネシア領パプアは、行政的には大きくパプア州と西パプア州の2つに分けられている。

　パプア州の面積は約31万9036平方キロメートルで人口は283万3381人（2010年）である。西パプア州の面積は約9万7024平方キロメートルで人口は76万422人（2010年）である。

　パプア州は28県と州都ジャヤプラからなる。最も人口が多いのはパプアの

表1 パプア州の県・都市別人口と土着のパプア人の割合（2010年）

県・都市名	人口（人）	パプア人（人）	非パプア人（人）	パプア人の割合（%）
スピオリ（Spiori）県	15,874	15,297	577	96%
マムベラモ（Mamberamo）県	18,365	17,092	1,273	93%
ワロペン（Waropen）県	24,639	20,382	4,257	83%
サルミ（Sarmi）県	32,971	22,934	10,037	70%
中マムベラモ（Mamberamo Tengah）県	39,537	39,329	208	99%
インタン・ジャヤ（Intan Jaya）県	40,490	40,413	77	99%
クエロム（Keerom）県	48,536	19,698	28,838	41%
ヤリモ（Yalimo）県	50,763	50,355	408	99%
ボヴェン・ディグル（Boven Digoel）県	55,784	37,316	18,468	67%
デイヤイ（Deiyai）県	62,119	61,564	555	99%
ビンタン山脈（Pegunungan Bintang）県	65,434	62,343	3,091	95%
アスマット（Asmat）県	76,577	68,613	7,964	90%
ンドゥガ（Nduga）県	79,053	78,389	664	99%
マッピ（Mappi）県	81,658	72,397	9,261	89%
ヤペン群島（Kep Yapen）県	82,951	64,329	18,622	78%
ドギヤイ（Dogiyai）県	84,230	83,400	830	99%
プンチャック（Puncak）県	93,218	92,532	686	99%
プンチャック・ジャヤ（Puncak Jaya）県	101,148	99,368	1,780	98%
ジャヤプラ（Jayapura）県	111,943	68,271	43,672	61%
トリカラ（Tolikara）県	114,427	113,337	1,090	99%
ビアク・ヌムフォル（Biak Numfor）県	126,798	93,426	33,372	73%
ナビレ（Nabire）県	129,893	62,040	67,853	48%
ラニ・ジャヤ（Lanny Jaya）県	148,522	148,367	155	99%
パニアイ（Paniai）県	153,432	149,414	4,018	97%
ヤフキモ（Yahukimo）県	164,512	162,192	2,320	99%
ミミカ（Mimika）県	182,001	75,068	106,933	41%
メラウケ（Merauke）県	195,716	72,826	122,890	37%
ジャヤウィジャヤ（Jayawijaya）県	196,085	177,654	18,431	91%
ジャヤプラ（Jayapura）市	256,705	89,773	166,932	35%
パプア州合計	2,833,381	2,158,119	675,262	76%

（出所）インドネシアの中央統計局（BPS）の下記のURLを基に作成。
　　　http://www.papua.bps.go.id/sp2010.

表2 西パプア州の県・都市別人口と土着のパプア人の割合（2010年）

県・都市名	人口 （人）	パプア人 （人）	非パプア人 （人）	パプア人の 割合（%）
ファクファク（Fak-fak）県	66,828	36,409	30,419	54.48
カイマナ（Kaimana）県	46,249	24,412	21,837	52.78
ウォンダマ湾（Teluk Wondama）県	26,321	20,181	6,140	76.67
ビントゥニ湾（Teluk Bintuni）県	52,422	27,947	24,475	53.31
マノクワリ（Manokwari）県	187,726	107,857	79,869	57.45
南ソロン（Sorong Selatan）県	37,900	30,988	6,912	81.76
ソロン（Sorong）県	70,619	26,400	44,219	37.38
ラジャ・アンパット群島（Raja Ampat）県	42,507	31,160	11,347	73.31
タムブラウ（Tambrauw）県	6,144	5,878	266	95.67
マイブラット（Maybrat）県	33,081	31,772	1,309	96.04
ソロン（Sorong）市	190,625	62,070	128,555	32.56
西パプア州合計	760,422	405,074	355,348	53.27

（出所）BPS, *Statistik Daerah Provinsi Papua Barat 2011*（Manokwari, 2011）を基に作成。

　北東に位置する州都ジャヤプラである。2010年の人口調査によると、州都ジャヤプラの人口は25万6705人である。しかし、そのうち土着のパプア人はおよそ3分の1の8万9773人にすぎない。残りの16万6932人は外来の非パプア人である。パプア州内28県1都市のうち、非パプア人の人口がパプア人の人口を上回るのは州都ジャヤプラのほかクエロム県とナビレ県、ミミカ県そしてメラウケ県の4県である（**表1**と8～9ページの地図を参照）。

　西パプア州は10県1都市からなる。最も人口の多いのは油田の町として知られるパプア北西部の都市ソロンである。ソロン市の人口は19万625人である。だが、そのうち土着のパプア人は6万2070人でソロン市の人口の33％に満たない（**表2**参照）。

　パプア人の割合を見ると、パプア州では76％、西パプア州では53.27％で、パプア全体では71％となっている。しかしながら、この数字をそのまま鵜呑みにするわけにはいかない。というのもインドネシアの政府統計では、以下の条件のいずれかに当てはまる者はすべてパプア人とみなしているからである。[1]

1　*Kompas.com*. 11 Januari 2011.

第1に、父親と母親が土着のパプア人である者。

第2に、父親か母親のいずれかが土着のパプア人である者。

第3に、エスニック・グループ的には土着のパプア人ではないものの、土着のパプア人社会からパプア人として慣習的に受け入れられている者。

第4に、エスニック・グループ的には土着のパプア人ではないものの、土着のパプア人の家族や一族として認められている者。

第5に、パプアの地に継続して35年以上居住している者。

つまり、パプア人の定義を民族学的な視点からパプア土着のメラネシア系人種としたならば、パプアに住むパプア人の割合はこの統計よりもはるかに低くなるものと思われる。

3. エスニック・グループと宗教

パプア人とは、その肌の色や髪の毛の特徴などからメラネシア人種に分類される250を超えるエスニック・グループからなるパプアの土着の住民の総称である。つまり、一概にパプア人と言っても、それぞれのエスニック・グループは固有の言語を有し、パプア語といった共通言語があるわけではない。パプアの諸エスニック・グループ間の共通言語は、今のところインドネシア語である。

とはいえ、パプアには多様なエスニック・グループを結びつける文化的特徴も見られる。その1つが宗教である。

インドネシアでは国民の87％がイスラム教徒だが、パプアでは住民の約78％がキリスト教プロテスタントまたはカトリック教徒である。大雑把に見ると、パプア州の北部、西部、そして東部ではプロテスタントが多く、南部ではカトリック教徒が多い。また、インドネシアの中心により近い西パプア州を中心にイスラム教徒が多数派を占める県・都市も見られる（**表3**と**表4**参照）。

表3 パプア州の県・都市ごとの宗教別人口（2010年）

県・市名	イスラム教	プロテスタント	カトリック	ヒンドゥ教
スピオリ県	201	**15,640**	11	3
マムベラモ県	480	**17,855**	29	0
ワロペン県	3,363	**21,008**	267	0
サルミ県	7,507	**24,529**	521	18
中マムベラモ県	68	**38,797**	672	0
インタン・ジャヤ県	61	**26,956**	13,473	0
クエロム県	**22,326**	12,967	11,996	274
ヤリモ県	64	**50,663**	35	1
ボヴェン・ディグル県	11,073	15,715	**28,590**	29
デイヤイ県	455	**38,478**	23,162	0
ビンタン山脈県	761	**45,478**	19,194	1
アスマット県	4,051	29,814	**42,657**	13
ンドゥガ県	0	**79,053**	0	0
マッピ県	6,220	16,636	**58,477**	35
ヤペン群島県	12,160	**69,149**	647	27
ドギヤイ県	642	32,026	**51,550**	7
プンチャック県	293	**92,758**	165	1
プンチャック・ジャヤ県	1,052	**99,873**	214	3
ジャヤプラ県	29,188	**76,610**	4,675	330
トリカラ県	475	**113,763**	78	0
ビアク・ヌムフォル県	20,377	**103,042**	2,615	131
ナビレ県	50,700	**65,044**	12,956	268
ラニ・ジャヤ県	127	**148,282**	113	0
パニアイ県	2553	**112,098**	36,373	28
ヤフキモ県	1,599	**160,350**	2,553	8
ミミカ県	59,368	**71,416**	37,413	233
メラウケ県	**91,209**	30,399	72,609	400
ジャヤウィジャヤ県	10,590	**118,919**	66,077	84
ジャヤプラ市	113,133	**127,927**	13,423	526
パプア州合計	450,096	**1,855,245**	500,545	2,420

（出所）BPS, *Data Sensus Penduduk 2010* を基に作成。
（注）太字は信徒数の最も多い宗教。

仏教	儒教	その他	無回答	未質問	合計
0	0	0	0	19	15,874
0	1	0	0	0	18,365
1	0	0	0	0	24,639
10	0	0	0	386	32,971
0	0	0	0	0	39,537
0	0	0	0	0	40,490
7	0	1	0	965	48,536
0	0	0	0	0	50,763
35	0	0	0	342	55,784
0	0	0	0	24	62,119
0	0	0	0	0	65,434
3	3	0	21	15	76,577
0	0	0	0	0	79,053
16	11	0	0	263	81,658
8	1	11	0	948	82,951
1	2	2	0	0	84,230
1	0	0	0	0	93,218
6	0	0	0	0	101,148
116	9	0	0	1,015	111,943
0	0	0	0	111	114,427
213	7	89	0	322	126,798
139	5	13	0	768	129,893
0	0	0	0	0	148,522
6	11	0	0	2,363	153,432
2	0	0	0	0	164,512
97	0	0	0	13,474	182,001
178	13	58	0	850	195,716
3	1	0	0	411	196,085
608	12	0	0	1,076	256,705
1,452	76	174	21	23,352	2,833,381

表4 西パプア州の県・都市ごとの宗教別人口（2010年）

県・市名	イスラム教	プロテスタント	カトリック	ヒンドゥ教
ファクファク県	**40,517**	14,891	10,795	33
カイマナ県	19,397	**22,160**	3,956	30
ウォンダマ湾県	4,779	**21,154**	299	37
ビントゥニ湾県	**23,808**	19,331	8,180	27
マノクワリ県	57,747	**121,933**	7,160	296
南ソロン県	8,211	**29,225**	256	13
ソロン県	**38,996**	28,473	2,744	208
ラジャ・アンパット群島県	13,530	**28,624**	322	27
タムブラウ県	201	**4,866**	1,024	0
マイブラット県	224	**26,504**	6,262	0
ソロン市	84,616	**91,680**	12,465	188
西パプア州合計	292,026	**408,841**	53,463	859

（出所）BPS, *Data Sensus Penduduk 2010* を基に作成。
（注）太字は信徒数の最も多い宗教。

4. 略年表

　パプアがインドネシアに併合されるまでの歴史の流れは、ほぼ次の通りである。

16世紀以前：パプアの存在は中国人やニューギニア島よりもさらに西域に分布するマレー系の諸エスニック・グループには知られていた。中国人は「タンキ」（Tangki）または「ヤンギ」（Janggi）と呼称、マレー系の諸エスニック・グループは「プアプア」（pua-pua）と呼称していた。
16世紀初め：ポルトガル人が「パプア」と命名。
16世紀半ば：スペイン人が「ニューギニア」と命名。
17世紀初め：オランダがニューギニア島の西端の支配権を獲得。
1828年：オランダがニューギニア島の西半分の領有を宣言。オランダの領有権は、イギリス（1885年）とドイツ（1910年）との境界線協定によって確定。
1945年7月11日：日本軍政下のインドネシア独立準備調査会の第2回会合で、インドネシアにパプアを含めるか否かが争点となる。採決では、インドネシア

仏教	儒教	その他	無回答	未質問	合計
18	6	0	0	568	66,828
9	1	0	38	658	46,249
2	0	0	12	38	26,321
57	5	0	0	1,014	52,422
98	2	0	262	228	187,726
0	0	0	0	195	37,900
22	11	0	0	165	70,619
4	0	0	0	0	42,507
0	0	0	0	53	6,144
0	0	0	0	91	33,081
391	0	0	29	1,256	190,625
601	25	0	341	4,266	760,422

はマラッカ、北ボルネオ、パプアそしてポルトガル領東ティモールも含めた国家領域で構成されるべきだという案が66票中39票を得た。

1945年8月17日：インドネシア独立宣言。国家領域を旧オランダ領東インドすなわち西端をスマトラ島北西端のアチェ、東端をニューギニア島西半分のパプアとした。

1946年7月：オランダがインドネシア中部および東部の諸エスニック・グループの代表を招き、南スラウェシでマリノ会議開催。目的は、インドネシアをオランダ王国内の連邦国家とすることにあった。オランダはこの機会にそれまでマルク州理事官の管轄下にあったパプアを独自の行政単位とすることに成功。

1949年12月27日：「ハーグ協定」でオランダは、パプアを除くインドネシア連邦共和国に、その完全な主権を委譲した。パプアについては「インドネシアに対する主権委譲の日から1年以内にインドネシアとオランダとの間の交渉により決定される」という条件付きで現状維持とされた。

1950年8月15日：インドネシアは連邦制を完全に廃止して、単一のインドネシア共和国となる。

1961年2月：オランダがパプアに「ニューギニア議会」を開設。

1961年10月：オランダは「パプア国民委員会」を組織し、以下の諸事項を決議。

パプア国旗の制定。パプア民族歌の制定。「西ニューギニア」から「西パプア」への名称変更。民族名としての「パプア」の採用。1961年11月1日のパプア国旗の掲揚。

1961年11月1日：オランダ国旗と共にパプア国旗が掲揚され、パプア民族歌が斉唱される。

1961年12月1日：オランダはニューギニア議会で、10年後の1971年12月1日にパプアを独立させると約束。

1961年12月19日：インドネシアのスカルノ（Soekarno）大統領は全国民に対し、次の「三大指令」を発令。①オランダ植民地製の傀儡国家パプア国を打倒せよ。②インドネシアの本来の領土である西イリアン（パプア）に名誉ある紅白旗（インドネシア国旗）をひるがえせ。③独立、国家、および国民の団結を護るため総動員の準備をせよ。

1962年1月：西パプア沖でインドネシア軍とオランダ軍の海戦勃発。

1962年8月：オランダとインドネシアの双方はアメリカのバンカー提案に基づき、国連本部で「ニューヨーク協定」に調印。協定の骨子は、**(1)** 西パプア（パプア）の施政権は国連臨時行政府（UNTEA）の暫定統治の後、1963年5月1日以降にインドネシアへ委譲される。**(2)** 西パプアの民族自決権の行使は、1969年末までに完了する。**(3)** 国連事務総長は、民族自決行為の実施ならびにその結果について国連総会に報告する。

1962年9月：パプア人政治エリートは「民族会議」を開催し、UNTEAに対し、パプアの国旗と民族歌を尊重すること、UNTEAの施政が終了する前に総選挙を行なうことを要求。各地で反インドネシアの抗議デモが拡大。

1963年5月1日：パプアの施政権がUNTEAからインドネシアへ委譲される。

1964年：インドネシア政府は自ら任命したエリゼル・ヤン・ボナイ（Eliezer Yan Bonay）知事をわずか1年で解任。理由は、彼がパプア独立の是非を問う住民投票の実施を国連に求めたため。ボナイ解任後、独立を求めるパプア人の闘争が本格化。

1965年7月28日：パプア人の大規模な武装蜂起発生。その後も各地で武装闘争が繰り広げられる。オランダ、セネガル、バヌアツなど海外にもパプア独立組織（OPM）の活動拠点が置かれる。

1966年11月1日：アメリカのフリーポート社とインドネシア政府との間でパ

プアの銅鉱床の開発協定が結ばれる。
1967年4月5日：フリーポート社、パプアのエルスベルグ鉱床の採掘契約をインドネシア政府と交わす。
1969年2月17日：アメリカ、カナダ、オランダなどの共同出資によるパシフィック・ニッケル社とインドネシア政府との間でパプアのニッケル採掘に関する調印が行なわれる。
1969年7月14日～8月2日：「民族自決協議会」開催。パプア人のデモ隊が各地で住民投票の実施を要求するも、インドネシア政府は1025名のパプア人からなる「民族自決協議会」を組織してパプア人の民族自決権は行使されたと主張。国連も事実上、これを追認。パプアにおける「民族自決協議会」の結果は、第25回国連総会で報告された。アフリカおよびカリブ海の計15ヵ国は、公正な民族自決行為とは言えないとして、その承認を拒否した。その結果、国連は、再度住民投票を行なうべきであるとの結論でこの問題を打ち切ったが、当時のインドネシア外相アダム・マリク（Adam Malik）は資金不足を理由にこれを拒否した。
1969年8月2日：パプアのインドネシアへの帰属が確定。

　インドネシア併合後もパプアの分離独立運動は途絶えることはなかった。それどころかむしろ激化した。そのためインドネシアは1974年にパプアを軍事作戦地域（DOM）に指定し、分離独立派の徹底的な洗い出しと殲滅作戦を展開した。
　1998年5月、32年間にわたって政権に君臨したスハルト（Suharto）大統領が退陣し、インドネシアに民主化機運が高まると、再びパプアでも独立を求める声が公然とあがりはじめた。スハルト退陣後のパプアをめぐる主な出来事は次の通りである。

1998年：パプア独立を求めるデモや暴動が各地で続発し、暴動の首謀者として元州議会議員でパプア慣習社会研究所（LMA）所長のテイス・エルアイ（Theys H. Eluay）が逮捕される。
1999年2月26日：パプア各界の代表からなる「100人チーム」がインドネシアのハビビ（Habibie）大統領と会談し、1961年12月1日の時点でパプアは既に独立していたことを認めるよう要求。

1999年10月4日：ハビビ大統領はパプアを3州に分割する法律1999年第45号を制定。
1999年10月20日：ハビビに代わってアブドゥルラフマン・ワヒッド (Abdurrahman Wahid) がインドネシア共和国大統領に就任。
1999年12月16日：パプア州議会議長カイワイ (T.N.Kaiway) を代表とするパプア人代表団が国会に以下の7項目を要求。(1) 99年2月26日の100人のパプア代表団とハビビ大統領との国内会談の延長として、国際社会レベルでの会談を行なうこと。(2) パプア人の全政治犯を釈放すること。(3) パプアの独立問題を県議会や州議会で話し合うことを認めること。(4) パプアからすべての治安部隊を撤退させること。(5) 1961年から99年までにパプアで発生した人権侵害事件を捜査すること。(6)「西パプア」(Papua Barat) の国名と「ポート・ヌンバイ」(Port Numbai) の首都名を認めること。(7) 国連旗、インドネシア国旗、西パプア国旗の下で、2000年5月までにパプアのすべての問題を解決すること。
2000年5月21日〜6月4日：第2回パプア住民会議 (Kongres Papua 2000) 開催。パプア議会常任幹部会 (PDP) をパプア人の代表機関としインドネシア政府との交渉にあたることなどを決議。
2000年11月30日：分離独立運動を煽ったとしてパプア議会常任幹部会議長テイス・エルアイを政府治安当局が再逮捕。ワヒッド大統領は直ちに彼を釈放するよう要請したが、治安当局はこれを拒否。
2001年6月13日：ワシオール事件発生。ワシオールのウォンディボイ村で警察機動部隊員5名と民間人1名が殺害され銃6挺が奪われる。その後の人権を無視した犯人捜査の過程で警察はワシオール地区の住民4人を殺害、39人を拷問、1人を強姦し、5人が強制連行後に行方不明となった。
2001年7月23日：インドネシアのワヒッド大統領失脚。代わってメガワティ (Megawati Sukarnoputri) 副大統領が大統領に昇格。
2001年11月10日：パプア議会常任幹部会議長テイス・エルアイが陸軍特殊部隊員によって誘拐され絞殺される。
2001年11月21日：パプア特別自治法制定。
2002年1月1日：パプア特別自治法、正式に施行。
2002年1月7日：州名がイリアン・ジャヤ州から正式にパプア州となる。
2002年8月31日：ティミカ事件発生。インターナショナル・スクールのミニ

バスが銃撃され、アメリカ人2名とインドネシア人1名が死亡。負傷者は12名。アメリカもFBIの捜査官を派遣。

2003年1月27日：メガワティ大統領がパプア州の3分割の早期実施を指示する大統領指令発令。

2003年2月6日：マノクワリを州都に西イリアン・ジャヤ州が事実上発足。

2003年4月4日：ワメナ事件発生。ジャヤウィジャヤ第1702軍事地区司令部が襲撃され、29挺の銃と実弾3500発が奪われる。その後の捜査の過程で国軍は住民9人を殺害、38人を拷問。さらに25ヵ村の住民を強制移住させた。移住を強いられた住民のうち老人や子供など42人が疲労や食糧難から避難場所で死亡。

2003年8月23日：ティミカを州都に中イリアン・ジャヤ州の発足が宣言されるも、パプア州分割反対派との間で混乱。

2003年8月26日：ティミカ警察、事態の収拾のため中イリアン・ジャヤ州知事庁舎を閉鎖。

2003年10月9日：パプア州議会議長ジョン・イボ（John Ibo）が、中央政府がパプア州の分割を強行するなら2004年の総選挙ボイコットを呼びかけると声明を発表。

2004年1月14日：パプア州議会議長ジョン・イボがパプア州を3州に分割する1999年法律第45号の無効を求めて憲法裁判所に提訴。

2004年10月20日：スシロ・バンバン・ユドヨノ（Susilo Bambang Yudhoyono）がインドネシア共和国大統領に就任。

2004年11月11日：憲法裁判所、パプア特別自治法が2001年に制定されたことにより1999年法律第45号は無効と認められるものの、既にそれ以前に分割され実体を持つ西イリアン・ジャヤ州は法的に正当であるとの司法判断を示す。

2005年1月10日：国家人権委員会（Komnas HAM）パプア代表部設立。

2005年1月15日：ウニン流血事件発生。パプア独立組織（OPM）の拠点の1つと言われるトリカラ県ウニン郡を陸軍特殊部隊と警察機動隊およびそれに協力する住民らが襲撃。ウニン郡の住民は山へ逃げ込む。数百軒の家、数十棟の学校や病院などが破壊される。

2005年8月12日：パプア慣習議会（DAP）に指導された数千人のデモ隊がジャヤプラのパプア州議会（DPRP）を訪れ、特別自治は失敗に終わったとして中央

政府にパプアの特別自治権を「返還する」よう要求。同様のデモはパプア西部のビアク・ヌムフォルや西パプア州の州都マノクワリでも発生。

2005年10月31日：パプア住民協議会（MRP）の議員42名が内務相により任命される。

2005年12月19日：パプア州のソロッサ知事（Jacobus P. Solossa）が謎の急死。

2006年1月19日：43人のパプア人が船でオーストラリアへ密航し政治亡命を求める。

2007年2月7日：西イリアン・ジャヤ州の州名を西パプア州に正式に改名。

2009年12月16日：パプア独立組織（OPM）の武装勢力である国民解放軍（TPN）のケリー・カリック（Kelly Kwalik）司令官が警察に射殺される。

2010年3月17日：プンチャック・ジャヤ事件発生。パプア独立組織（OPM）の隠れ家と武器を捜索する過程で国軍兵士が住民らに著しい人権侵害。身柄を拘束したキンデルマン・ギレ（Kinderman Gire）牧師の首を切断して惨殺。

2010年4月26日：パプア慣習議会（DAP）のフォルコルス・ヤボイセンブト（Forkorus Yaboisembut）議長がインドネシアの他地域の住民のパプアへの国内移住政策を正式に拒否すると声明。

2010年6月9日〜10日：パプア住民協議会（MRP）と一般のパプア人の合同によるパプア大協議会開催。パプアの特別自治は失敗と結論。

2011年4月7日：パプア住民協議会（MRP）議長アグス・A・アルア（Agus A. Alua）が謎の急死。

2011年10月17日〜19日：第3回パプア住民会議（Kongres Rakyat Bangsa Papua III）開催。「西パプア連邦」（Federasi Papua Barat）という国家の樹立と、そのための移行政府としてフォルコルス・ヤボイセンブトを大統領、エディソン・ワロミ（Edison Waromi）を首相に任命することを採択。その直後に国軍と警察が会場を包囲し、直ちに解散を命令。治安当局によって一時身柄を拘束された者は387人。そのうち96人が暴行を受け、3人が死亡。

2012年3月16日：煽動罪に問われたフォルコルス・ヤボイセンブト、エディソン・ワロミら5人の被告に対しジャヤプラ地裁が禁固3年の判決を下す。

2013年2月22日：プンチャック県とプンチャック・ジャヤ県でインドネシア国軍兵士を狙った銃撃事件発生。犠牲者は軍人8人、民間人4人。救援に来た空軍ヘリコプターも銃撃される。

第1章
パプア民族指導者たちの死

ケリー・カリックの墓に捧げられた供花。「西パプア民族の指導者ケリー・カリック将軍」と書かれている。

1. ケリー・カリックの射殺

　2009年12月16日未明、パプア中部の町ティミカでパプア独立組織（OPM）の武装勢力である国民解放軍（TPN）の司令官であったケリー・カリック（Kelly Kwalik）が警察の部隊に射殺された。病に臥せっているところを襲われ、逃げようとして銃撃されたのだった。

　ケリー・カリックには同年7月から9月にかけて発生したアメリカ資本の鉱山開発会社フリーポート・インドネシア社の社員ら3人の殺害事件の容疑が国軍からかけられていた。国軍からというのは、当時のパプア州警察長官バグス・エコダント（Bagus Ekodanto）はケリー・カリックの事件への関与を否定していたからである。

　事件発生後にケリー・カリックと極秘に接触したパプア州警察当局は、ケリー・カリック自身の口から事件とは無関係であるとの証言を得て、彼の無実を確証していた。だが、パプアを軍管区とするチェンデラワシ師団長のアズミン・ユスリ・ナスチオン（A.Y.Nasution）少将は「自ら泥棒だと叫ぶ泥棒などいない」とパプア州警察の見解を真っ向から否定し、ケリー・カリックこそが一連の事件の主犯であると主張し続けたのであった。[2]

　こうして警察と国軍の見解が対立する中で同年10月17日、パプア州警察長官のバグス・エコダントは更迭され、後任にベクト・スプラプト（Bekto Suprapto）が着任した。それからほどなく、パプア州警察はケリー・カリックの逮捕に動き、彼を射殺したのである。

　ケリー・カリックの葬儀にはおよそ1000人のパプア人が参列した。遺体は明けの明星を図柄としたパプア民族旗で包まれた。地元のアムンメ人慣習社会研究所（LMA）のネリウス・カタガメ（Nerius Katagame）理事長は、次のような弔辞を読み上げた。

　「我々は誰も起こったことの真実はわからない。なぜケリー・カリック氏が射殺されたのかは神だけが知っている。いつパプアが独立するのかも神だけが知っている」[3]

2　*Kompas.com*, 30 Oktober 2009.
3　Wawan H.Purwanto, *Papua 100 tahun ke depan*（Jakarta,2010）p.305.

キリスト教会の前にあるのがケリー・カリックの墓。

　ティミカの町の中心部にあるカトリック教会の脇に建てられた墓には「西パプア民族の指導者ケリー・カリック将軍」と書かれた花輪が添えられた。
　パプアでは、警察によるケリー・カリックの射殺を深刻な人権侵害事件と非難する声も強い。
　ティミカのカトリック教会が運営する平和と正義事務局（SKP）のサウル・ワニンボ（Fr Saul Wanimbo）事務局長は、国軍や警察あるいは謎の集団によるパプア人への銃撃や殺人事件はいまだに続いており、しかもほとんどが当局によって解明されていないと指摘した上で、ケリー・カリックの射殺事件から1年が過ぎてもフリーポート・インドネシア社の社員らを襲撃した犯人が彼であったという証拠も示されていないこと、彼は病気で臥せているところを警察に襲撃されたこと、銃撃後に警察は彼を近くの病院に運ぼうとしなかったこと、また彼の検死結果も公表されていないことなどを列挙し、警察の行為はパプアの真実と正義のために闘った者への重大な人権侵害事件であると批判して、ケリー・カリックを射殺した警察部隊が国際人権裁判所で裁かれることやインドネ

シア政府がこの事件のための司法特別委員会を組織することを求めた。

パプア慣習議会（DAP）のフォルコルス・ヤボイセンブト（Forkobus Yaboisembut）議長も、ケリー・カリックはこのような殺され方をしなければならないような悪人でもなければテロリストでもないと、警察の非人道的な行為を批判し、さらに次のように述べた。

「ケリー・カリックやパプアの慣習社会はただ単に、これまで無視され、差別され、奪われてきた真実と正義を求めて、言い換えるならこれまでの開発において無視されてきたパプアの慣習社会の諸権利を守るために闘っていたのだということは、誰もが知っている」

同様にパプア州議会のウェイナンド・ワトリ（Weinando Watori）議員も、ケリー・カリックを射殺したところで何の解決になるのかと疑問を呈した上で、彼に話し合いを求めたり要望を聞いたりすることもなく射殺した警察の行為にパプア人はむしろ反感を強めたことだろうと非難した。

1955年にパプア中部のタナ・アムンサに生まれたケリー・カリックは、オランダ統治時代に設立された教員養成学校を出た教師だった。その彼がパプアの独立運動に身を投じたのは1975年半ばのことである。その後、パプア独立組織国民解放軍（TPN/OPM）の第3軍管区司令官を経て、最終的には将軍の階級で最高司令官の地位にあったとも言われる。だが、正確なところはわからない。というのは、パプア独立組織（OPM）と呼ばれるパプアの独立運動は、1つの指揮系統の下にある一体的な組織ではないからである。つまり自発的に、あるいは草の根的にパプアの独立のために立ち上がったパプア人の総称がOPMなのである。

OPMの結成者として長くインドネシア当局に身柄を拘束されていたテリアヌス・アロンゲアル（T.T.Aronggear）は、これを次のように表現している。

「この運動は太平洋の波のようなものだ。たとえその波がさほど大きくはなかったとしても、けっして止むことはない」

教師を志し、その夢を叶えたはずのケリー・カリックは、なぜパプアの独立

4　*Tabloidjubi.com*, 16 Desember 2010.
5　*Cenderawasih Pos*, 20 Desember 2009.
6　註3に同じ。
7　Wawan H.Purwanto, *op.cit.*, p.294.
8　*VIVANEWS.com.*, 16 Desember 2009.

運動に身を投じたのか。その理由は彼が遺したこの詩を読めば、自ずと明らかになろう。

「神よ、この豊穣な地のすべての金、銅、石油、ガス、魚、そしてすべての動植物を持ち去ってください。そして我々に独立の権利を与えてください。この人々も彼らも神がこの地にお与えくださったすべてのものを欲しているのです。そして我々は独立を欲しているのです。だからどうぞ彼らにこの国にある富をあげてください。我々が求めているのは、ただ公正と自由と独立だけなのですから」

2. テイス・エルアイの絞殺

パプア議会常任幹部会 (PDP) の議長だったテイス・エルアイ (Theys H. Eluay) は2001年11月10日、インドネシア陸軍特殊部隊 (Kopassus) の隊員たちによって誘拐され、車中で首を絞められ殺された。

当初、陸軍特殊部隊はもとより国軍首脳もこの事件への軍人の関与を強く否定していた。それどころか国軍はこの事件をPDP内部の路線対立によりパプア独立組織国民解放軍 (TPN/OPM) の一部が引き起こしたものに違いないと、TPN/OPMにその罪をなすりつけようとさえしていた。様々な目撃証言や状況証拠から陸軍特殊部隊の関与に気づいていたはずのパプア州警察当局も当初は「この事件を解明する勇気はない」と国軍を恐れて口をつぐむありさまであった。

だが、真相解明を求める国内外の声は日ごとに高まった。パプアでは暴動にまで発展した。こうした流れに抗しきれず、同年12月19日、エンドリアルトノ (Endriartono) 陸軍参謀長は、もしこのパプア議会常任幹部会議長殺害事件に国軍関係者が絡んでいたとしても事件に蓋をすることはないと語り、事態の鎮静化を図った。ただし、「たとえ国軍関係者がこの事件に絡んでいたとしても、それは命

9　Lamadi de Lamato, *Obat Demokrasi Papua; Tafsir Ekstrim Atas Polemik dan Isu Merdeka dan NKRI* (Jayapura, 2010) p.137.
10　パプアを軍管区とするトリコラ師団情報部長R.シレガル中佐への地元紙チェンデラワシ・ポスの記者のインタビュー。*Cenderawasih Pos*, 4 Desember 2001.
11　この事件に関して独自捜査を行なったパプアの人権団体Elshamは2001年11月30日に記者会見を行ない、パプア州警察当局の弱腰を批判するとともに、大統領に対して独立捜査機関の設置を要望した。

「パプア国旗」の図柄に塗られたテイス・エルアイの墓。

令なくして行なったことである。」と、国軍の組織的な犯行であることを否定するのは忘れなかった。[12]この発言を受けるかのように同年12月27日にはダイ・バクティアル (Dai Bachtiar) 警察長官も、警察の捜査結果によればテイス・エルアイ殺害事件に陸軍特殊部隊の絡んでいる疑いが濃厚であること、しかしながら警察には軍人を取り調べる権限はないこと、よって警察としては国軍警察 (POM TNI) による今後の捜査に期待すると語り、後は国軍に下駄を預ける形となった。[13]

　事件発生から5ヵ月後の2002年4月10日、国軍警察はテイス・エルアイの誘拐および殺害容疑で3人の陸軍特殊部隊員の身柄を拘束した。その後、さらに容疑者は増え、最終的には7人の陸軍特殊部隊員が軍法会議に付された。

　だが、それから約1年後に下された判決の罪状は傷害致死のみで、殺人罪が適用されることはなかった。したがって、もっとも重い判決を受けた者でさえ

12　Darpan Ariawinangum, Sandra Kartika ed., *Memoria Passionis di Papua: Kondisi Sosial-Politik dan Hak Asasi Manusia 2001*（Jayapura, 2003）p.154.
13　*op.cit.*, p.158.

これまでの勾留期間を含めた懲役3年半にすぎなかった。当然ながら国軍や陸軍特殊部隊が組織的にこの事件に関与していたかどうかが明らかになることもなかった。

　テイス・エルアイは1937年にパプアのセンタニに生まれた。オランダ統治時代のパプアで気象学を学び、気象専門官のアシスタントとして働いていた彼は、1969年にインドネシアへの併合の是非が話し合われた「民族自決協議会」(DMP)の議員の1人でもあった。当初、併合に積極的であった彼は、1977年から92年まで当時のインドネシアの実質的な与党ゴルカル(Golkar)の州議会議員も務めた。その彼が次第にパプア民族主義運動の指導者として台頭するのは1990年代半ば以降のことである。

　1997年に約250とも言われるパプアの様々なエスニック・グループの統一組織であるパプア慣習社会研究所(LMA)の所長に就任したテイス・エルアイは、さらに2000年、パプア議会常任幹部会(PDP)の議長に選出される。2000年5月21日から6月4日にかけて開催されたパプア住民会議(Kongres Papua)の会場周辺は数千人のパプア人で埋め尽くされた。その会議でインドネシア政府との交渉機関として全権委任されたPDPの議長にテイス・エルアイが選出されたことは、文字通り彼がパプア民族主義運動の指導者としてパプア人社会から承認されたことを意味した。

　しかしながらインドネシアの治安当局はその後もテイス・エルアイに話し合いを求めるどころか、パプア各地で暴動や明けの明星の図柄を模したパプア民族旗の掲揚が行なわれるたびに、扇動の容疑で彼の身柄を拘束し、様々な圧力をかけ続けたのであった。[14]そうして2001年11月、遂に殺害に及んだのである。

　パプア住民会議の開会演説でテイス・エルアイはほぼ次のように彼の見解を示した。[15]

　第1に、2000年に開催されたパプア住民会議は第2回目のパプア住民会議である。なぜなら第1回目のパプア住民会議は1961年にパプア国民委員会の名で開催され、この時既に西パプアの国家としての特徴が定められているからで

---

[14] 当時のアブドゥルラフマン・ワヒッド大統領はテイス・エルアイをパプア問題解決のための重要な交渉相手と考え、相互の信頼関係の構築に努めていた。2000年11月29日にインドネシア治安当局が分離独立運動を煽った容疑でテイス・エルアイを逮捕したときにも、直ちに彼を保釈するよう要請した。だが、治安当局は大統領のこの要請を拒否した。

[15] Agus A. Alua, *Kongres Papua 2000: 21 Mei-04 Juni* (Jayapura, 2002) pp.40-42.

ある。

　第2に、パプアは既に主権を持った国家であり、1961年12月1日の時点で独立している。しかしながらその主権は1969年にインドネシアに奪われた。

　第3に、パプアの全住民とインドネシア政府に対し、政治的対話による平和的、民主的そして格式を重んじた主権の返還を求める。

　第4に、インドネシアへのパプアの統合はインドネシア側が一方的に行なったもので、パプア人側が望んだことではない。そもそもパプアはインドネシアと歴史を共有したことはなく、インドネシアに強制的に併合されるまでは独自の国家の樹立を進めていた。

　第5に、パプアの闘争に身を投じたすべての人々に、この闘争を導いてくださるイエス・キリストへの祈りをさらに深めるよう呼びかける。すべてのパプア人が流した血と涙と祈りに応えて主権を回復してくださるのはイエス・キリストである。[16]

　PDPの議長に就任したテイス・エルアイは、国内外で各集団がそれぞれ独自に展開しているパプア分離独立運動を一体化させ、インドネシア政府との交渉力を強めることにも取り組んだ。2000年7月にはパプア独立組織（OPM）の海外拠点の1つであるバヌアツを訪問し、セス・ルムコレム（Seth J. Rumkorem）を指導者とするOPMの一派と共同声明を出すことにも成功した。この声明では、インドネシアの政治社会状況が不透明な状況下でパプア民族の闘争を継続し成功に導くためには国際社会の支持がきわめて重要なこと、双方が協力して1つの戦略を立てることが望ましいこと、したがってPDPはパプア民族闘争戦線として行動し国内政治に責任を負い、OPMは政治以外の諸事項を職務として責任を負うことで合意がなされた。[17]

　だが、テイス・エルアイの死によってPDPの政治的な求心力は低下し、様々なパプアの分離独立運動を1つの組織にまとめることは再び困難となった。

16　都市部を除くとパプア人のほとんどはキリスト教徒である。パプアの北部、西部そして東部にはプロテスタントが多く、南部にはカトリックが多い。
17　インドネシア国軍の軍人であったセス・ルムコレムは1971年7月1日に西パプア国の独立宣言を行ない、国民解放軍（TPN）も組織したが、その後、活動拠点を海外に移し、2010年10月にオランダで最期を迎えた。

3. トーマス・ワインガイの獄中死

　1988年12月14日、トーマス・ワインガイ（Dr. Thomas Wainggai）はパプアの州都ジャヤプラにあるマンダラ競技場で約60人の出席者を前に「西メラネシア」の独立宣言を読み上げ、その国旗の掲揚式を行なった。そうした行為が国家破壊活動とみなされ懲役20年の刑を下された彼は、瞬く間にパプアの独立運動の指導者の1人としてパプア人の間に知られるようになり、多くの支持者を獲得した。その証拠に、1996年3月にトーマス・ワインガイがジャカルタのチピナン刑務所で死亡すると、パプアでは拷問死説や毒殺説が飛び交い、大規模な暴動が発生した。インドネシア政府は国際赤十字の医師立会いの下に行なわれた検死結果として病死を発表したが、それでも病気のトーマス・ワインガイに適切な治療を施すことなく意図的に放置して死に至らしめたとの風評を鎮めることはできなかった。

　トーマス・ワインガイの遺体が空路でパプアに移送されると、空港では約1500人のパプア人が出迎えた。弔問には沿道500メートルにわたって約2500人が参列した。[18]

　トーマス・ワインガイが唱えたパプアの独立宣言は、それまで各地で繰り広げられてきたパプア独立運動とはいささか趣を異にするものであった。

　第1に、彼は国名に「パプア」を用いず「西メラネシア」と名付けた。メラネシアは太平洋の南西部すなわちパプアと国境を接するパプア・ニューギニアのほか、バヌアツ、ナウル、フィジー諸島、ソロモン諸島、ツバル、キリバスなどの国々が含まれる地域の呼称である。第2に、彼はそれまでパプア独立派がアイデンティティーの拠りどころとしていた「明けの明星」を図柄とした国旗を用いず、新たに赤・白・黒を基調に14の星を配した西メラネシア国旗を考案した。この国旗を縫製したトーマス・ワインガイの日本人の妻ミミエ・テルコ・コハラは彼と共に逮捕され、懲役8年の判決を受けた。[19] 第3に、彼はパプア独立派の多くが国歌として愛唱する「我が地パプア」も西メラネシアの国歌とは認めなかった。

18　*Gatra*, 30 Maret 1996.
19　1990年から服役していたテルコ・ワインガイは1994年に恩赦された。

つまりトーマス・ワインガイは、オランダ統治時代のパプアで進められていた独立準備すなわち1961年10月のパプア国民委員会における諸決議を継承しようとはしなかったのである。

　国名を西パプアとすることや民族名をパプア民族とするとしたパプア国民委員会の決定を無視して西メラネシアの国名で独立宣言を行なった理由は、彼がパプアを含むメラネシア地域一帯から同胞としての独立への支援と連帯を強く期待したからであろう。民族旗の図柄を明けの明星とする決定に従わず新たな図柄を考案したのは、オランダによって与えられた独立とのイメージを払拭したかったからに違いない。明けの明星を図柄とする西パプア国旗はオランダ国旗と同様に赤・白・青の3色を基調としているからである。国歌を「我が地パプア」としなかった理由も、この歌を作ったのがオランダ人牧師であることが理由と思われる。

　トーマス・ワインガイが西メラネシアの独立宣言を1988年に挙行したのにも理由がある。

　オランダとインドネシアはパプアの領有権問題を解決するために1962年8月15日、ニューヨークの国連本部で「ニューヨーク協定」に調印した。その骨子は、第1に、パプアの施政権はUNTEA（国連臨時行政府）の暫定的統治の後、63年5月1日以降にインドネシアへ移管される。第2に、パプアの民族自決権の行使は69年末までに完了する。第3に、国連事務総長は民族自決行為の実施ならびにその結果について国連総会に報告する。以上の3点であった。

　ところがその半月後の1962年8月30日にオランダ、インドネシア、そしてアメリカの3ヵ国はイタリアのローマで、25年間にわたってインドネシアがパプアを統治することを認める「ローマ覚書」を交わした。つまり69年末までにパプアの民族自決権が正当に行使され独立が選択されていたとしても、直ちにパプアの独立が承認されるとは限らなかった。

　この「ローマ覚書」に基づけば、トーマス・ワインガイが西メラネシアの独立宣言に踏み切った1988年こそ、パプアの行政権がインドネシアに移管された1963年から起算して25年目であった。

　トーマス・ワインガイは日本が第2次世界大戦後に戦争賠償の一環としてインドネシアから受け入れた賠償留学生の1人であった。1964年に第4次賠償留学生として来日した彼は岡山大学法学部で学び、日本人女性と結婚した。その

後、アメリカへ留学し、フロリダ州立大学で公共政策の博士学位も取得したパプアを代表する知識人であった。パプアの地方開発企画庁専門スタッフや国立チェンデラワシ大学の教官も務めていた彼が西メラネシアの独立宣言に踏み切ったもう1つの理由は、1万1000人近いパプア人が政治的諸権利を獲得するために政治亡命をしたり、逮捕や誘拐や殺害を恐れて難民化したりする姿に心を痛めたからだともいう[20]。

　西メラネシアを国名とする独立運動はトーマス・ワインガイの死後も継承されている。一方、パプアを国名とする運動も絶えることがない。だが、両者は政治的あるいはイデオロギー的な対立関係にあるわけではない。パプアの分離独立運動は、いずれも自然発生的なものである。誰かが立ち上がれば、そこに組織が生まれる。そして、そのどれをもインドネシアの治安当局はパプア独立組織（OPM）と呼び警戒している。

4. アーノルド・クレメンスに仕掛けられた罠

　パプア人の人類学者で国立チェンデラワシ大学民族博物館館長でもあったアーノルド・クレメンス（Arnold Clemens Ap）は留置所から脱走あるいは意図的に脱走するように仕向けられ、逃亡を理由に1984年4月、陸軍特殊部隊によって射殺された[21]。

　1945年7月1日にパプアのビアク島で生まれ、国立チェンデラワシ大学で地理学を専攻したアーノルドは1978年8月15日、マンベサック（Mambesak）というパプア人の伝統的音楽舞踊団を組織した。以来、彼は音楽や舞踊を通じてパプアの文化的アイデンティティーと芸術の復興に取り組んでいた[22]。だが、そうした取り組みはパプア・ナショナリズムの覚醒につながるものとインドネシアの治安当局は警戒した。

　アーノルドと交流のあったインドネシアの社会学者ジョージ・ユヌス・アデ

20　*Bintang Papua*, 14 Desember 2010. 西メラネシア独立運動を継承する指導者エディソン・ワロミの見解。彼は2011年10月に開催された第3回パプア住民会議（KRP）でパプア首相に任命されたが、同会議はインドネシア治安当局に強制的に解散させられ、彼も10月19日に逮捕された。
21　陸軍特殊部隊の当時の名称はKopassandha（Komando Pasukan Sandi Yudha）である。1986年12月の国軍改編でKopassus（Komando Pasukan Khusus）に改名された。
22　マンベサック（Manbesak）とはビアク地方の言葉でパプアを象徴する鳥「極楽鳥」（インドネシア語ではチェンデラワシ）の意である。

ィチョンドロ（Dr.George Junus Aditjondro）は、このことを次のように述べている。

「パプアに駐屯するインドネシアの治安当局から見れば、アーノルドはインドネシア共和国にとっての潜在的な脅威であった。これはまさにパプアの置かれた特殊な状況であり、たとえば北スマトラのバタック人の文化やカリマンタンのダヤク人の文化に対してはけっして見られない反応である。パプアにおいては文化的要素（狭い意味での舞踊や歌唱）がパプアの住民に自分たちはインドネシア人とは違うのだという意識を喚起させかねない排他的なものと警戒されているのである[23]」

1983年11月30日、アーノルドは陸軍特殊部隊員によって自宅から密かに連れ去られた。陸軍特殊部隊はアーノルド自身の口からパプア独立組織（OPM）に関与しているとの自白とOPMの組織の全容を聞き出すことを期待していたらしい。というのも陸軍特殊部隊は、OPMにはジャングルを拠点とするパプア独立派武装勢力のほかに、州知事庁舎や国立チェンデラワシ大学を拠点に活動している文民勢力もあるものと見ていたからである[24]。

しかしながら陸軍特殊部隊の思惑通りにことは進まなかった。一部のマスコミがアーノルドの拉致事件を報じると、陸軍特殊部隊は約3ヵ月後の1984年2月26日、彼の身柄を警察に引き渡した。

警察での留置期間中は、彼は獄に閉じ込められていたわけではなく、監視付きながら勤務先の国立チェンデラワシ大学など外部を訪問することも認められていた[25]。にもかかわらず1984年4月21日、アーノルドは警察の留置所から他の4人と共に脱走した。そして、それを追跡して発見したという陸軍特殊部隊員によってその場で射殺された。

4月26日にパプアの州都ジャヤプラの病院に運び込まれたアーノルドの遺体には殴られた痕や手をきつく縛られた痕もあったという[26]。それにもかかわらず彼を撃ち殺さなければならなかった理由も、そしてそもそもなぜ陸軍特殊部隊が彼を発見できたのかという理由も、その後、何ひとつ明らかにされることはなかった。

23　Dr.George Junus Aditjondro, *Cahaya Bintang Kejora*（Jakarta, 2000）pp.148-149.
24　*op.cit.*, p.145.
25　Al Araf, Aliabbas, Ardi Manto, dll, *Sekuritisasi Papua – Implikasi Pendekatan Keamanan terhadap Kondisi HAM di Papua*（Jakarta, 2011）p.146.
26　*Ibid.*

第2章
パプアの人権状況

コテカ（ペニス・ケース）を着けて歩くパプア人。

1. 今なお続く人権侵害

　国家人権委員会 (Komnas HAM) パプア代表部は2012年1月4日、パプアにおける人権侵害状況は依然として深刻であるとの発表を行なった。同委員会によると、2011年に報告を受けたパプアの人権侵害事件は58件で、そのうちの65％は国軍や警察が加害者すなわち治安当局によって引き起こされた人権侵害事件である。[27]

　中でも最も深刻であったのは、多くの住民が虐待を受けたプンチャック・ジャヤ事件と第3回パプア住民会議 (KRP) の強制解散事件である。

　プンチャック・ジャヤにおける国軍兵士の蛮行は2011年1月4日、国家人権委員会のイフダル・カシム (Ifdal Kasim) 委員長が記者会見で明らかにした。

　プンチャック・ジャヤではパプア独立組織 (OPM) の隠れ家と武器を捜索する過程で住民らに対する著しい人権侵害が国軍兵士によって行なわれた。

　身柄を拘束され尋問されたキンデルマン・ギレ (Kinderman Gire) 牧師とピティヌス・コゴヤ (Pitinius kogoya) 牧師は顔が腫れあがるほどの拷問を受けた。そして、その2週間後には、脱走を図ったキンデルマン・ギレ牧師の切断された頭部がティンギン川沿いで発見された。切り離された胴体もその後見つかった。

　同様にプンチャック・ジャヤの一般市民であるアンゲンプグ・キウォ (Anggenpugu Kiwo) とテランガ・ギレ (Telangga Gire) も国軍兵士から尋問を受けたが、その非人道的な取り調べの様子はビデオに記録されていた。彼らは殴られ、ナイフを首元に突き付けられて証言を迫られたばかりでなく、まだ燃えている薪を性器に押し付けられるといった虐待も受けた。

　ビデオという証拠が残っていたこともあり、こうした蛮行を直接行なった3人の国軍兵士はその後、軍事裁判に付された。だが求刑はそれぞれ禁固12ヵ月、10ヵ月、9ヵ月ときわめて軽く、上官の責任が問われることもなかった。[28]

　第3回パプア住民会議の強制解散事件は2011年10月19日にアベプラのザケウス広場で発生した。会議最終日のこの日、参加者たちは「西パプア連邦」(Federasi Papua Barat) という国家の樹立と、そのための移行政府としてフォルコ

27　*UCANEWS.com*, 5 Januari 2012.
28　*Okezone*, 24 Januari 2011.

ワメナの街角の光景。

ルス・ヤボイセンブトを大統領、エディソン・ワロミ（Edison Waromi）を首相に任命することを採択した。[29] だが、その直後に会場のザケウス広場は国軍と警察に包囲され、直ちに解散が命じられた。国家人権委員会パプア代表部のその後の調査によると、治安当局によって一時身柄を拘束された者は387人におよび、そのうち96人が逮捕時に暴行を受け、3人が死亡した。[30]

フォルコルス・ヤボイセンブトやエディソン・ワロミら5人は国家の分裂を扇動した容疑で裁判にかけられた。被告らは公判で自分たちが宣言したのは「西パプア連邦」の独立ではなく1961年の段階で獲得していたはずのパプアの主権の回復であると主張し、「インドネシア国民」として裁かれること自体を拒否したが、ジャヤプラ地裁は2012年3月16日、被告5人に禁固3年の判決を下したのだった。

29　フォルコルス・ヤボイセンブトはパプア慣習議会（Dewan Adat Papua）議長、エディソン・ワロミはアメリカ、オーストラリア、ニュージーランドを拠点とする西パプア国民政府（West Papua National Authority）大統領として会議に参加していた。
30　*Tempo.com*, 3 Novemver 2011.

また、第3回パプア住民会議の解散命令による混乱の中で死亡した3人の死因について治安当局は、加害者は会議に参加していなかった分離独立派のOPMであるとして、その罪を認めようとはしなかった[31]。

2. 人権状況の悪化と特別自治の形骸化

「2009年にパプアの人権状況は極度に悪化した」。2010年1月17日に国家人権委員会パプア代表部とインドネシアの人権監視団体Kontras（暴力の犠牲者と行方不明者のための委員会）は共同記者会見を行ない、パプアの住民が置かれてきた前年の状況をこう総括した。

国家人権委員会パプア代表部のマティウス・ムリブ（Matius Murib）副委員長によると、2009年になってパプアでは一般市民を犯罪者とみなす事件が増加した。治安当局は住民をパプアの分離独立主義者と安易に決めつけている。パプアの民族旗を揚げた者は犯罪者とされ、平和的なデモも解散させられ、パプアの独立運動の指導者は射殺された。平和的なデモでさえ犯罪とみなされる状況は、パプア人としてのアイデンティティーが尊重されているとはもはや言えない[32]。

こうした報告を受け、ジャカルタに本部をおく国家人権委員会のイフダル・カシム委員長は数回にわたりインドネシア赤十字総裁のユスフ・カラ（Jusuf Kalla）元副大統領のもとを訪れて協議を行なった。アチェやポソの紛争解決に手腕を発揮したユスフ・カラ元副大統領の意見と経験を参考にして、政府に提案するためのパプア問題の解決策をまとめることが目的であった[33]。だが、国家人権委員会もいまだに有効な解決策は見出せていない。

分離独立運動を抱えるパプアには、2001年に特別自治権が付与された。また2005年には、パプアの住民の人権を守るために国家人権委員会パプア代表部も発足した。にもかかわらずパプアの政情がむしろ悪化しているのはなぜであろうか。

31　*VIVAnews*, 16 November 2011.
32　ジャカルタのKontras事務所での記者会見。*Kompas.com*, 17 Januari 2010参照。
33　スマトラ島北端のアチェでは長く分離独立紛争が続いていたが、2005年8月に分離独立派と政府との間で和平協定が実現した。中スラウェシのポソでは1998年からイスラム教徒とキリスト教徒の宗教紛争が激化したが、2002年7月のマリノ宣言で和解が図られ、次第に収束へと向かった。

ジャヤウィジャヤ県知事庁舎。

　特別自治がパプアの政治的安定に結びついていない大きな理由の1つは、パプアの地方政府高官や地方政治家たちの汚職にあると言われる。
　2009年10月にイギリス、オーストラリア、ニュージーランド、アメリカ、そしてパプア・ニューギニアなど各国の駐インドネシア大使がパプアの実状を視察に訪れた際、パプア人の学生グループは、特別地方自治予算は人的資源の開発のため教育に優先的に投じられるべきであるのに教育費は依然として高いこと、中央統計局の客観的な数値から見ても、パプアの貧困率は、特別自治が導入された2001年当時の41.8％から2007年に40.78％とわずか1％程度しか低下していないことなどを列挙して、特別自治はパプア人に十分な利益をもたらしているとは言えず、この問題解決のためには国際レベルでの話し合いが必要であると訴えた。
　同年12月にパプアを視察に訪れた国会第Ⅲ委員会（法務・人権・治安委員会）の議員団も、パプアは最も人権侵害が深刻な地域であると同時に、汚職も最も蔓延した地域の1つであることを認め、パプアの住民からの信頼回復のためにも

パプアの司法当局が真剣に汚職の摘発に努めること、またパプアの地方議会も地方政府への監視機能を強めることを求めた。たとえば人口約 17 万 5000 人のミミカ県には、保健所や小中学校の建設および奨学資金などの目的で、それまでの 2 年間に 1 兆 4000 億ルピア（約 140 億円）の予算が配分されたが、その使途は不明朗で、ミミカの住民はまったく恩恵に浴した感がないという[35]。

　アムンメ人慣習社会研究所（LMA）のネリウス・カタガメ理事長は、国会が汚職撲滅委員会（KPK）に、汚職に関与しているパプアのすべての地方政府高官の取り調べを命ずるように求めた[36]。

　国家人権委員会パプア代表部もパプアの住民の当初の期待に応えることはできなかった。インドネシア科学院（LIPI）のパプア問題の専門家、ムリダン・S・ウィジョヨ（Muridan S.Widjojo）博士は、国家人権委員会パプア代表部が十分に機能できなかった理由として、次の 3 点を挙げている[37]。

　第 1 に、国家人権委員会パプア代表部の内部抗争である。2005 年 1 月から 08 年 1 月までの 3 年間を任期とする国家人権委員会パプア代表部の 1 期目の委員には 7 名が任命されたが、彼らの足並みは揃わず、委員長も途中で交代するなど対立が表面化した。

　第 2 に、組織上の問題である。国家人権委員会パプア代表部には会計スタッフがいなかった。ジャカルタの国家人権委員会やパプア州政府からの補助金約 10 億ルピア（約 1000 万円）の使途について責任を持って管理する者がいなかった。そのため地元の NGO やマスコミは国家人権委員会パプア代表部の委員による汚職を追及しはじめた。住民から通報を受けた人権問題についても、国家人権委員会パプア代表部の委員はそれぞれ独自に調査するのみで、組織として対応をすることはなかった。

　第 3 に、各委員の能力の問題である。委員の中には人権や法律の知識が十分ではない者もおり、そうした委員の不適切な発言や対応が国家人権委員会パプア代表部の権威を失墜させた。コンピュータをまったく使えない委員たちは、

34　ミミカ県では、アメリカの鉱山開発会社フリーポート社が操業しており、パプアの中でも最も治安の不安定な地域である。
35　ミミカを視察した国会第Ⅲ委員会のハスルル・ジャバル議員の発言。*Gatra.com*, 11 Desember 2009 参照。
36　アムンメ人は、フリーポート社が開発する鉱山周辺に主に居住するパプアの先住民族である。
37　http://www.politik.lipi.go.id/index.php/in/kolom/75-memikirkan-perwakilan-komnas-ham-papua-.

報告作業も困難であった。さらに委員の中には、その地位を悪用して「ゆすり」を行なう者さえいた。

そうしたことから国家人権委員会パプア代表部は住民からの信頼をすっかり失ってしまった。そのため、本来であれば2008年1月に発足するはずであった2期目の委員の人選も困難を極め大幅に遅れた。国家人権委員会パプア代表部の新たな委員として4名が任命されたのは、ようやく09年3月になってからであった。つまりその間、1年以上にわたって国家人権委員会パプア代表部は委員不在の状況が続いたのである。

3. 解明の進まぬ人権侵害事件

パプアの人権状況は深刻さを増しているが、住民が現状に不満や不安を抱くのは、過去における大きな人権侵害事件の解明や被害者への補償がいっこうに進まないことにもある。たとえば2001年に発生したワシオール事件や2003年に発生したワメナ事件である。

ワシオール事件とは2001年6月13日に起こった何者かによる警察機動部隊員5名と民間人1名の殺害に端を発した事件である。人権を無視した犯人捜査の過程で警察はワシオール地区の住民4人を殺害、39人を拷問、1人を強姦し、5人が強制連行後に行方不明となった。[38]

ワメナ事件とは、2003年4月4日に起こった国軍武器庫からの銃や弾薬の窃盗に端を発した事件である。犯人探しの過程で国軍は一般住民9人を殺害、38人を拷問したばかりでなく、学校なども放火して25ヵ村・集落の住民を強制的に村から追い出した。避難先では子供や高齢者42人が死亡した。[39]

国家人権委員会はこれら2つの事件についての調査報告書を2004年9月に最高検察庁に提出したものの、検察側はまったくこれに対応する気配を見せなかった。

このように警察や国軍による人権侵害事件の解明に消極的である司法当局は、一転、パプア人の政治的な行動に対しては厳しい処罰で臨んでいる。たとえば2004年12月2日にアベプラでパプア民族旗を掲揚した人々には懲役10年から

---

38 Tim SKP Jayapura, *Memoria Passionis Di Papua* (Jayapura, 2006) p.140.
39 *Ibid.*, p.141.

15年の刑が科された。また2008年10月16日に開かれたパプア問題に関する国際会議を求める国立チェンデラワシ大学の学生集会で「パプア独立」を叫んだ学生には懲役3年が科された。

　問題はそうした不当とも言える厳罰ばかりではない。パプアの人権被害者に連帯する会のコーディネーター、ペネアス・ロクベレ（Peneas Lokbere）によると、パプアの刑務所内では、こうして服役させられたパプア人への拷問や虐待が2009年だけで少なくとも15件発生しており、中には失明させられた者もいるという[40]。

　2011年12月初めに国際人権団体アムネスティ・インターナショナルから、独立を求める民族旗の掲揚などを含め平和的に意見の表明を行なったにもかかわらず身柄を拘束されているすべてのパプア人を釈放するよう求められたインドネシアのジョコ・スヤント（Djoko Suyanto）法律政治治安調整相は、「パプアに政治囚はいない」と反論した[41]。だが、この発言にはパプアの地方議会議員や人権団体からも中央政府の嘘を指摘する強い批判が出た。

　2012年3月7日に記者会見を行なったパプアの人権活動家マルクス・ハルク（Markus Haluk）によれば、2003年から2012年の間に政治犯または政治囚として身柄を拘束されたパプア人は72人、2008年から2012年に限っても67人いるという[42]。

　2009年12月16日にパプア独立組織（OPM）の有力な指導者の1人であったケリー・カリックが射殺されたことも、パプアの住民には人権状況の悪化と受け止められた。ミミカ県議会の前で行なわれた葬儀には多くの地元住民が弔問に訪れ、ケリー・カリックの死を嘆いた。

　パプア独立組織の武装勢力、国民解放軍（TPN）の司令官であったケリー・カリックの死でパプアの治安が安定すると予想する者は少ない。国家人権委員会のイフダル・カシム委員長もケリー・カリックの死後、パプアの緊張はむしろ高まっていると不安を示している[43]。

　政府は強硬策をとり、パプアの警察機動部隊も増員された。そればかりではない。国軍もまたパプアでの戦力増強計画の策定にかかった。

40　*VHRmedia.com*, 17 Februari 2010を参照。
41　*Berita Satu*, 12 Desember 2011.
42　*Warta Papua Barat*, 8 Maret 2012.
43　*Media Indonesia*, 16 Februari 2010.

2010年1月12日にはジョージ・トイスタ（George Toisutta）陸軍参謀長が、現在1つの軍管区で管轄しているパプアを2つの軍管区に分割して治安監視の強化を図る計画を発表した。

こうした国軍の動きを人権団体のELSAM（社会アドボカシー研究所）のアミルディン・アル・ラハブ（Amiruddin A. Rahab）上席研究員は、パプアをさながら戦場扱いしようとするものであると批判した上で、さらに次のように指摘している。すなわち、パプアの人権状況の改善のために今最もしなければならないことは、インドネシアの主権領域を守るためには人権侵害も暴力行為も認められるという考え方をなくすことである。主権領域を守るために過剰に暴力を行使した国がより多くの領土を失う結果となっていることは、多くの世界の歴史が示す通りである[44]。

4. 対話への道

パプアの置かれた現状を対話によって解決すべきであるとの声は多くの有識者や団体から上がっている。だが、その対話をどのような相手と、またどのようなレベルで行なうべきかについての見解は様々である。

たとえば、パプア・バプテスト教会連合の見解は次のようなものである[45]。

第1に、パプア問題はパプアの地方政府や警察レベルの問題ではない。第2に、パプア問題は国際的な次元の問題である。なぜなら、インドネシアへのパプアの併合にはアメリカ、オランダ、国連などの国際社会が関与していたからであり、国際社会にはこの問題への道義的、法的、そして政治的な責任があるからである。第3に、パプア問題は政治的地位と法的地位の問題であり、政治対話的アプローチと法律的アプローチで解決が図られなければならない。またインドネシア政府がパプア問題を法律問題と認めるのであれば、2009年4月にガイアナで結成された「西パプアのための国際法律家会議」（ILWP = Internasional Lawyers for West Papua）が進める国際法的な問題解決策を積極的に受け入れ支持すべきである。第4に、パプア問題の解決にはもはや軍事的アプローチは不

44　*Kompas*, 17 Desember 2009.
45　2009年6月17日にパプア・バプテスト教会連合が行なった記者発表。*Pasific Post*, 18 Juni 2009. を参照。

適切である。いまや人間の安全保障と人権保護を考えるべきときである。第5に、パプア問題はインドネシアへの統合の歴史の過ちの問題である。パプア人の政治的地位は無視され、裏切られ、失われてきた。人権侵害は今も続いている。パプアの開発の失敗も、過剰な治安監視で住民を疑ってきたからである。以上のような論法で、パプア・バプテスト教会連合は、パプア問題の解決のための唯一の道は中立的な第三者機関を調停者としたパプア住民とインドネシア政府の間の平和的対話しかないと結論付けている。

一方、2009年6月にインドネシア科学院 (LIPI) の研究者らがまとめたパプア問題解決のための『パプア・ロード・マップ』の概要は、ほぼ以下の通りである。[46]

パプアで解決しなければならない問題は大きく分けて4つある。第1は、開発の失敗である。特別自治が成功しなかったのは、中央政府による指導や協力がなかったこと、パプアの地方政府や住民側に準備が整っていなかったことが一因である。地方ごとに開発分野の需要は異なり、全国を画一的に開発するのは誤りである。パプアの場合は現在、教育、保健衛生、そして経済的な自活力の開発需要がきわめて高い。第2は、疎外と差別の問題である。パプア人はいまだに疎外され、差別を受けている。パプア人は平等を要求している。インドネシア政府も国民も、まずパプアに問題があることを認めなければならない。そしてその後にパプア人を認め、パプア人の能力を向上させ、対等な関係を築かなければならない。第3に、歴史と政治的地位の問題である。パプアのインドネシアへの併合の歴史やパプア人の政治的地位については、いまだに議論や訴えが行なわれている。しかしながら法的にはインドネシアがパプアの領有権を持つのは明らかである。この問題を収束させるには、インドネシア政府とパプア住民の代表との間の対話の努力が不可欠である。だが、対話にあたっては、両者が合意に至れるように十分な事前協議が必要である。第三者機関に調停を求めるか否かは双方の合意次第である。第4に、国家による暴力と人権侵害の問題である。人権侵害は今日まで続いている深刻な問題である。政府はパプアで起こった暴力事件や人権侵害について、パプアの住民と和解のための努力を続けるべきである。人権裁判所はあるものの、人権侵害事件の黒幕は逮捕されず、被害にあったパプア人への補償もないのは不公正である。

46 　Muridan S.Widjojo ed., *Papua Road Map* (Jakarta, 2009).

2010年1月18日、国会第1委員会（国防・外交委員会）は『パプア・ロード・マップ』をまとめたインドネシア科学院の研究者たちを招いてパプア問題の公聴会を開いた。インドネシアの中央政府や議会が『パプア・ロード・マップ』をパプア問題解決のための1つの指針として注目していることは間違いがない。

だが、この『パプア・ロード・マップ』には、パプア・バプテスト教会連合やパプアの学生組織などが求める国際社会レベルでの対話という道筋は描かれていない。

パプア問題を絶対に国際問題にはしたくないという姿勢は、政府も議会もほぼ一致している。

2005年8月16日の国会演説でユドヨノ（Sisilo Bambang Yudhoyono）大統領は、「1969年のパプア併合に至る歴史にごまかしはない。それどころか国連も併合を認め、以後、問題にはしていない。国際法の観点からも問題はなく、パプア問題とは純粋に国内問題である。したがって政府は、この問題解決のためのいかなる外国からの干渉も拒否する」との強い姿勢を示した。[47]

また2006年4月にパプア州メラウケ県を訪れた際にもユドヨノ大統領は、「我々はいかなる国であろうと、わが国の国内問題に干渉することを望まない」と改めて強調し、さらにパプアの住民に対して次のように語った。

「パプアのみなさんは私たちの兄弟です。みなさんはすべてインドネシア民族の大家族です。同じ兄弟に我々が不公正なことなどするはずがありません。もしあちこちに政策の不備が見られたとしても、そのような不備は他の地方でも起こっていることなのです。我々は足りないところや過ちから免れられないただの人間です。でも、信じてください。わが国のどこにいる国民に対しても過ちを意図的に企てることなどないということを。我々は互いに愛し合っている国民なのですから[48]」

2009年に再選を遂げたユドヨノ大統領に、国家人権委員会パプア代表部のマティウス・ムリブ副委員長は、「ユドヨノ政権のプログラムの三本柱である福祉、民主主義そして公正は、パプアの住民にも直接感じられるものでなければならない」と訴えた。[49]

47　*DetikNews*, 16 Agustus 2005.
48　ユドヨノ大統領の以下のホームページを参照。http://www.presidenri.go.id.
49　*Kompas.com*, 17 Januari 2010.

また、ELSAMのアミルディン・アル・ラハブ上席研究員も、「政府がパプアの人権侵害の泥沼にいつまでもはまり続けないように、対話へ歩み始めることを強く求める。もしそれをなし得れば、ユドヨノ第2次政権は、行き詰まっていたパプア問題を解決した政権として歴史に名を刻むことになるであろう」と政府に対話への決断を促した[50]。

　こうした声に応えるかのように2012年7月、ユドヨノ大統領は自らの大統領任期が満了となる2014年までにパプア問題の解決を目指すという方針を明確にした。だが、そのための基本政策として明かされたのは、インドネシアの主権の堅持、特別自治の実施強化、地方開発の加速化、そしてパプアの人権と多様性の尊重の4点にすぎなかった。つまり、国外の第三者機関による調停はおろか、パプア人の代表との対話さえ基本政策には据えられなかったのである。

　2012年6月29日にユドヨノ大統領はバンドゥンの陸軍士官学校で1000人の士官候補生を前に次のようにパプア問題への姿勢を示した。

　「政府は単一のインドネシア共和国の一部としてパプアの住民の進歩と福祉のための対話を継続的に行なうつもりである。政府は単一のインドネシア共和国からパプアの分離を望むような対話には一切応じない」。「私はパプアの有力者たちと継続して対話を行なうつもりである。しかし、議論はしない。インドネシアの国土領域と主権に関する話し合いの場はない[51]」

　パプア人の民族自決権を認めることはおろか、そのための話し合いを持つことさえ断固拒否する姿勢を次世代の国軍の指導者たちを前に明らかにしたのだった。

50　*Kompas*, 17 Desember 2009.
51　*SuaraPapua.com*, 2 July 2012.

第3章
フリーポート社とパプア

フリーポート社のあるティミカの空港。

1. フリーポート社とは

　パプアで起きている政治問題や社会経済問題をフリーポート社に触れることなく語るのは困難だろう。ここで言うフリーポート社とは、アメリカの鉱山開発会社フリーポート・マクモラン社とその現地子会社フリーポート・インドネシア社のことである。

　フリーポート社がパプアのエルスベルグ鉱床の採掘契約をインドネシア政府との間で交わしたのは1967年4月5日のことであった。当時、まだ国際社会はパプアのインドネシアへの併合を正式に認めていたわけではなかったが、インドネシア政府は1万908ヘクタールのパプアの地の採掘権を30年契約でフリーポート社に与えた。[52] インドネシアにまだ鉱業法さえない頃である。鉱業法が制定されたのはフリーポート社がパプアの鉱床採掘権を得てから8ヵ月後の1967年12月になってからである。[53]

　グラスベルグと呼ばれる新たな鉱床を発見したフリーポート社は1991年にインドネシア政府と再契約を結んだ。これによって30年後の2021年まで、その後もインドネシア政府が合意すれば10年ごとに2回まで延長可能、つまり最長2041年までのパプアの鉱山開発権を同社は手に入れた。この時の契約でフリーポート社に認められた鉱床探査区域は260万ヘクタールに及ぶ。260万ヘクタールといえば2万6000平方キロメートル、つまり関東地方の1都6県から栃木県か群馬県を引いたのに匹敵する広大な広さである。パプアの総面積は約42万平方キロメートルで日本全土を上回るが、それでもパプアの地の6.2%がフリーポート社の権利下に置かれたことになる。当然ながらその区域にはインドネシア政府が定めた森林保護区や地元住民の居住地区も含まれていた。もっとも、実際にこれまでフリーポート社が採掘を行なった区域はそれよりははるかに小さい。2011年までに開発された金鉱の面積は52万7400エーカー、つまり2134.3平方キロメートルと言われる。[54] これは東京都の面積とほぼ同じで

52　パプアの行政権は国連による暫定統治を経て1963年5月にインドネシアへ移管されたが、インドネシアへの帰属が確定したのは1969年8月である。
53　Undang-Undang Nomor 11 Tahun 1967 tentang Ketentuan-ketentuan Pokok Pertambangan.（鉱業の基本規定に関する法律1967年第11号）
54　Thompson Reuters と Metals Economic Group 社のデータに基づくCNBCのレポート。2012年3月9

フリーポート・インドネシア社の事務所。

ある。

　パプアの中央部ティミカを拠点に操業するフリーポート社のホームページによれば、同社とその関連企業で働くインドネシア人従業員の数は1万8000人を超える。だが、そのうち地元のパプア人は2000人ほどにすぎない[55]。

　操業地域周辺の町を作ったのも、港を作ったのも、空港を作ったのも、道路を作ったのも、トンネルを作ったのも、発電や通信、ゴミ処理施設を作ったのも、すべてフリーポート社である。これらは、契約満了後はインドネシア政府に譲渡されることになっている。

　フリーポート社の予測では、パプアの鉱床が枯渇するのは2047年である[56]。したがって1991年に結ばれた契約のままに進んだならば、残り6年分の金や銅などの鉱物資源を置き土産としてフリーポート社は2041年にパプアから撤

日付。http://www.cnbc.com/id/46684379/?slide=11 を参照。
55　フリーポート・インドネシア社の以下のホームページを参照。http://www.ptfi.com/others/FAQ.asp
56　http://www.suaramerdeka.com/v1/index.php/read/cetak/2012/03/10/179836/Freeport-Siapkan-Investasi-Tambang-Bawah-Tanah

退することになる。

2. 労働争議と治安部隊

　2011年9月15日、インドネシア全国労働者組合 (SPSI) フリーポート支部の組合員ら約8000人は賃上げを求めて一斉ストに突入した。同年7月に2週間にわたって行なわれたストでの要求が受け入れられなかったための再ストライキであった。

　労働組合側は、インドネシアのほかにアメリカ、チリ、ペルーなど複数の国で鉱山開発を行なうフリーポート社に対して、他国での鉱山労働者と同等の賃金を支払うように要求した。インドネシア全国労働者組合フリーポート支部組織部長のフィルゴ・ソロッサ (Virgo Solossa) によると、フリーポート・インドネシア社で働く鉱山労働者の平均賃金は時給1.5米ドルから3米ドルほどで、これは他国で働くフリーポート社の鉱山労働者の10分の1程度にすぎなかった。そこで労働組合側は時給17米ドルから43米ドルの範囲までに賃金を引き上げるよう要求したのである。[57]

　当初、1ヵ月の予定であったストは交渉が難航したため長引いた。労働者のデモには、フリーポート社の操業地域の周辺に住むパプア人も加わった。アムンメ人やカモロ人などフリーポート社によって父祖の地を追われたパプアの7つのエスニック・グループの代表は、伝統的な土地の使用権など土着の民としてのパプア人の権利を獲得するために、フリーポート社の最高経営責任者との面会を要求した。

　こうした事態をさらに緊迫させたのは死傷者まで出たインドネシア警察によるデモ隊への発砲事件である。[58]

　だが、これをきっかけにこれまで公然の秘密であったインドネシア国軍や警察とフリーポート社との癒着関係が次々と明るみに出た。

　インドネシアの人権監視団体Kontrasは2011年10月28日、パプア州警察に宛てた質問状から得た回答として、フリーポート社を警備する国軍兵士や警官

---

[57] *Okezone*. 7 September 2011.
[58] 2011年10月10日にインドネシア警察がフリーポート社の操業エリアに進入を試みたデモ隊に向け発砲。死者1名、負傷者3名が出た。デモ隊は報復に警官1名に暴行、フリーポート社の車両3台を焼くなど紛争がエスカレートした。*VIVANEWS.com*, 10 October 2011. 参照。

フリーポート社が造成した町クアラ・クンチャナへの入り口。

には4ヵ月ごとに同社から1人当たり125万ルピアが支給されていることを明らかにした。支給を得ていた軍人や警官の数は合計635人である[59]。

またインドネシアの汚職監視団体ICW (Indonesia Corruption Watch) もフリーポート社の財務報告書をもとに、同社が治安維持費名目でインドネシア国軍や警察に多額の資金供与を行なっていたことを明らかにした。ICWによると2001年から10年までの間にフリーポート社がインドネシア国軍と警察に支払った総額は7910万米ドルに達する。2010年だけでも1400万米ドルである[60]。

インドネシア国軍と警察そしてフリーポート社の双方はこうした金銭の授受があったことを認めはした。だが、インドネシア国軍や警察は、それはあくま

---

[59] 金銭の支給を得ていた軍人や警官の所属ごとの詳細は次の通り。パプア州警察50人、パプア州ティミカ警察署69人、パプア州ジャヤプラ警察機動隊35人、パプア州ティミカ警察機動隊141人、インドネシア警察本部機動隊180人、インドネシア国軍160人。*Kompas.com*, 28 October 2011. を参照。

[60] 各年のフリーポート社の治安維持費はそれぞれ次の通りである。2001年470万米ドル、2002年560万米ドル、2003年590万米ドル、2004年690万米ドル、2005年600万米ドル、2006年900万米ドル、2007年900万米ドル、2008年800万米ドル、2009年1000万米ドル、2010年1400万米ドル。*Rakyatmerdekaonline.com*, 1 November 2011 を参照。

で現場で働く兵士や警官の個々人にフリーポート社側がポケットマネーや飲食物を供与しただけのことであり、組織の規律上は問題がないとの姿勢を崩さなかった[61]。一方、フリーポート社側も、インドネシアの国家資産でもある鉱山の治安維持活動を同社は自発的に支持しているにすぎないこと、現場の軍人や警官への金銭供与は同社の治安維持費の2割程度にすぎず8割がたは物品やサービスの形で便宜供与していること、すべての会計は以前から透明に行なわれており法規則上なにも問題はないと認識していること、などを記者会見で明らかにした[62]。

　9月15日に始まったフリーポート社の労働争議は終結までに3ヵ月を要した。労使双方は12月14日、今後2年間の賃金を37%引き上げることでようやく合意に達した。

3. 相次ぐ銃撃事件

　フリーポート社の操業地域周辺では、銃撃事件が頻繁に発生している。2002年8月31日にフリーポート社のある町ティミカでインターナショナル・スクールのミニバスが何者かに銃撃され、アメリカ人2名とインドネシア人1名が死亡したほか12名の負傷者を出した事件は国際社会からも注目をされ、アメリカの連邦捜査局（FBI）も捜査官を派遣したほどである[63]。

　同様の事件は、ここ数年だけでも次のようなものがある。
2009年7月11日、フリーport社のオーストラリア人社員1名が自動車で移動中に何者かによって銃殺される。彼の警護を行なっていたパプア州警察官1名も2日後に遺体で発見される。
2009年7月12日、フリーポート社の警備員1名が何者かによって射殺される。
2009年7月15日、フリーポート社の操業地域内で謎の武装集団と警官が銃撃戦となり、警官5名が負傷。
2009年9月12日、フリーポート社の社員用バスが何者かに銃撃され2名が

61　2011年10月28日の国会第3委員会におけるティムール警察長官の証言および同年11月3日の国防省におけるエルフィ陸軍第17軍管区司令官の記者会見における発言。
62　2011年11月1日の記者会見におけるフリーポート社報道担当ラムダニ・シライトの発言。*Kompas.com.* 1 November 2011.
63　*Sinar Harapan*, 2 September 2002.

美しく整備されたクアラ・クンチャナの道路。

負傷。
2009年10月20日、フリーポート社の社員用バスが何者かに再び銃撃され2名が負傷。
2010年1月24日、フリーポート社のカナダ人社員や警察機動隊員計8名が何者かによって銃撃され負傷。
2011年4月6日、フリーポート社の自動車が何者かに銃撃され1名が負傷。
2011年4月7日、フリーポート社の自動車が何者かに銃撃され同社の警備員2名が死亡。
2011年10月10日、労働争議中のフリーポート社のデモ隊に警官が発砲し、1名が死亡、3名が負傷。
2011年10月21日、フリーポート社の関連企業の職員ら4名が何者かに銃撃され3名が死亡、1名が負傷。
2011年11月7日、フリーポート社の操業地域内で警官1名が何者かによって銃撃され負傷。

2012年1月9日、フリーポート社の運転手1名とその友人が自動車で移動中に何者かに銃撃されて死亡。
2012年2月7日、フリーポート社の操業地域をパトロール中の警官隊が何者かに銃撃され警察機動隊員1名が死亡。
2012年2月9日、フリーポート社の関連会社の職員らを乗せた自動車が何者かに銃撃され2名が死亡、2名が負傷。

こうした銃撃事件による犠牲者の数は、フリーポート社のデータによると、2009年7月から12年2月中旬までの間だけでも死者15名、負傷者54名に及ぶ[64]。しかもこれらすべての事件が未解決つまり犯人が何者なのかわかっていない。

パプアを管轄する陸軍第17軍管区（チェンデラワシ師団）のエフリ・トゥリアスヌ（Efri Triassunu）司令官は、フリーポート社の周辺で近年発生している様々な銃撃事件はパプアの独立を目指すOPM（パプア独立組織）の分派勢力による疑いが濃厚である、との見解を示している[65]。だが、それを信じる者は少ない。

パプアを選挙区とする民主党（PD）の国会議員ディアズ・グウィヤンゲ（Diaz Gwijangge）は「フリーポート社の操業地域での銃撃犯は実際にはフリーポート社に『分け前』を求めているのだ。彼らは早く回答を引き出そうと銃撃事件や紛争を引き起こしているのだ。もし会社が安全に操業できていれば、当然ながら会社からの分け前は得られないからだ」と分析した上で、さらに「銃撃犯は訓練されたプロ集団であり、パプアの分離独立派勢力が犯人であることはありえない」と、暗に国軍に疑いの目を向けている[66]。

同様にインドネシアの人権監視団体Imparsialも、パプアで相次ぐ銃撃事件は政治的な動機によるものと見ている。つまり、「パプアの治安を悪化させ、パプアをずっと紛争地に指定しておきたいという政治的な動機をはらんでいる」ということである[67]。

64　*Antara News*, 16 Februari 2012.
65　2012年2月16日に国営Antara通信の取材に答えての発言。
66　Suara Papuaのインタビューでの発言。*Suara Papua*, 11 February 2012.
67　Imparsialのプンキ・インダルティ理事の見解。*VIVAnews*, 9 Februari 2012.
なお、団体名のImparsialは「不偏不党」を意味する英語のimpartialのインドネシア語読みである。

4. 国軍と警察の関係

　近年のフリーポート社の操業地域における銃撃事件の犠牲者は、フリーポート社の関係者以外は、もっぱら警官である。多くの警官が犠牲になっている理由は、一言でいえば、今やフリーポート社の安全操業のための警備は国軍ではなく警察の任務だからである。
　2004年に「国家の重要対象物の安全に関する大統領決定第63号」が発令された[68]。
　「国家の重要対象物」とは、国益や国家の歳入にとって戦略的に重要な地域、建物、機関や公益的な企業のことである。インドネシアの国内総生産の2.4％を占めると言われるフリーポート社の鉱山も[69]、もちろんその中の1つである。
　さて、この大統領決定の大きな特徴の1つは、それまでもっぱら国軍が担ってきた国家の重要対象物の警備を、警察の任務と明確に定めたことにある。以来、国軍は警察からの支援要請がない限り、この任務には加われないこととなった。
　このことに国軍が相当不満を感じているらしいことは、パプアを管轄する陸軍第17軍管区のエフリ・トゥリアスヌ司令官の次のような発言からも明らかである。
　フリーポート社の周辺で近年発生している様々な銃撃事件はパプアの独立を目指すOPM（パプア独立組織）の分派勢力による疑いが濃厚である、との見方を示したエフリ司令官は、さらに「第17軍管区は国家の重要対象物の1つであるフリーポート社の安全を最大限に支援する」との意気込みを語った。さらに国軍がフリーポート社の警備を担う正当性の根拠として、2004年に制定された国軍法を引き合いに出した。国軍法に基づけば、国軍兵士には戦争以外の軍事作戦すなわち分離独立運動の撲滅のための任務を遂行する権限も与えられているからである[70]。
　フリーポート社の操業地域内で相次ぐ銃撃事件の犯人を誰一人逮捕できなか

68　Keppres No.63 Tahun 2004 tentang Pengamanan Obyek Vital Nasional.
69　インドネシア大学の推計。フリーポート・インドネシア社の以下のホームページを参照。
　　http://www.ptfi.com/others/FAQ.asp
70　*Antara News*, 16 Februari 2012.

ったパプア州警察のビグマン・ルンバン・トビン（Bigman L. Tobing）長官は結局、陸軍第17軍管区に正式に警備の支援要請を行なった。[71]

　こうしてこの間、その大半が警察に流れていたフリーポート社からの治安維持費名目の資金や物品そしてサービスが、再び国軍にも提供されるようになったわけである。

　パプアのように分離独立運動の絡む紛争地は、国軍にとって利権の場でもあることだけは確かであろう。

71　註67と同じ。

第4章
マイノリティ化するパプア人

パプア人の伝統的な住居。

1. パプアの人口動態

　2010年のインドネシア国勢調査によると、ニューギニア島の西半分を占めるインドネシア領パプアの人口は359万3803人である[72]。

　1971年に92万3000人にすぎなかったパプアの人口はその後、1980年には117万4000人、1990年には164万9000人、2000年には221万3833人と増加し、2010年には359万3803人に達した[73]。

　これを年間平均の人口増加率で見ると、1971〜80年が2.67％、1980〜90年が3.46％、1990〜2000年が3.10％で、パプア州から西パプア州が分割された後の2000〜2010年に関しては、パプア州が5.39％、西パプア州が3.71％であった。

　パプアの人口がいかに急激に増加しているかは、インドネシアの全国平均と比較すると明らかである。

　インドネシア全国平均の人口増加率は、1971〜80年が2.32％、1980〜90年が1.98％、1990〜2000年が1.40％、2000〜2010年が1.49％である。その結果、インドネシアの総人口は1971年当時の1億1920万8000人から2010年には2億3764万1326人へと約2倍に増加した。これに対しパプアの人口は1971年当時の92万3000人から2010年には359万3803人へと約3.9倍も増加している。パプアの突出した人口増加ぶりが十分に理解されよう。

　その最大の要因は、パプア以外の土地からの国内移住者の流入である。

　インドネシア中央統計局（BPS）のデータによると、パプア州や西パプア州に住む住民のうち他州で生まれた者の数は、1980年には9万3030人であったのが、1990年には26万1308人、2000年には35万7540人、そして2010年には68万5969人となった[74]。つまり今やパプアの全住民のうちおよそ2割は他の州からの国内移住者ということである。

72　パプア州と西パプア州を合わせた人口。BPS, *Statistik Indonesia 2011*（Jakarta, 2011）p.74参照。
73　BPS, *Statistik Indonesia 1994, Statistik Indonesia 2011*を参照。
74　インドネシア中央統計局の2000年以降のデータは、パプア州と西パプア州を切り離して集計している。したがって、現在居住している州と生まれた州が異なる者に関するデータは、正確に言えば2000年以降はパプア州と西パプア州間の転居も含まれる。パプア州と西パプア州に分けて、現在居住している州と生まれた州が異なる者の数を見ると、パプア州は2000年が22万6773人、2010年が43万5773人、一方、西パプア州は2000年が13万767人、2010年が25万196人である。*Ibid.*, p78. 参照。

ワメナの市場。

しかも、言うまでもないことだが、その2割というのは、あくまでパプアへの移民一世の数にすぎない。既に長きにわたってパプアへ流入し続ける国内移住者の間には、パプア生まれの第二世代や第三世代も数多く誕生している。その結果、いわゆる土着のパプア人と非土着住民との割合は、2003年には52対48と拮抗し、2010年には49対51と逆転し、さらにこのままで

表5 パプアとインドネシアの人口動態

	パプア	インドネシア全国
	人口	人口
1971年	923,000	119,208,000
1980年	1,174,000	147,490,000
1990年	1,649,000	179,381,000
2000年	2,213,833	205,132,458
2010年	3,593,803	237,641,326
	増加率（年）	増加率（年）
1971-1980年	2.67%	2.32%
1980-1990年	3.46%	1.98%
1990-2000年	3.10%	1.40%
2000-2010年	パプア州　5.39% 西パプア州　3.71%	1.49%

（出所）BPS, *Statistik Indonesia 1994*（Jakarta,1995）;
　　　Statistik Indonesia 2011（Jakarta, 2011）.

いけば2020年には29対71、つまり土着のパプア人の住民比率は28.99％まで低下するとも推計されている[75]。

オランダ統治時代末期のパプアの民族別人口構成は、土着のパプア人が約80万人、オランダ人とインドネシア人がそれぞれ約1万6000人、そして華人が約3000人であった[76]。パプアの人口の96％は土着のパプア人が占めており、土着のパプア人と移民であるインドネシア人との比率は98対2であった。

パプア人の土地であったパプアは、インドネシア併合から半世紀の間に、パプア人がマイノリティーとして住むにすぎない土地へと変貌していったのである。

2. パプア人とは

ところでパプアには、それぞれ言語や習慣を異にするおよそ252にも及ぶ土着のエスニック・グループがある[77]。もともとそれらのエスニック・グループは独立した社会を形成していた。パプアに散在する多様なエスニック・グループに広く通用する言語も存在しなかった。

したがって、パプアの住民をエスニック・グループごとに類別する場合にも、土着のパプア人を1つのエスニック・グループとしては扱わないのが普通である。

たとえばインドネシアの政治社会学者レオ・スリャディナタ（Leo Suryadinata）らは2000年の国勢調査に基づきパプアの住民のエスニック・グループごとの人数と割合をはじき出しているが、その内訳は次の通りである[78]。

最大のエスニック・グループはジャワ島から移住してきた外来のジャワ人（12.48％）である。次いで、ビアク島の周辺に住む土着のビアク・ヌムフォル人（7.43％）、パプア内陸部のジャヤウィジャヤ山麓付近に住む土着のダニ人（7.12％）、ジャヤウィジャヤの北に位置するトリカラ県周辺に住む土着のラニ人（5.05

---

[75] Cypri J.P.Dale & John Djonga, *Paradoks Papua*（Keerom, Papua, 2011）p.17.
[76] P.J.Drooglever, *Tindakan Pilihan Bebas! Orang Papua dan Penentuan Nasib Sendiri*（Yogyakarta, 2010）p.17.
[77] インドネシアの国家開発企画庁（Bapenas）の2005年のデータによれば、パプアにはそれぞれ独自の慣習、文化そして言語を有する252のサブ・エスニック・グループが存在し、それらは57のエスニック・グループに大別される。Wawan H.Purwanto, *Papua 100 Tahun ke Depan*（Jakarta,2010）p.14.参照。
[78] Leo Suryadinata, Evi Nurvidya Arifin, Aris Ananta, *Penduduk Indonesia- Etnisitas dan Agama dalam Era Perubahan Politik*（Jakarta, 2003）p.31.

第4章　マイノリティ化するパプア人　　67

市場で薪を売るパプア人。

％）、ジャヤウィジャヤの西に位置するパニアイ県近郊に住む土着のエカギ人（3.94％）、スラウェシ島南部から移住してきた外来のブギス人（3.51％）、ジャヤウィジャヤの南に位置するヤフキモ県周辺に住む土着のヤリ人（3.02％）、パプア・ニューギニアとの国境近くに住む土着のンガルム人（2.72％）、ジャワ島西部から移住してきた外来のスンダ人（1.01％）、東部ジャワのマドゥラ島から移住してきた外来のマドゥラ人（0.15％）、首都ジャカルタ近郊から移住してきた外来のブタウィ人（0.12％）、西部ジャワから移住してきた外来のバンテン人（0.09％）、西スマトラから移住してきた外来のミナンカバウ人（0.08％）、カリマンタン島南部から移住してきた外来のバンジャル人（0.02％）で、その他が53.24％である。

　このようにパプアは実に多様なエスニック・グループによって構成された地域である。最大のエスニック・グループであるジャワ人にしても、パプアの総人口の12.48％を占めるにすぎない。しかもそのジャワ人は、パプアの土着のエスニック・グループではなく、ジャワ島から移住してきた外来のエスニック・グループである。

だが、パプアの土着のエスニック・グループの側に、つまり、たとえばビアク・ヌムフォル人やダニ人やラニ人、エカギ人、ヤリ人の間に共通の一体感すなわち我々意識が何もないわけではない。その証しとも言えるのが、パプアで用いられている「アンベル」(amber)という単語である。「アンベル」とは、「パプアの土着民に含まれない人」の意味である[79]。つまり、パプア以外の土地から移住してきたジャワ人もブギス人もスンダ人もマドゥラ人もブタウィ人もバンテン人もミナンカバウ人もバンジャル人も、パプアの土着のエスニック・グループの側から見れば、すべて自分たちとは異なる非土着民として認識されている。これを逆に言えば、252とも言われるパプアの多様なエスニック・グループの間には、お互いの習慣や文化や言語の違いを超えたパプアの土着民としての共通のアイデンティティー、すなわちエスニック・アイデンティティーの上位に位置するパプア人としてのナショナル・アイデンティティー、言い換えるなら民族意識が存在するということであろう。

表6 パプアのエスニック・グループ別人口とその割合（2000年）[80]

エスニック・グループ	人口	%
ジャワ人	211,663	12.48
ビアク・ヌムフォル人	126,070	7.43
ダニ人	120,745	7.12
ラニ人	85,685	5.05
エカギ人	66,823	3.94
ブギス人	59,604	3.51
ヤリ人	51,258	3.02
ンガルム人	46,130	2.72
スンダ人	17,053	1.01
マドゥラ人	2,595	0.15
ブタウィ人	2,091	0.12
バンテン人	1,589	0.09
ミナンカバウ人	1,308	0.08
バンジャル人	365	0.02
その他	902,953	53.24
合計	1,695,932	100.00

（出所）Leo Suryadinata, Evi Nurvidya Arifin, Aris Ananta, *Penduduk Indonesia-Etnisitas dan Agama dalam Era Perubahan Politik* (Jakarta, 2003) p.31.

79　Departemen Pendidikan Nasional, *Kamus Besar Bahasa Indonesia* (Jakarta, 2008) p.49.
80　合計が169万5932人にすぎないのは、2000年の国勢調査で推計にとどまった人数（20万9104人）と無回答者数(30万6743人)および外国人数(2052人)を差し引いたからである。

パプアの土着の多様なエスニック・グループを「パプア人」という1つの民族名で呼ぶことは、2001年に制定されたパプア特別自治法にも明記された。その法律上の定義によると、「パプア人は、パプア州の土着の諸エスニック・グループからなるメラネシア人種群の出自の人と／またはパプアの伝統社会によってパプアの土着民として認められ、受け入れられた人である」[81]。

3. パプアへの国内移住政策

　群島国家であるインドネシアの人口密度は島ごとに大きなばらつきがある。インドネシア全国の平均人口密度は1平方キロメートルあたり124人だが、ジャワ島やバリ島の人口密度は600人をはるかに上回り、一方、パプアのそれはいまだに一桁である。

　インドネシアの中央統計局が行なった2010年の国勢調査によると、最も人口密度が高いのはジャワ島西部に位置する首都ジャカルタ特別区の1万4469人、次いで西部ジャワ州の1217人、中部ジャワに位置するジョクジャカルタ特別区の1104人、西部ジャワに位置するバンテン州の1100人、中部ジャワ州の987人、東部ジャワ州の784人、そしてバリ州の673人の順である。一方、最も人口密度が低いのは西パプア州の8人、次いでパプア州の9人である[82]。

　このように人口分布が不均衡なインドネシアは建国当初からトランスミグラシ（transmigrasi）と呼ばれる島嶼間の国内移住を奨励してきた。つまり、ジャワ島、バリ島、東部ジャワ州に含まれるマドゥラ島、そしてバリ島に隣接するロンボク島など人口過密な島の住民を人口過疎な島へ開拓団として送り込んできた。

　そうした移住者の主要な受け入れ地域としてパプアが指定されたのは1980年代半ばのことである。それまで移住者の主な受け入れ先はインドネシア西部のスマトラ島や中部のカリマンタン島だった。しかしながら1970年代末以降、スマトラ島南部のランプン州では移住者の急増に憤った地元住民の抗議活動が激化、スマトラ島北部のアチェ州でも移住者の受け入れを拒否する動きが強まった。

　そうしたことから1985年、当時の移住大臣マルトノ（Martono）は、移住計画

81　パプア州の特別自治に関するインドネシア共和国2001年法律第21号第1章第1条。
82　BPS, *Statistik Indonesia 2011*. p.75.

のために本当に適した土地をインドネシア西部地域に見出すことは次第に困難になったと説明し、移住者の主要受け入れ地域をインドネシア西部地方から東部地方すなわちパプアへとシフトする姿勢を明確にしたのである。[83]

こうした中央政府の方針に対し、当時イリアン・ジャヤの地名で呼ばれていたパプアのイサーク・ヒンドム（Isaak Hindom）州知事も歓迎の姿勢を示し、「イリアン・ジャヤはジャワから3000万人の移住者を受け入れる用意がある」[84]とさえ語った。1985年当時のイリアン・ジャヤすなわちパプアの人口は137万1000人であり、3000万人の移住者受け入れとは人口の約22倍増を意味する。実際にはもちろんそれほど多くの移住者がパプアに流入したわけではない。しかしながら1980年代以降、パプアへの移住者が著増したことは確かである。

32年間に及んだスハルト長期政権下では6次にわたる5ヵ年計画が実施された。その間のパプアへの移住世帯数は、それぞれ次の通りである。

第1次5ヵ年計画（1969/70〜1973/74年）中に移住したのは100世帯、第2次5ヵ年計画（1974/75〜1978/79年）中に移住したのは300世帯にすぎなかったのが、第3次5ヵ年計画（1979/80〜1983/84）中には1万6616世帯、第4次5ヵ年計画（1984/85〜1988/89年）中には1万2598世帯、第5次5ヵ年計画（1989/90〜1993/94年）中には1万8373世帯と激増し、第6次5ヵ年計画はスハルト大統領の失脚で4年間（1994/95〜1997/98）で頓挫したにもかかわらず3万4735世帯に達した。[85]

これを移住者数で推計すると、第1次5ヵ年計画中に約390人、第2次5ヵ年計画中に約1170人、第3次5ヵ年計画中に約6万4802人、第4次5ヵ年計画中に約4万9132人、第5次5ヵ年計画中に約7万1655人、第6次5ヵ年計画中に13万5466人、合計で32万2615人がパプアに移住したものと思われる。[86]

このような大規模な移住者の流入は、当然ながら土着のパプア人との間に様々な軋轢を引き起こした。

1980年代にパプアの現地調査を行なったルクマン・ストリスノ（Loekman Soetrisno）は、「（パプアの）土着住民にとって移住政策は、ただ単に彼らの土地の収用であり、森の伐採であり、その地への『外国人』の流入であるにすぎな

83　*Kompas*, 22 Januari 1985.
84　*Pelita*, 24 Mei 1985. イサーク・ヒンドムは1982〜88年の間、イリアン・ジャヤ州知事を務めた。
85　インドネシアの国家開発企画庁（Bappenas）の各年度の報告書をもとに筆者が計算。第6次5ヵ年計画の成果は1998年まで。1998年5月にスハルト大統領は失脚した。
86　2010年の国勢調査によるインドネシアの1世帯あたりの平均人数3.9人を世帯数に乗じて計算。

表7 国内移住政策によるパプアへの移住世帯数と推定移住者数

年	移住世帯数	移住者数(推計)
1969/70 〜 1973/74	100	390
1974/75 〜 1978/79	300	1170
1979/80 〜 1983/84	16,616	64,802
1984/85 〜 1988/89	12,598	49,132
1989/90 〜 1993/94	18,373	71,655
1994/95 〜 1997/98	34,735	135,466
1969/70 〜 1997/98	82,722	322,615

(注) 移住世帯数はインドネシアの国家開発企画庁 (Bappenas) の各年度の報告数をもとに筆者が計算。移住者数は2010年の国勢調査によるインドネシアの1世帯当たりの平均人数3.9人に世帯数を乗じた推計数。

い[87]」と指摘した。

またパプアの施政権がインドネシアに移譲された1963年に州知事に任命されながらわずか1年間で解任されたエリゼル・ヤン・ボナイも次のようにパプア人の不満を代弁した。「彼ら(ジャワ人)のしていることは、私たちへの彼らの宗教の押し付けである。(イスラム教は)私たちの文化的要素でないにもかかわらず、彼らはどこにでもモスクを建てている。町の中に残っているパプア人(土着民)はわずかしかいない。町のほとんどの住民は新来者であり、パプア人はまさに一握りだ。官庁の中も同様である。パプア人は、ただ非常に低級な事務職のみである。パプア人にとって町で仕事を見つけることは非常に困難である。彼らが志願しても、常にほとんどが拒否される[88]」

だがパプア人たちが移住者の受け入れを公然と拒否することは難しかった。なぜなら移住政策は人口分布の不均衡の是正策としてだけではなく国民統合政策としても位置付けられていたからであり、またパプアではそれ以前からパプア独立組織(OPM)による分離独立運動も展開されていたからである。つまり、パプアにおいて移住政策に異議を唱えることは、国民統合を拒否する分離独立派として処刑される危険を伴ったのである。

そもそも1972年に制定された国内移住基本法では、移住の目的として次の7

---

87 Loekman Soetrisno, "Peranan Transmigrasi dalam Stabilitas Sosial Politik Daerah Perbatasan dan Problematiknya:Kasus Irian Jaya", in Sri Edi Swasono and Masri Singarimbun ed., *Transmigrasi di Indonesia 1905-1985* (Universitas Indonesia, 1986) p.119.
88 *Tapol Bulletin*, May 1982.

項目が列記されていた[89]。①生活水準の向上。②地域開発。③人口分布の均衡化。④開発の均等化。⑤人的および天然資源の有効活用。⑥民族の統一と結束。⑦国防・治安の強化。

これら7項目のうち⑥と⑦すなわち民族の統一と結束や国防・治安の強化に移住の主目的がシフトし始めたのもパプアが主要な移住者受け入れ地域となった1980年代半ば以降のことである。これ以降の移住政策は、移住省よりもむしろ国軍主導で行なわれた感さえある。

第4次5ヵ年計画（1984/85～1988/89年）当時、国軍司令官であったベニ・ムルダニ（Benny Moerdani）は、移住政策を先住民に対する「国家イデオロギー、政治的態度、文化的価値の普及活動[90]」と位置付け、移住実施への支援と計画への積極的参加を「国軍の責務である[91]」として政策に介入し、移住地の選定にも深く関与するようになった。

ベニ・ムルダニ国軍司令官が国防・治安政策の一環として移住政策を重視しはじめたことは、移住省の基本路線をも変更させる結果をもたらした。

1985年9月、国軍の後手に回った当時のマルトノ移住相は、人口希薄地域に加え、今後は不安定地域と国境地帯への国軍をも含めた住民移動に移住政策の最重点を置くことを発表した[92]。

OPMのような反政府勢力の影響が強い軍事戦略上の要衝地域には、多くの軍人移住者が配備された。一般移住者もまた兵站管理を任務とし、国軍の一翼を担うこととなった。

こうした移住地がパプア・ニューギニアとの国境沿いに建設されると、不安に脅えた多くのパプア人が越境してパプア・ニューギニア領内へと逃れ、数万人規模の難民を生む事態となった。

またOPMの北部地域司令官ジェームス・ニャロ（James Nyaro）も、「これらの移住者を通常の文民と考えるべきではない。彼らは文民移住者を偽装した職業軍人である[93]」と語り、臨戦態勢を整えた。

89　Undang-Undang Nomor 3 Tahun 1972 tentang Ketentuan-Ketentuan Pokok Transmigrasi.
90　*Indonesia Times*, 23 May 1984.
91　*Kompas*, 8 Maret 1985.
92　*Kompas*, 6 September 1985.
93　*Pacific Island Monthly* 1984: quoted in Marël Otten, *Transmigrasi: Indonesian Resettlement Policy 1965-1985*（Copenhagen, 1986）p.194.

このように移住政策への国軍参加は、次第に政策そのものへのパプア人の不信を招き、移住地付近での緊張をより一層高めたにすぎなかった。そして遂には、一般移住者にとっても国軍の庇護が不可欠なものとなった。
　移住者輸送への軍用機の使用、移住者保護のための軍人の目的地までの同伴などが積極的に行なわれはじめたのも、1980年代半ば以降のことである[94]。パプアへの大規模な入植は軍事力を背景としなければ困難であった。それほどまでにパプアの緊張は高まっていたということであろう。
　にもかかわらずスハルト大統領は、「移住省と国軍の協力の必要性」[95]を説き続け、退役軍人へも一層の移住参加を促したのであった。
　スハルト政権末期の1997年5月、問題の多かった国内移住基本法に代わる新たな国内移住法がようやく制定された[96]。この新移住法では、移住の目的を移住者およびその周辺住民の福祉向上、地方開発の向上と均衡化、そして民族の統一と結束の強化の3点に置いた。それまで謳われていた「国防・治安の強化」の文言は削除された。
　だが、これによってパプアへの移住問題が解決したわけではない。
　2010年4月26日、パプア中部山岳地帯への大規模な移住計画に対し、パプア慣習議会（DAP）のフォルコルス・ヤボイセンブト議長は、「我々はパプアへの移住政策に反対し拒否していることを断固かつ正式に表明する。我々パプア人は自らの土地でマイノリティーにはなりたくない」と語った。また、「パプアの土地の3分の2は山岳地帯である。パプアの山を切り開くことは、洪水や土砂崩れなどの自然災害をもたらしかねない。これは自らの墓を掘るに等しい行為である」と、開発計画そのものにも異議を唱えた[97]。
　同様にパプアの学生グループもパプア州知事庁舎前でデモを行ない、パプア人に何の安寧ももたらさないパプアへの移住計画を断固拒否すると訴えた。
　2012年4月21日には、西ヌサテンガラ州からパプアへの移住者送り出し計画に対し、インドネシア共和国カトリック学生連盟（PMKRI）ジャヤプラ支部の学生グループが、「パプア人は自らの国で既にマイノリティーとなった。パプアに移住者を送り出すのを止めよ。我々は断固として移住者の受け入れ計画

94　*Jakarta Post*, 4 July 1986.
95　*Suara Karya*, 15 April 1985.
96　Undang-Undang Republik Indonesia Nomor 15 Tahun 1997 tentang Ketransmigrasian.
97　*Kompas*, 27 April 2010.

を拒否する」との声明を発した。[98]

　いまやパプアのマイノリティーとなったパプア人たちが国内移住政策に示す危機感と拒否反応は、ますます高まっていると言えるだろう。

98　*Tabloidjubi.com*, 21 April 2012.

第5章
パプア問題の特異性

パプア正副州知事選挙のポスター。

1. インドネシアの中のパプア

　インドネシアは長年にわたり国土の東西両端すなわちスマトラ島北部のアチェとニューギニア島の西半分を占めるパプアで分離独立問題を抱えてきた。そのため2000年〜04年までの国家開発計画では、アチェおよびパプアで高まっている中央政府への不満を早急かつ適切に解消することが、国家の最優先課題の1つとされた。そうして2001年にはアチェとパプアにそれぞれ特別自治法が施行され、その結果、アチェでは2005年に分離独立派勢力GAM（アチェ独立運動）と中央政府との間の和解が実現した。だが、パプアの分離独立運動はいまだに収まる気配を見せない。[99]

　パプアの分離独立運動の発生要因としてしばしば指摘されるのは、社会経済開発の遅れや国内移住政策によってパプアが「ジャワ化」あるいは「イスラム化」されることへのパプア人の不安や危機感である。確かにそれらは否定できない要素ではある。天然資源が豊富なパプアでは、中央政府による「富の搾取」への不満は高い。また国内移住政策でジャワ島などから移住してきた新住民との摩擦や軋轢も多い。だが、こうした問題は、実はパプアに限らず、インドネシアのいくつかの地域も大なり小なり抱えている問題と言える。

　たとえば、天然資源の豊富な地域で分離独立要求が高まるとしたら、パプアだけでなく、インドネシア有数の石油産出地であるスマトラ島のリアウ州や東カリマンタンでも同様の動きが起こってもおかしくはない。また国内移住政策によるジャワ人などの大規模移住が問題なら、スマトラ島南部のランプン州のように古くから移住者の受け入れ地域とされていた所で真っ先に分離独立を求める声が上がるはずである。

　確かにパプアの社会経済開発は遅れてはいるものの、実は他州と比べて極端に開発の遅れた貧しい地域とまでは言えない。

　2010年のインドネシアの州別歳入を見ると、パプア州は5兆2845億2600万

---

[99] *Undang-Undang Republik Indonesia Nomor 25 Tahun 2000 Tentang Program Pembangunan Nasional (PROPENAS) Tahun 2000-2004.* 同法第2章「国家開発の最優先課題」では「アチェ特別地域およびイリアン・ジャヤ（パプア）では中央政府の政策に対する不満はさらに激しく、早急かつ適切なる改善策を直ちにとる必要がある」と謳われ、さらに第9章「地方自治」で、アチェとパプアを特別自治地域とすることや、治安部隊などによる人権侵害事件を公正に裁くこと等が定められた。

表8 インドネシアの州別歳入（2010年）と人間開発指数（2009年）

州	歳入 単位：100万ルピア（2010年）	人間開発指数（HDI）（2009年）
アチェ	6,244,669	71.31
北スマトラ	3,434,512	73.80
西スマトラ	1,655,728	73.44
リアウ	3,036,153	75.60
リアウ群島	1,498,682	74.54
ジャンビ	1,304,935	72.45
南スマトラ	3,131,672	72.61
バンカ・ブリトゥン	885,280	72.55
ベンクル	1,101,858	72.55
ランプン	1,691,666	70.93
ジャカルタ	22,172,060	77.36
西部ジャワ	7,757,550	71.64
バンテン	2,377,317	70.06
中部ジャワ	5,511,315	72.10
ジョクジャカルタ	1,241,130	75.23
東部ジャワ	8,837,304	71.06
バリ	1,834,883	71.52
西ヌサテンガラ	1,311,462	64.66
東ヌサテンガラ	1,010,605	66.60
西カリマンタン	1,560,431	68.79
中カリマンタン	1,636,877	74.36
南カリマンタン	2,015,715	69.30
東カリマンタン	6,303,237	75.11
北スラウェシ	1,066,545	75.68
ゴロンタロ	534,033	69.79
中スラウェシ	1,046,004	70.70
南スラウェシ	2,382,433	70.94
西スラウェシ	586,616	69.18
東南スラウェシ	1,147,216	69.52
マルク	953,902	70.96
北マルク	800,840	68.63
パプア	5,284,526	64.53
西パプア	2,751,169	68.58
インドネシア全土	104,108,325	71.76

（出所）BPS, *Statistik Indonesia 2011* (Jakarta, 2011) のデータをもとに作成。

ティミカのカトリック教会。

ルピアで全33州中第7位、西パプア州も2兆7511億6900万ルピアで第11位である[100]。

人間開発指数 (HDI) では、インドネシア全国平均が71.76なのに対し、パプア州は依然として最も低く64.53であるものの、西パプア州は68.58で西ヌサテンガラ州 (64.66) や東ヌサテンガラ州 (66.60) よりも高い[101]。

そこで以下では、インドネシアの他の地域には見られないパプアの分離独立運動の特異性に目を向けてみたい。

2. 特異な歴史的背景と問題

パプアの分離独立運動には、インドネシアの他地域には見られないいくつかの特殊な発生および拡大要因がある。

---

100 BPS, *Statistik Indonesia 2011* (Jakarta,2011) pp58-60.
101 2009年のデータによる。*Ibid.*, p.177.

第5章　パプア問題の特異性

インドネシア独立記念日の式典参加者。ジャヤプラにて。

　その1つは、20世紀初頭のインドネシア・ナショナリズムの勃興とその成長過程にパプア人はほとんど関わりを持たず、したがって1945年8月17日のインドネシアの独立宣言へのパプア人の関心もきわめて低かったということである。

　歴史的には、確かにパプアは15世紀半ばごろからモルッカ諸島を本拠とするティドレ王国の版図にあったと言われる。だが、それは西北部のワイゲオ島やビアク島などのごく一部に限られていた。[102] 1828年以来、オランダが蘭印の一部としてパプアの実効支配に取り組むが、これによってパプア人とパプア人以外のインドネシア人との交流が活発化することもなかった。強いて言えば、19世紀末以降、北スラウェシやマルクからのキリスト教使節団が布教と教育を目的に来訪したことと、20世紀初頭に蘭印の政治犯が流刑されてきたこと

102　Decki Natalis Pigay BIK, *Evolusi Nasionalisme Dan Sejarah Konflik Politik Di Papua*（Jakarta, 2000）pp.103-107.

が挙げられよう[103]。しかし、キリスト教の布教はオランダ政府が援助していたことからも明らかなように、親オランダ感情の育成には役立ちこそすれインドネシア人としての民族意識をなんらパプア人にもたらしはしなかったし、また、多くの社会主義者や民族主義者がジャワ島などから流刑されてきたといっても、彼らはディグール川の上流500キロメートルの密林を切り開いたタナ・メラと呼ばれる土地に隔離されていたのであり、しかも彼らはそこで、パプア人に政治的影響を与えるどころか、いつパプア人に襲われるかと脅えつつ暮らしていたのであった[104]。

その後の日本軍による蘭印占領は、パプア人とそれ以外のインドネシア人をある意味で接近させもし、また切り離しもした。接近させた要素としては、日本軍がパプアの労働力不足を補うためにジャワ島などから大量の労務者を送り込んだことと、パプアをいち早く日本軍から奪回したオランダが日本軍の侵攻で不足した蘭印民政府の人材を補うためにパプア人にも警察訓練や行政教育を施し始めたことがあげられる。

1942年4月にジャヤプラへ侵攻した日本軍は、瞬く間にメラウケを除くパプアのほぼ全域を掌中にした。そして、パプアの開発や軍事需要を満たすために多数の労務者をジャワ島やスラウェシ島から徴用した[105]。だが、それも長くは続かず、1944年4月以降の連合軍の猛反攻で、その年のうちにパプアは再びオランダの支配下となる。パプア以外の旧蘭印一帯を依然日本に占領されていたオランダは、植民地行政の人材不足を補うために、直ちに警察学校と官吏養成校を設立し、パプア人の教育に取りかかった。1944年の設立から49年までの間に約400人のパプア人がそこで教育を受けた。蘭印民政府の官吏となった彼らは、最初のパプア人政治エリートと言われる[106]。

さて、こうした日本軍の占領と敗北に絡み、パプアではパプア人とそれ以外

---

103 オランダ人によるキリスト教プロテスタントの布教は、既に1855年には始まっていた。パプアにおけるキリスト教プロテスタント信徒数は1935年に5万人以上、カトリック信徒数は1933年に約7100人であった。一方、1929年までにタナ・メラに流刑された政治犯は約1400人であったが、彼らは家族の同伴が認められていたため、その収容地の居住者は約5000人に達した。Ibid., pp.120-127.
104　H.W.Bachtiar, "Sejarah Irian Jaya" in Koentjaraningrat ed., *Irian Jaya-Membangun Masyarakat Majemuk* (Jakarta, 1993) p.59.
105　西パプアのマノクワリだけでも1700人のジャワ人が労務者として送り込まれたが、終戦後に飢餓状態でも生き残っていたのは217人だけであった。See, *ibid.*, p.69: quoting from Walker, M.A. "World War II" in Walter Yust ed., *10 Eventful Years* (Chicago, 1947).
106　John RG Djopari, *Pemberontakan Organisasi Papua Merdeka* (Jakarta, 1993) p.30.

のインドネシア人との間でかなりの接触があり、さらにまたパプア人政治エリートの一部には旧蘭印としての一体感から次第にインドネシア・ナショナリズムも生じてきたものと思われる[107]。だが一方においてパプアにおける日本軍のいち早い敗北は、パプア人とそれ以外のインドネシア人とを決定的に引き離す作用をも及ぼしました。なぜなら、インドネシアは日本の敗戦とオランダの再侵略の間隙を縫って1945年8月17日に独立を宣言するわけだが、パプアに限っては既にその1年も前から再びオランダの支配下にあり、したがってパプア人はインドネシアの独立準備に関わったこともなければ、独立を宣言したインドネシアにパプアが含まれると認識することも、ごく一部の政治エリートを除いてほとんどなかったからである。さらにまた、パプア人以外のインドネシア人の側もパプア人に対し、共にインドネシア・ナショナリズムを抱く同胞であるという意識を明確に持っていたわけではなかった。

　日本軍政末期の1945年7月11日に行なわれたインドネシア独立準備調査会大会議では、新生国家インドネシアの誕生に向け、その領域にパプアを含めるか否かが、パプア人の参加なきまま、激しく議論された。パプアを含めることに最も強く反対したのは、パプアに流刑された経験を持つ後の初代副大統領ハッタ（Mohammad Hatta）であった。その理由は、パプアをもインドネシア領域とすればインドネシアは帝国主義国家であるかのごとき印象を国際社会に与えかねないこと、パプア民族はメラネシア民族であり様々な混血からなるインドネシア民族とは民族学的にも異なること、パプア民族にも独立する権利があり彼ら自身が自らの将来を決定すべきであること、インドネシア民族は独立から数十年はパプア民族を教育できるほどの力を持ち得ないこと、当初の蘭印以外の領土については自ら要求すべきでなく「大日本」の決定に委ねればよいこと、などであった[108]。だが、こうしたハッタの見解は多数派意見とはならず、結局この日の票決では、後の初代大統領スカルノが「パプアの人々が何を欲しているかはわからない」としながらも全面的に支持した当初からの蘭印にマラヤ、北ボルネオ、パプア、ポルトガル領ティモールおよび周辺の島々をもってイン

107　インドネシアの独立宣言から2週間後の1945年8月31日、パプア人政治エリートの一部、すなわちいずれも後にインドネシア政府から「国家英雄」の称号を授けられたフランス・カイセポ、マルセン・インディ、シラス・パレパレらは、インドネシアの独立を祝って国旗の掲揚と国歌の斉唱を行なった。
108　Prof.Mr.Hadji Muhammad Yamin, *Naskah Persiapan Undang-Undang Dasar 1945 Djilid Pertama*（Jajasan Prapantja, 1959）pp.201-214.

ドネシアとするという案が、投票総数66票の過半数を上回る39票を得て幕を閉じたのだった。[109]

独立宣言から6日後の1945年8月23日、インドネシアの初代大統領スカルノはラジオ演説で次のように国民に呼びかけた。「サバンからメラウケまでの我が民族の皆さん」[110]

サバンはインドネシアの西端にあたるウェ島の港町、メラウケはインドネシアの東端つまり今日のパプア・ニューギニアとの国境付近の町である。こうしてパプアの領有権がインドネシアとオランダとの間で争われ始めるのである。

以上のことから、インドネシアの独立以前においては、パプア人とそれ以外のインドネシア人との接触や交流はきわめて希薄であり、そのためパプアにおいてはインドネシア・ナショナリズムが芽生えたことはほとんどなく、またパプア人以外のインドネシア人もそのことを十分に認識していたと言える。

2つ目のパプアの特異性は、独立準備調査会でのハッタの見解にも見られるように、パプア人とパプア人以外の大多数のインドネシア人とでは、人種的に異なるということである。大ざっぱに言うと、パプア人はネグロイドあるいはメラネシア人種と呼ばれるのに対し、パプア人以外のインドネシア人の多くはモンゴロイドあるいはマレー人種と呼ばれる。両者の違いはまた、「パプア」の語源が縮れ毛を意味するムラユ語の「プアプア」（pua-pua）であることや、セネガルなどアフリカ諸国のいくつかが黒人連帯の立場から、またバヌアツなどの南太平洋諸国の一部がメラネシア人種としての同胞意識からパプア独立運動を支持したことからも明らかであろう。

だが問題は、人種が違うということそれ自体ではない。パプアの置かれた特異な立場は、こうした人種の違いによって、これまで様々な差別や偏見を他のインドネシア人から受けてきたということである。そもそもパプアをインドネシアの国土に含めるかどうかの激論が交わされたインドネシア独立準備調査会の会議の席上からして、後のインドネシア初代大統領スカルノは「パプアの人々はまだ政治をわからない」と公然と語り、パプア人に見解を求めることなくパプアをインドネシア領と一方的に定めることを正当化していたのであった。

1969年にパプアが西イリアン州として正式にインドネシアに併合された後

109　*Ibid.*
110　H.W.Bachtiar, *op.cit.*, p.72: quoting from Raliby,O. *Documenta Historica, I*（Jakarta,1953）.

は、著しい文化的違いを無視した強制的な同化政策が展開された。たとえば、軍の特殊任務として行なわれたコテカ作戦では、パプア人にコテカを外して洋服を着るよう強要し、拒否する者は殺害した。[111]また、サゴ椰子を主食とするパプア人の米食への転換政策も強行された。[112]

さらに1980年代には、当時のイサーク・ヒンドム州知事がパプア人の人種的特徴の1つである縮れ毛を醜いものと見做し、「より美しい新世代を誕生させる」ために、ジャワ人などの移住者との混血を奨励したのだった。[113]

こうして明らかに人種的差別あるいは文化的偏見を受けてきたことも、インドネシアの中でパプアの置かれた特異な状況の1つと言えるだろう。

3つ目の特異性は、パプアの施政権がオランダから国連臨時行政府（UNTEA）を経てインドネシアに移管される1963年5月1日までの間に、パプアでは独立を指向したパプア・ナショナリズムが明確に高まっていたことである。

オランダからの植民地解放闘争を初期において主導したのは、1946年11月29日にシラス・パレパレ（Silas Parepare）を党首に結党されたイリアン・インドネシア独立党（PKII）であった。[114]親インドネシア派の同党は、当初、反白人を喧伝して多くのパプア人の支持を得た。だが、シラス・パレパレらの目指す路線がインドネシアの支援を得てのパプアの独立ではなく、インドネシアとの合併にすぎないことが次第に明らかになると、ヨハン・アリクス（Johan Ariks）やロデウィック・マンダチャン（Lodewijk Mandatjan）ら有力指導者が次々に同党とたもとを分かち、完全独立を目指す新党結成へと走った。さらに、オランダによって同党が解散させられた1960年以降も党の地下活動を指導し、63年にパプアの施政権がインドネシアへ移管されると同時に初代州知事に任命されたエリゼル・ヤン・ボナイも、その後、パプア独立運動に身を投じた。彼はパプアにおいて民族自決権が直ちに行使されるように国連に要請したため、インドネシア政府によりわずか1年たらずで州知事を解任されたのだった。[115]

111　コテカはウリ科の植物の実から作った男性器を覆う道具。パプア内陸部のパニアイ、プンチャック・ジャヤ、ジャヤウィジャヤなどの地方で用いられている。See, Decki Natalis Pigay BIK, *op.cit.*, p.272.
112　Dr.George Junus Aditjondoro, *Cahaya Bintang Kejora-Papua Barat Kajian Sejarah,Budaya, Ekonomi, dan Hak Asasi Manusia* (Jakarta,2000) p.39.
113　Marël Otten, op.cit. p.169: quoting from *Tapol Bulletin*, November 1983:3, *Kompas*, 26 Oktober 1982.
114　シラス・パレパレに多大な政治的影響を与えイリアン・インドネシア独立党の結党を促したのは、当時オランダによりパプアのセルイに隔離されていたインドネシアの民族主義者ラトゥランギである。
115　John RG Djopari, *op.cit.*, p.32.

国際世論への配慮とインドネシアに対する牽制からオランダが進めた非植民地化政策もまた、パプア・ナショナリズムを大きく覚醒させた。オランダは1960年11月、ニューギニア議会開設のための総選挙を許可した。定数28議席中、直接選挙で争われる16議席の獲得を目指し、パプア国民党（Parna）、パプア独立党（PPM）、パプア国民戦線（FNP）やニューギニア人党（PONG）など、パプア・ナショナリズムを明確にアピールした政党が次々と名乗りを上げた。そうして61年2月に総選挙が実施され、4月5日には正式に議会が設立された。

　ニューギニア議会の開設で高まったパプア・ナショナリズムは、すぐさま独立要求運動へと発展した。だが、ニューギニア議会には独立を決定する権限は与えられていなかった。そこでニューギニア議会の議員が中心となって1961年10月、独立問題を審議するためのパプア国民委員会が組織された。直ちに開かれた80名の委員からなる大会議で採択された主な4項目は次の通りである。**(1)** 国名を西パプアとする。**(2)** 民族名をパプア民族とする。**(3)** 民族旗の図柄を「明けの明星」（Bintang Kejora）とする。**(4)** 民族歌を「我が地パプア」（Hai Tanahku Papua）とする。その後、同委員会の要求した民族旗の掲揚が、オランダの許容の下、同年12月1日に行なわれた。それに立ち会ったオランダ人のフリッツ・ヘルカンプ（Frits Veldkamp）は、当時の印象を次のように述懐している。

　「式典の最中、私は何を言って良いのかわからず、少し後ろに立っていた。私とは違って、他の列席者とりわけ民族主義にあふれる演説を行なっている若者たちは、西イリアン（パプア）の独立を喜びをもって受け止めていた。少なくともオランダ政府の対応が多くのパプア人に強いナショナリズムを覚醒させたのは明らかだった」[116]

　こうした事実から、後にインドネシア陸軍特殊部隊員によって暗殺されるパプア議会常任幹部会のテイス・エルアイ議長やパプア・ニューギニアに亡命したパプア独立組織（OPM）革命会議のモセス・ウェロー（Moses Werror）議長ら分離独立派は、パプアは既に1961年12月1日の段階で独立していると主張し続けたのであった。いずれにせよ1960年代初めにパプア・ナショナリズムが既に成熟期を迎えていたのは、ほぼ間違いのないことである。

　第4の特異性は、既にこれほどまでにパプア・ナショナリズムが高まってい

---

[116]　Frits Veldkamp, "Eksperimen Demokrasi di Ujung Hari", Pim School, ed., *Belanda di Irian Jaya-Amtenar di Masa Penuh Gejolak 1945-1962*（Jakarta, 2001）pp.532-533.

たにもかかわらず、パプアの帰属問題を解決するための「ニューヨーク協定」締結までの過程にパプア人はまったく関与を許されず、しかも、その「ニューヨーク協定」で認められた民族自決権すなわちパプアの帰属を住民自身が選択する住民投票も1人1票の形式で実施されなかったことへのパプア人の不満である。

　1962年8月15日、オランダとインドネシアの双方はニューヨークの国連本部で「ニューヨーク協定」に調印した。同協定の骨子は、**(1)** パプア（当時、西イリアン）の施政権は国連臨時行政府（UNTEA）の暫定的統治の後、63年5月1日以降にインドネシアへ移管される、**(2)** パプアの民族自決権の行使は69年末までに完了する、**(3)** 国連事務総長は、民族自決行為の実施ならびにその結果について国連総会に報告する、の3つであった。

　この協定でパプアをめぐる2国間の紛争は解決へと向かった。しかし、パプア人の間には、当事者の一部であるはずのパプア人が全く協定締結の過程に参画できなかったことに、不安と戸惑いが残った。「ニューヨーク協定」の翌月、ニューギニア議会の議員ら90人のパプア人政治エリートは「国民会議」を開催し、事態への対処を協議した。そして彼らは、国連とインドネシア政府に協力する代わりに、国連臨時行政府に対し、パプアの「国旗」と「国歌」を尊重すること、国連臨時行政府の施政が終了する1963年までに総選挙を行なうこと、を要求する決議を行なった[117]。だが、そうした要求が受け入れられることはなかった。

　ところで、この時のパプア人政治エリートの行動を、親オランダ的なものと見るのは誤りである。むしろパプア人政治エリートは「ニューヨーク協定」をオランダの裏切りと見ていた[118]。そしてまた、インドネシアへの併合も恐れていた。つまり、この行動は親オランダでも親インドネシアでもない純粋なるパプア・ナショナリズムの現れであった。

　1963年5月1日、パプアの施政権は国連臨時行政府からインドネシア政府に移管された。そして、69年7月14日から8月2日にかけて、「ニューヨーク協定」に定められたパプアの帰属を決定するための住民投票（Pepera）が実施された。だが、それは住民による直接投票ではなく、インドネシア政府の組織した

117　John RG Djopari, *op.cit.*, p.32.
118　*Ibid.*

1025名の「民族自決協議会」(DMP) 委員による「話し合い」(musyawarah) の上での「全員一致」(mufakat) という手法であった。しかも、その1025名の委員でさえ1ヵ所に招集されたのではなく、各県ごとに日時を変えて、インドネシア治安当局の厳しい監視下でインドネシアへの統合支持の承認が取り付けられていったのである。

インドネシア政府による政治工作を警戒したパプア人たちは、既に1962年2月12日には国連事務総長の特使としてジャヤプラを訪れたボリビアのオルティス・サンス (Ortiz Sanz) 国連大使に、「ニューヨーク協定」に基づく直接住民投票の実施やオランダとの約束に基づくパプアの独立、さらにはインドネシアの治安当局による不当な拘束や人権侵害などを訴えるデモを行ない請願書を手渡していた。しかし、オルティス・サンス特使は、国連事務総長に伝えると言うにとどまり、なんら有効な手立てを打ち出すことはできなかった。[119]

パプア人社会の恐れていたことは現実となった。インドネシアはアリ・ムルトポ (Ali Moertopo) 指揮下の特殊作戦 (Opsus) を通じて、事前に「民族自決協議会」委員の支持を確実とするために、金品の供与、ジャワ島への観光や女性の供応、さらに銃を突き付けての脅迫など、あらゆる手段を尽くしたのである。[120] パプア人社会の信託なき「民族自決協議会」の決定に基づき、1969年8月2日、パプアのインドネシアへの帰属は正式に確定された。[121]

このように、パプアの分離独立派には、パプア人はそもそも「ニューヨーク協定」の締結に関わっておらず、しかもその「ニューヨーク協定」に定められた民族自決権さえいまだかつて正当に行使する機会を与えられていないという不満が根強いのである。

第5の特異性は、パプア分離独立派武装勢力の活動が絶えないことから、あるいは多分に人種的な差別意識から、インドネシアが施政権を握ってから今日

---

[119] オルティス・サンス特使は当初、国際基準に見合った直接住民投票の実現を目指したが、インドネシア側はこれを内政干渉であると拒否し、インドネシアの伝統であることを理由に「話し合い」による「全会一致」方式を強引に採用した。See, P.J.Drooglever, *Tindakan Pilihan Bebas! Orang Papua dan Penentuan Nasib Sendiri* (Yogyakarta, 2010) pp.782-83.
[120] Decki Natalis Pigay BIK, *op.cit.*, p.280.
[121] パプアにおける「民族自決協議会」の結果は、第24回国連総会で報告された。アフリカおよびカリブ海の計15ヵ国は、公正な民族自決行為とは言えないとして、その承認を拒否した。その結果、国連は、再度住民投票を行なうべきであるとの結論でこの問題を打ち切ったが、当時のインドネシア外相アダム・マリクは資金不足を理由にこれを拒否した。See, *ibid.*, p.282.

まで、政府治安部隊による著しい人権侵害や蛮行が頻発しているということである。

たとえば、パプアのインドネシアへの帰属が正式に決まった翌年の1970年にパプアを軍管区とするチェンデラワシ師団長に就任したアクブ・ザイナル（Acub Zainal）准将は、後に次のように述懐している。

「我が共和国は恥を知らない。イメージは本当に悪い。当時、我が共和国は確かに厳しい時だった。チョコレートも砂糖もなく、あるのはイリアン（パプア）だけだったから、すべて取ってきた。私自身も一緒になってカーペットを取ってきた」[122]

略奪ばかりではない。「民族自決協議会」の直前にそれを阻止しようと地元のパプア人警官が反乱を起こし、さらにインドネシアに併合後も活発な分離独立派武装勢力の活動が続いたパニアイでは1970年代に政府治安部隊によって、肛門に焼けた鉄の棒を突き刺す、性器を切断する、少女を強姦する、家々を破壊するといったにわかには信じがたい蛮行が住民に対して行なわれた[123]。パプアのエスニック・グループの1つであるメエ人の集落は空軍による空爆さえ受けた。こうした非人道的な扱いを受け80年代にパプア人の分離独立闘争にさらに火がつくと、政府治安当局は武器商人を装ったスパイを分離独立派武装勢力の指揮官に接近させた。その後、1億ルピアの現金を携え武器の引き渡し場所へと向かった約1000人のパプア人の多くが消息不明となった[124]。

パプアでは芸術家や文化人も活動の困難を強いられ続けた。パプア文化をアピールするだけで、政府治安当局者にパプア・ナショナリズムの扇動者との嫌疑をかけられることがあるからである。1984年4月に国立チェンデラワシ大学民族博物館長のアーノルド・クレメンスが射殺されたのも、その一例である。警察に身柄を拘束された彼は、意図的に脱走させて射殺するという政治犯殺害のための常套手段にはまったのだった[125]。

政府治安部隊による蛮行は、依然として続いている。2011年10月にアベプ

122　*Ibid.*, p.284: quoting from Nurinwa Ki. S, Hendrowinoto, et al., *Acub Zainal I Love The Army*（Jakarta, 1998）p.76.
123　*Ibid.*, pp.343-345.
124　*Ibid.*, pp.346-347: quoting from Drs.Decki Zonggonau & Drs. Ruben Edwai, *Laporan Kronologis Sejarah HAM di Kabupaten Paniai-Pegunungan Tengah*（Irian Jaya, 1999）p.35.
125　Dr.George Junus Aditjondro, *op.cit.*, p.147.

ラで開催された第3回パプア住民会議は国軍と警察によって強制的に解散させられ、混乱の中で3人のパプア人参加者が死亡した。そのうち2人の遺体は目玉がえぐられ、残る1人の遺体は肛門を突き刺されていた。[126]

パプア選出の国会議員ルカス・カレル・デゲイ (Lukas Karel Degey) は、パプア人の99.9%は独立を望んでいる、と述べている[127]。そうした印象は、パプア人に限らずとも、パプアに住んだり関わったりした経験のある者なら、大抵は抱くものである。パプアに駐留する政府治安部隊とて、その例外ではないであろう。「軍人の多くは、楽しんで引き金を引いているわけではなく、恐怖と不気味さから自ずと過剰反応を起こし、怪しげな行動を見ると敵と思ったり身の危険を感じたりして射撃するのである」。インドネシアの社会学者ユヌス・アディチョンドロのこの指摘は、パプアの置かれた特異な人権状況を適切に表現していると言えるだろう。[128]

3. 中央政府との交渉

1998年5月、32年間にわたって政権の座に君臨したスハルト大統領が遂に退陣した。以後、インドネシアは民主化へ向けて歩み始める。

1999年5月には、「地方行政法」と「中央・地方財政均衡法」が相次いで公布された[129]。だが、これによってパプアの分離独立要求が収まる気配はまったくなかった。その理由は既に見たように、パプアにおける分離独立運動の発生や拡大要因には他の地域が抱く中央への不満とは異なる点がいくつもあるからであろう。

「地方行政法」や「中央・地方財政均衡法」の公布が間近となった1999年2月26日、トム・ベアナル (Tom Beanal) らパプア各県からの100人の代表団 (Tim 100)

126　Paskalis Kossay, S.Pd.MM, *Konflik Papua-Akar Masalah dan Solusi* (Jakarta,2011) p.xiv.
127　Tuhana Taufiq Andrianto, *Mengapa Papua Bergolak?* (Yogyakarta, 2001) p.147: quoting from *Media Indonesia*, 22 Mei 2000.
128　Dr.George Junus Aditjondro, *op.cit.*, p.170. ジョージ・ユヌス・アディチョンドロは1982年から87年までパプアで社会開発活動に取り組んだ社会学者である。
129　「地方行政に関するインドネシア共和国法律1999年第22号」(Undang-Undang Nomor 22 Tahun 1999 Tentang Pemerintahan Daerah) と「中央および地方政府間の財政均衡に関するインドネシア共和国法律1999年第25号」(Undang-Undang Nomor 25 Tahun 1999 Tentang Perimbangan Keuangan Antara Pemerintah Pusat dan Daerah).

が大統領宮殿を訪れ、当時のハビビ (Habibie) 大統領に、パプアは1961年12月1日の時点で独立していたことを認めるよう公然と要求した。こうして独立機運の高まったパプアでは総選挙のボイコットも起こった[130]。また99年12月1日のパプアの「独立記念日」には、パプアの主要都市のほぼすべてでパプア「国旗」が掲揚された。

　1999年12月16日には、カイワイ州議会議長を代表とするパプアの地方議員や有力者からなる代表団が国会を訪れ、次の7項目からなる要求を突き付けた[131]。(1) 99年2月26日の100人のパプア代表団とハビビ大統領との国内会談の延長として、国際社会レベルでの会談を行なうこと。(2) パプア人の全政治犯を釈放すること。(3) パプアの独立問題を県議会や州議会で話し合うことを認めること。(4) パプアからすべての治安部隊を撤退させること。(5) 1961年から99年までにパプアで発生した人権侵害事件を捜査すること。(6)「西パプア」(Papua Barat) の国名と「ポート・ヌンバイ」(Port Numbai) の首都名を認めること。(7) 国連旗、インドネシア国旗、西パプア国旗の下で、2000年5月までにパプアのすべての問題を解決すること。

　1999年10月に大統領に就任したアブドゥルラフマン・ワヒッド (Abdurrahman Wahid) は、こうしたパプアの要求を真摯に受け止め、自ら積極的に動いた。イリアン・ジャヤからパプアへの州名変更や明けの明星を図柄としたパプア民族旗の使用を認めたほか、計64人のパプア人政治犯や未決囚を恩赦または保釈、パプア議会常任幹部会 (PDP) 議長のテイス・エルアイとは個人的な信頼関係を構築し、そのうえパプアの大量殺戮事件に関わった人物として陸軍特殊部隊司令官などを務めたプラボウォ (Prabowo) 元陸軍中将をも名指しで非難した[132]。

　だが、こうした大統領の積極的な動きも、議会や治安当局そればかりか閣内からさえ抵抗を受け、さしたる成果を挙げることはできなかった。イリアン・ジャヤからパプアへの州名の変更は国会で問題視され、認められたはずのパプア民族旗を掲揚したパプア人が治安部隊に銃撃されるといった事件も起こった。

130　インドネシアでは1999年6月7日にほぼ45年ぶりの民主的な総選挙が行なわれた。だがパプアでは選挙人登録者数が伸びず、総選挙委員会 (KPU) は同年5月4日、パプアにおける選挙人登録期間を急きょ5月15日まで延長して選挙人集めに奔走した。それでも最終的な選挙人登録者数はパプアの有権者の50.73％にすぎなかった。

131　Candra Gautama, ed., *Memoria Passionis di Papua-Kondisi Hak Asasi Manusia dan Gerakan Aspirasi Merdeka:Gambaran 1999* (Jakarta,2001) p.61.

132　*Media Indonesia*, 10 Mei 2000; *Kompas*, 10 Mei 2000.

さらに警察は、分離独立運動を煽ったとしてパプア議会常任幹部会議長のテイス・エルアイの身柄を拘束した。大統領は重ねて彼の釈放を要請したが、警察はそれに応じようとはしなかった。一方、大統領が告発したプラボウォ元陸軍中将がパプアにおける大量殺戮事件の容疑者として取り調べを受けることもなかった。

　パプアの問題をよく理解し、その解決に精力を傾けていたアブドゥルラフマン・ワヒッド大統領は、2001年7月23日、国民協議会決定により、事実上、解任された。アブドゥルラフマン・ワヒッドはインドネシアのイスラム穏健派を代表する優れた宗教指導者でもあったが、大統領として議会や治安当局を完全に掌握することはできなかったのである。

　パプアの分離独立を警戒する国内勢力によってアブドゥルラフマン・ワヒッドが大統領を解任されたことは、パプア問題の解決への道が遠のいたことを意味した。

第6章
インドネシアへの併合過程

1962年6月4日のインドネシア国軍による西イリアン解放作戦を記念したモニュメント。
モデルはベニ・ムルダニ元国軍司令官。

1. パプアの地名の変遷

　ニューギニア島の西半分を占めるインドネシア領パプアは現在、行政区分としてはジャヤプラを州都とする「パプア州」とマノクワリを州都とする「西パプア州」の2つに分割されている。2010年の国勢調査によると、パプア州の人口は283万3381人、西パプア州の人口は76万422人で、パプア全体では359万3803人である[133]。

　1999年10月4日、インドネシア政府は地域開発の促進と雇用の拡大を理由に、当時イリアン・ジャヤ州と呼ばれていたパプアを「西イリアン・ジャヤ州」、「中イリアン・ジャヤ州」、「東イリアン・ジャヤ州」の3つの州に分割する法律1999年第45号（以下、イリアン・ジャヤ3分割法）を公布した。ところが州の分割に反対するパプア人のデモや抗議活動が流血の事態にまで発展し、その結果、イリアン・ジャヤ州は法律上では3分割されたものの実態としては機能せず、かといって国会がこれを無効とすることもないという曖昧な状態に留め置かれることとなった。

　その後、2003年1月27日に当時のメガワティ大統領がイリアン・ジャヤ3分割法の早期実施を指示する大統領指令2003年第1号を発令し、同年2月6日に住民の抵抗が比較的少なかった西イリアン・ジャヤ州のみを強引に発足させた。2007年2月7日、西イリアン・ジャヤは正式に州名を「西パプア」に改名した。

　さて、パプアの地が広くヨーロッパで知られるようになるのは16世紀初めにポルトガル人がこの地を訪れて以降のことだが、パプアの存在はそれ以前から中国人やマレー系の諸種族すなわち今日の大半を占めるインドネシア人の一部では知られていた。中国人はそれを「タンキ」(Tangki)あるいは「ヤンギ」(Janggi)と呼び、マレー系の諸種族は「プアプア」(pua-puaあるいはpapuah)と呼んだ。「プアプア」とはムラユ語で「縮れ毛」の意味である[134]。つまりマレー系の諸種族はパプア人の身体的特徴の1つである縮れ毛から一種の差別的な意味合いで「プアプア」の語を用いていたものと思われるが、16世紀初めに香料を求め

133　BPS, *Statistik Indonesia 2011* (Jakarta, 2011) p.74.
134　ムラユ語はマラッカ海峡周辺部を中心に広く用いられ、現在のマレーシア語やインドネシア語の元となった言語である。

パプア州知事庁舎。

てこの地を訪れたポルトガル人がそれを聞き、「パプア」の地名で世界に広めた[135]。次いで、16世紀半ばにこの地を訪れたスペイン人は、独自に「ニューギニア」(Nova Guinea) と名付けた。

オランダ人が初めてパプアの地を訪れたのは17世紀初め、すなわち1607年のことである。オランダは、パプアの一部をその支配下に置いていたティドレ王国を利用して、島の西端の支配権を得た[136]。だが、当初オランダは、その地域の領土的支配にはほとんど関心がなかった。1828年に島の西側をオランダ領と宣言したのは、ドイツやフランスが同地域の支配に関心を示しはじめたことに慌てたからであった。オランダによる島の西側つまりパプアの領有は、イギリス（1885年）とドイツ（1910年）との境界線協定によって確定された。

1898年にオランダにより「蘭領ニューギニア」(NNG) と名付けられたパプア

---
135 Koentjaraningrat dkk, *IRIAN JAYA: Membangun Masyarakat Majemuk*（Jakarta, 1993）p.4.; Widjiono Wasis, *Ensiklopedi Nusantara*（Jakarta, 1989）p.747.
136 ティドレ王国は15世紀後半頃から北マルク（モルッカ）諸島のティドレ島を中心に栄えた王国。1654年にオランダ東インド会社に征服され、その属国となった。

は、その後、「西ニューギニア」、「西イリアン」、「イリアン・ジャヤ」と名を変えられながらも、再びパプアの地名に戻り着く。

　1945年8月17日に独立宣言を行なったインドネシアは、その後、パプアの領有権をオランダと争うわけだが、インドネシア側がこの地の地名に用いたのは「イリアン」（Irian）だった。

　インドネシアの人類学者クンチャラニングラット（Koentjaranibgrat）によると、インドネシア政府が地名に用いた「イリアン」の語源には2つの有力な説がある。1つは、「海にかかった靄を貫く光」を意味するビアク語（ニューギニア島の北西部にあるビアク島の言語）の「イリャン」（Iryan）から来たとする説、そしてもう1つは、インドネシアがオランダからの同地の奪回に燃えていた当時、初代大統領スカルノが「反オランダでインドネシアに従う」（Ikut Republik Indonesia Anti Nederland）というスローガンの単語の頭文字をつなぎ合わせて略語として用いたのが一般化し、地名になったとする説である。[137] パプア独立派の住民が「イリアン」の地名に反発や抵抗を示し続けたのは、その語源があいまいであるばかりでなく、後者の説のようにきわめて政治性を帯びたものと感じたからである。

　1969年にパプアを併合したインドネシアは、この地の地名を正式に「西イリアン」へと改名した。西イリアン州はさらに1973年に「イリアン・ジャヤ州」に改名されたが、インドネシアが民主化へと向かう1998年以降、パプアでも地名の変更を求める要求が高まり、遂に2001年11月21日に公布されたパプア特別自治法により、州名も正式に「パプア州」へと改められた。

　ところで、既に見たようにパプアの語源が一種の身体的な差別語にも等しいムラユ語の「縮れ毛」であるにもかかわらず、パプアの土着の住民たちがそれを地名とし、民族名とすることを望んだのはなぜであろうか。これに答えることは難しいが、同様の事例はいくつもある。

　たとえば、フィリピン南部のイスラム教徒たちは、かつて宗主国であるスペインから一種の差別的な意味合いで「モロ」（Moro）と呼ばれたわけだが、いつ

---

137 「イリアン」の地名を最初に提唱したのは、ビアク島生まれで、後にイリアン・ジャヤ州の第2代知事に就任したフランス・カイセポである。彼は、1946年7月に開かれたマリノ会議で、「西ニューギニア」の地名を「イリアン」に改名するよう要求し、オランダ側に拒否された。Koentjaraningrat dkk, *op.cit*., p.4. 参照。なお、「イリアン」の語源をスカルノ初代大統領の用いたスローガンとする説には、「反オランダでインドネシアに従う」のほか「反オランダでインドネシアと結ぶ」（Ikut Republik Indonesia Anti Nederland）の略語とする説もある。これも単語の頭文字をつなぎ合わせると「イリアン」（IRIAN）になる。

しかそれが様々なエスニック・グループの違いを超えたフィリピン南部のイスラム教徒の共通のアイデンティティーつまり民族意識へと発展していった。[138]　またインドネシアという国名も、もともとは「インドの島々」といった意味でヨーロッパの人々が用いていたにすぎなかったものが、いつしかオランダ領東インドに代わる国名そしてその中に居住する多様なエスニック・グループを1つにまとめる民族名として認識されるようになっていったのである。パプアにも250を超える土着のエスニック・グループがあると言われるが、そうした言語や習慣の違いを超えて同じ苦難の歴史を共有した同胞意識から、次第に我々の父祖の地パプア、我々パプア民族といった一体感が育っていったのであろう。

2. インドネシア独立前後の動き

　国土領域から見ると、今日のインドネシアはかつてオランダ領東インドと呼ばれたオランダの植民地がそのまま独立したのであり、パプアもまたその一部であった。とはいえ、インドネシアの大半を占めるマレー系の諸種族とパプア人とは、必ずしも歴史を共有していたわけではなかった。

　20世紀初頭、マレー系の諸種族の間では、多様なエスニック・グループの違いを乗り越えたインドネシア・ナショナリズムが急速に芽生え、1928年には「青年の誓い」となって開花したが、そうした流れの中にパプア人の姿はなかった。[139]　当時、パプアは、ただ政治的に危険視されたインドネシア民族主義者たちの流刑の地としてオランダに利用されていたにすぎなかった。また流刑地で暮らす彼らとパプア人の間でさえ同胞意識が芽生えることはほとんどなかった。

　ようやく彼らとパプア人の一部が歴史の共有を意識し始めたのは、1944年以降のことである。

　大東亜戦争の勃発で日本軍にオランダ領東インドを占領されたオランダは、1942年3月9日に全面降伏する。以後、45年8月15日の日本の敗戦までインド

138　「モロ」とは、もともと8世紀にイベリア半島に侵入してきたムーア人（北アフリカのイスラム教徒）を指してスペイン人が使った呼称である。それが、フィリピン諸島では、スペイン人によって敵意と軽蔑を含む名称として、イスラム教徒に対して用いられた。石井米雄監修『フィリピンの事典』（同朋舎出版、1992年）p.354を参照。

139　1928年10月28日に開催された第2回インドネシア青年会議では、オランダ領東インド各地から集った青年たちにより、「唯一の祖国をインドネシア、唯一の民族をインドネシア民族、唯一の言語をインドネシア語」とすることが承認された。これを「青年の誓い」と言う。

ネシアは日本軍政下に置かれたと一般には言われるが、正確にはパプアはその中に含まれなかった。なぜなら1944年4月には連合国軍の猛反攻でパプアは日本軍から奪回され、再びオランダの統治下に置かれたからである。パプア以外の旧オランダ領東インドを依然として日本軍に占領されていたオランダは、パプアにおける植民地行政の人材不足を補うために、ようやくパプア人にも警察訓練や行政教育を施し始めた。

　1945年8月17日すなわち日本の敗戦とオランダの再侵略の間隙を縫ってインドネシアは独立を宣言する。しかしながら、この時既にパプアは完全なオランダの支配下にあった。もちろんインドネシアの独立宣言はこの地にまったく伝わらなかったわけではない。一部のパプア人には、それに呼応する動きも起こった。

　最も敏感に反応したのは、オランダが1944年にホーランディア（現在のジャヤプラ）に設立した警察学校や官吏養成校で教育を受けた、いわゆるパプア人政治エリートたちであった。

　インドネシアの独立宣言から2週間後の8月31日、パプア人政治エリートの一部、すなわちいずれも後にインドネシア政府から「国家英雄」の称号を授けられたフランス・カイセポ（Frans Kaisiepo）、マルセン・インディ（Marthen Indey）、シラス・パレパレらは、インドネシアの独立を祝って国旗の掲揚と国歌の斉唱を行なった。彼らをこうした行動へと導いたのは、この地に流刑されていたスゴロ・アトモプラソジョ（Soegoro Atmoprasodjo）であった。多くのインドネシア民族主義者を生み出した私立学校タマン・シスワ（Taman Siswa）の元教員で、インドネシア社会党（PSI）の党員でもあったスゴロは、オランダに警戒されパプアへと追放されていたのだが、その後、パプア人官吏の育成が急務となったオランダにより、現地で官吏養成校の寮長に登用されたのだった。

　スゴロの感化を受けた親インドネシア派のパプア人政治エリートたちは、その後も積極的な政治活動を展開した。

　1946年7月15日から25日にかけて開催されたマリノ会議には、パプアを代表してフランス・カイセポが出席した。同会議の中心議題はインドネシアをオランダ王国内の連邦国家にすることにあったが、この機会にオランダは、それまでマルク州理事官の管轄下にあったパプアを独自の行政単位として切り離すことに成功した。これに反対したフランス・カイセポは、パプアを大東地域

第6章　インドネシアへの併合過程　　　　　　　　　　　　　97

パプア住民代表議会（DPRP）議事堂。

（東インドネシア）に含めるよう要求したものの、受け入れられなかった。彼はまた、「西ニューギニア」の地名を「イリアン」に改めるようオランダ側に要求したが、これも拒否された。その後、インドネシア政府側が一方的に「イリアン」の地名を用い始めたのに伴い、オランダ側はその地名の使用を禁止した。

　1946年10月、元蘭印民政府の警官だったマルセン・インディは、「インドネシア独立委員会」（KIM）の委員となり、同委員会が「インドネシア独立党」（PIM）に名称を変更すると、その議長に就任した。ホーランディアで誕生した同党は、パプアで最初の政党となった。

　マルセンはパプア土着の12のエスニック・グループの指導者らと手を組み、オランダ政府に対してパプアをインドネシアから切り離すことに反対する抗議活動を展開した。マルセンがアンボンのインドネシア勢力と密謀していることを疑ったオランダは、彼を捕えて3年の禁固刑に処した。[140]

140　アンボンは現在のマルク州の州都。Y.B.Sudarmanto, *Jelak-jejak Pahlawan: Dari Sultan Agung Hingga Syekh Yusuf* (Jkakarta, 1996) p.305.

1946年11月23日には、かつて蘭印軍の教官として「パプア人部隊」(Batalyon Papua) の指導に当たっていたシラス・パレパレが一転、オランダ植民地政府追放を旗印に「イリアン独立党」(PKI) の結党を宣言した。同党は同年11月29日に「イリアン・インドネシア独立党」(PKII) と党名を変え、セルイで正式に発足した。支持者たちは翌47年8月17日のインドネシア独立記念日にマノクワリでインドネシア国旗の掲揚式典を行なった。この時の参加者たちはオランダ警察に拘束され、3ヵ月以上の禁固刑が科された。

　1949年7月21日、同党は、インドネシア政府がパプアの主権を獲得するのを支援するために、党首であるシラス・パレパレをジャワに派遣することを決定した。直ちに寄付金が集められ、9月27日に彼はジャワへ飛び立った。インドネシアの完全独立をオランダが認めることとなる同年末のハーグ円卓会議にも、彼はインドネシア代表団の一員として加わった。

　このように一部のパプア人政治エリートは、確かにインドネシアの独立宣言当初から親インドネシア派として積極的な政治活動を展開していた。しかしながら実のところ、親インドネシア派といえども、必ずしもそのすべてがパプアがインドネシアの一部となることを望んでいたわけではなかった。

　「イリアン・インドネシア独立党」の中心的メンバーとして活動していたヨハン・アリクスは、後にシラス・パレパレらと袂を分かち、反インドネシア派の急先鋒となった。なぜなら彼は、インドネシアの意図が、パプアの独立を支援することではなく、併合することにあると気づいたからである。[141] 同様に、「インドネシア独立委員会」の中心的活動家であったニコラス・ジョウエ (Nicolaas Jouwe) も、ほどなくマルセイ・インディらと決別して反インドネシア派に走った。

　つまり、多くのパプア人政治エリートは、オランダからのパプアの解放を共通の目標にしていたものの、そのための手段については、インドネシアとの併合、インドネシアの支援を得ての独立、あるいは自力による独立等、それぞれ見解が異なっていた。それゆえ、当初、親インドネシア派と見られたパプア人政治エリートの中からも、インドネシアがパプアの独立を支援するものではないことが明らかになるにつれ、反インドネシアを鮮明にする者が相次いで現れたのである。

　1949年12月30日、オランダは「ハーグ協定」に基づき、パプアを除くイン

141　John RG Djopari, *Pemberontakan Organisasi Papua Merdeka* (Jakarta, 1993) p.31.

ドネシア連邦共和国に、その完全な主権を委譲した。パプアの帰属については交渉が難航し、結局、「インドネシアに対する主権委譲の日から1年以内にインドネシアとオランダとの間の交渉により決定される」という条件付きで、現状維持とされた。[142]

ハーグ円卓会議の席上、オランダは、パプアは他のオランダ領東インド地域とは民族的にも文化的にも異なると主張し、インドネシアに含めることに反対した。

しかし、オランダがパプアにこだわった理由は他にもあった。1つは、旧オランダ領東インドで生まれ育った印欧混血児やパプアで長年にわたり布教活動に取り組んできたキリスト教宣教師らの要望に応えるためである。インドネシア国籍となることに抵抗を感じたオランダ人の血をひく印欧混血児たちは、パプアを彼らの新たな祖国として建設するようオランダ政府に請願した。そして実際、多くの人々がそこへ移住していった。1948年から49年までのわずか1年の間に、パプアの印欧混血児とオランダ人の数の合計数は、1000人から8500人へと一気に増加した。[143]

また、これまでキリスト教の布教活動に取り組んできた宣教師たちもオランダ政府にパプアの維持を働きかけた。1855年以来の歴史を持つパプアでのプロテスタントの布教活動は、1935年の時点で既に5万人以上の信徒を抱えるまでになっていた。[144]

もう1つは、石油、金、銅、ニッケル、コバルト、クロムなど、この島に眠る豊富な鉱物資源の開発に絡むオランダの権益保持のためである。

しかし、そのためにオランダがとった政策は、パプアを植民地のままでとどめ置くのではなく、まず自治政府の設立準備を進め、1970年までにはオランダと友好的な「パプア国」を建国するというものであった。

3. パプア・ナショナリズムの高揚

1949年からオランダが準備を始めた「ニューギニア議会」(Nieuw-Guinea Raad)

142　1949年11月2日締結「主権委譲憲章」第2条f項。『インドネシア資料集 上』(日本国際問題研究所、昭和47年) p.183. 参照。
143　Ross Garnaut & Chris Manning, *Perubahan Sosilal Ekonomi Di Irian Jaya* (Jakarta, 1979) p.15.
144　*Ibid.*, p.15.

の開設は、1961年、12年の歳月をかけてようやく実現した。議会の開設が大幅に遅れたのは、パプアの帰属をめぐる問題をインドネシアとの間で抱えたままであったこと、パプア人の側に選挙を行なうに十分な政治意識がまだ芽生えていなかったこと、などによる。

議会開設までの間にパプアでは、パプア・ナショナリズムが急速に高まった。

選挙を目前にした1960年には、反インドネシア派の様々な政党や組織が誕生した。「ニューギニア・キリスト教徒労働組合」などを支持母体にした「国民党」(Parna)、親インドネシア派から転じたヨハン・アリクスを党首とする「ニューギニア人党」(PONG)、パプアの独立を明確に掲げた「パプア独立党」(PPM)などである。一方、親インドネシア派の「インドネシア独立党」や「イリアン・インドネシア独立党」は、オランダにより活動が禁じられた。

また同年、パプア西部のアルファイ・マノクワリでは、パプア独自の軍隊として「パプア義勇軍」(PVK)も発足を見た。

1961年2月18日から25日にかけて行なわれた初の選挙を経て、4月5日、定数28名（うち、選挙による者16名、知事の任命による者12名）の新議会が発足した。

さらに同年10月、パプアの政治エリートすなわちニューギニア議会議員や政党幹部そして主要なエスニック・グループの指導者らは、パプア・ナショナリズムの象徴としての国旗や国歌などの制定を急ぎ、80名の委員からなるパプア国民委員会を開催した。同委員会では、**(1)** 国名を西パプアとする、**(2)** 民族名をパプア民族とする、**(3)** 民族旗の図柄を「明けの明星」(Bintang Kejora)とする、**(4)** 民族歌を「我が地パプア」(Hai Tanahku Papua)とすることのほか、国の紋章をパプア特有種のカンムリバトの図柄とすることや、国是を「単一の中の多様性」とすることなどが承認された。[145]

1961年10月19日に発表されたパプア国民委員会の声明文は、次の通りである。[146]

---

145 「明けの明星」をモチーフとした国旗をデザインし提案したのはニコラス・ジョウエである。また、国是に関してはその後、「1つの民族、1つの精神」(Satu Bangsa, Satu Jiwa)に改められた。P.J.Drooglever, *Tindakan Pilihan Bebas, Orang Papua dan Penentuan Nasib Sendiri* (Yogyakarta, 2010) p.572.

146 Frits Bernard Ramandey, *Irian Barat, Irian Jaya, sampai Papua* (Jayapura, 2007) pp.53-54.

> 宣言
>
> 様々なエスニック・グループや信徒からなる西パプアの住民の我々は、1つの民族1つの郷土としての一体感で結ばれているとの認識から以下に署名する。
>
> 声明
>
> 同郷、同民族の住民に対して；
> 1. 国連憲章第73条aおよびb；
> 2. 1960年9月20日から12月20日にかけて開催された第15回国連総会決議1514号（第15項）に記された、いまだに独自の政府を持たない民族や地方の独立のための宣言；
> 3. 我々の郷土である西パプアの地の住民としての我々の絶対的な権利；
> 4. 我々自身の民族としての独立の欲求と願い；
>
> に基づき、我々は国民委員会と我が人民の代表機関であるニューギニア議会を通じて、オランダ政府と蘭領ニューギニア知事に対し、1961年11月1日以降は次のように求める。
>
> a. 我々の旗をオランダ国旗と共に掲揚する。
> b. 我々の民族歌「我が地パプア」をオランダ国歌と共に斉唱あるいは演奏する。
> c. 我々の地名を西パプア（Papoea Barat）とする。
> d. 我々の民族名をパプア（Papoea）とする。
>
> 上記に基づき、我々パプア民族は独立した他の諸民族と同様の地位を我々自身が得ることを明確にし、その諸民族の間で世界平和の維持に従い平穏に生きることを望む。この宣言で我々は、我々パプア民族としてその郷土を願うすべての住民がこの宣言を承認し、堅持するよう呼びかけ、これをもって我々パプア民族の独立の唯一の基礎とする。
>
> 1961年10月19日、ホーランディアにて

　こうしたパプア・ナショナリズムの高まりを受けオランダ側は、同年12月1日のニューギニア議会で、10年後すなわち1971年12月1日にはパプアの独立を認めると確約したのだった。[147]

147　*Gatra*, 17 Oktober 1998, p.64.

さて、一方、インドネシアはその間、事態をただ黙視していたわけではなかった。

インドネシア政府は1954年以降、数次にわたって国連総会の場でパプアの帰属問題を提起した。だが、インドネシアにとって望ましい展開は見られなかった。

1957年の国連総会では、アジア、アフリカの18か国とボリビアがインドネシア支持の立場から、オランダとインドネシア両国が国連憲章の原則に従ってこの問題を解決すること、さらに国連事務総長が紛争解決のために適当な援助を与えることを要望する決議案を提出した。演説に立ったインドネシアの外務大臣も「話し合いによる解決の合意が得られなければ、『他の手段』を取らざるを得ない」と、武力行使も辞さぬ構えで訴えたが、同決議案への賛成国は21ヵ国にとどまり、不成立に終わった。

インドネシアの国連不信は次第に高まった。事態を憂慮した当時のウ・タント（U Thant）国連事務総長は、1961年、アメリカの外交官バンカー（Bunker）に問題解決のための仲介を委ねた。バンカーは、2年間の国連による暫定統治を経て、パプアの主権をオランダからインドネシアへ引き渡すことを提案した。インドネシアは、原則的にはこの提案を受け入れたものの、国連による統治期間をさらに短縮するように要求した。一方、オランダは、パプアの住民が民族自決権を行使できることの保証を求めた。

同年12月19日、スカルノ大統領は全インドネシア国民に対し、「国民への三大指令」（Trikora）を発令した。すなわち、**(1)** オランダ植民地の傀儡国家パプア国を打倒せよ、**(2)** インドネシア本来の領土である西イリアンに名誉ある紅白旗をひるがえせ、**(3)** 独立、国家および国民の団結を護るため総動員の準備をせよ、の3つの命令である。[148]

翌62年1月、インドネシアは遂に武力行使に出た。西パプア沖に侵攻したインドネシア軍とオランダ軍との間で海戦が勃発した。

武力衝突の発生を重く見たアメリカは、オランダにインドネシアとの交渉の席に着くよう促した。その理由は、パプアをめぐるオランダとインドネシアとの争いが、それぞれの支持国であるアメリカとソ連との西太平洋をめぐる覇権

---

148 「名誉ある紅白旗」とはインドネシア国旗のことである。『インドネシア資料集　下』（日本国際問題研究所、昭和48年）p.175を参照。

争いに拡大することを、アメリカ自身が恐れたからであった[149]。

1962年8月15日、オランダとインドネシアの双方はバンカー提案に基づき、ニューヨークの国連本部で、パプアの帰属問題解決のための「ニューヨーク協定」に調印した。同協定の骨子は、(1)パプアの施政権は国連臨時行政府(UNTEA)による暫定統治の後、1963年5月1日以降にインドネシアへ委譲される、(2)パプアの民族自決権の行使は、1969年末までに完了する、(3)国連事務総長は、民族自決行為の実施ならびにその結果について国連総会に報告する、の3つである。

この協定で2国間の紛争は解決へと向かった。しかしながら、既にニューギニア議会が発足していたにもかかわらず、当事者の一部であるはずのパプア人の代表が協定締結の過程に参画を許されることはなかった。

ニューヨーク協定の翌月、国民党(Parna)のヘルマン・ワヨイ(Herman Wayoi)党首ら90人のパプア人政治エリートは「民族会議」を開催し、事態への対処を協議した。そして彼らは、国連とインドネシア政府に協力する代わりに、国連臨時行政府に対し、パプアの国旗と国歌を尊重することと、国連臨時行政府の施政が終了する1963年のうちに総選挙を行なうこと、を要求する決議を行なった[150]。

しかし、事態はもはや彼らの要求を受け入れる段階ではなかった。既に国連臨時行政府の主導権はインドネシア人が握り始め、それまで要職を担っていたパプア人のエリート官僚はその地位を追われていた[151]。

1962年12月1日、ニューギニア議会の議員らに指導された反インドネシアの抗議活動がパプア各地で一斉に発生した。こうした動きは、12月31日、国連旗の横にオランダ国旗に代わってインドネシア国旗が掲げられると頂点に達した。至る所でインドネシア国旗やスカルノ大統領の肖像画が引きずり降ろされ、破壊された[152]。

パプア人の激しい抵抗にもかかわらず、国連臨時行政府は当初の予定通り、1963年5月1日、パプアの施政権をインドネシア政府へ委譲した。

149　Marwati Djoened Poesponegoro,Nugroho Notosusanto, *Sejarah Nasional Indonesia IV*（Jakarta,1993）p.335.
150　John RG Djopari, *op.cit.*, p.39
151　Carmel Budiardjo, Liem Soei Lion, *West Papua: The Obliteration of a People*（London, 1989）p.95.
152　Nazarruddin Sjamsuddin, *Integrasi Politik di Indonesia*（Jakarta, 1989）p.95.

インドネシアは、ただちにオランダ統治時代に設立されたニューギニア議会をはじめ、政党や政治組織をすべて解散させた。

反インドネシア派は地下活動に入った。ジャヤプラでは、1963年に元デムタ地区長のアセル・デモテカイ（Aser Demotekay）が「西パプア独立運動」を組織した。マノクワリでも1964年に「西パプア独立闘争組織」と呼ばれる運動が組織された。インドネシアの治安ならびに司法当局は、それらを総称してOPM（パプア独立組織）と名付けた。[153]

ニューヨーク協定に定められたパプアの民族自決の結果を併合に導くためのインドネシア側の工作は、1962年10月9日以降、西パプア特殊作戦（OPSUS）研究所や政治社会局、特別局（Biro Chusus）が中心となって、着々と進められた。インドネシアとの統合を支持する宣言書が、パプア各地の住民から集められた。その数は、1962年21通、1963年25通、1964年7通、1965年4通、1966年3通、1967年23通、1968年35通で、合計118通であった。[154]

こうした下準備の後、インドネシア政府は合計1025名からなる「民族自決協議会」（DMP）を組織した。パプア人の民族自決権は、各県ごとに75名から175名の委員によって代表されることになった。

民族自決協議会の委員を指名したのもインドネシアである。しかもインドネシアは、その委員たちを民族自決協議会が開催される数週間前から学校の校舎や兵舎に隔離し、外部との接触を絶たせた。そして、当時は貴重であったラジオや懐中電灯などの金品を渡して供応しただけでなく、「インドネシアの望む行動をとらなければ家族にも不運が及ぶ」とか、「パプアがインドネシアと別れる道を選ぶなら、パプアは1億1500万人のインドネシア人と対決することになる。パプアの独立は夢物語である。将来多くの犠牲者を出すよりも早くそのことに気付いた方がよい」など、恫喝ともとれる説得工作を行なったのである。[155]

こうして1969年7月14日のメラウケ県を皮切りに開かれた「民族自決協議会」は、8月2日のジャヤプラを最後に、「話し合い」（musyawarah）でインドネシアとの併合が支持されたとして幕を閉じた。

パプアにおける民族自決行為の実施は、国連事務総長の特使であるボリビア

153　John RG Djopari, *op.cit*., p.100.
154　*Ibid*., p.73.
155　西パプア特殊作戦（OPSUS）を指揮したアリ・ムルトポと西イリアン解放作戦司令官サルウォ・エディの発言。P.J.Drooglever, *op.cit*., pp.745-747.

のオルティス・サンス国連大使をはじめ、タイ、オランダ、オーストラリア、西ドイツ、ニュージーランド、ビルマの各国大使も立ち会った。だが、80万9337人の住民の意思をわずか1025人が代弁する民族自決のあり方に強く異議を唱える者はいなかった。もっとも、1968年以来、国連事務総長の特使としてパプアの視察に訪れていたオルティス・サンス大使は、インドネシアの施政に対するパプア人の不満や1人1票の民族自決権の要求を十分に理解し、事態の進展を憂慮していた。だが、配下の国連の査察チームはあまりに小さく、もはやインドネシアからの強い圧力に抗ってまで状況を打開することはできなかったのである。[156]

1969年8月2日、パプアのインドネシアへの帰属は、こうして正式に確定された。

同年9月10日、インドネシア共和国1969年法律第12号に基づき、パプアは「西イリアン州」と命名され、同国の1州となった。

表10　1969年に実施されたパプアの「民族自決協議会」(DMP)

開催日	県	委員数	人口
1969年7月14日	メラウケ	175	144,171
1969年7月16日	ジャヤウィジャヤ	175	165,000
1969年7月19日	パニアイ	175	156,000
1969年7月23日	ファクファク	75	43,187
1969年7月26日	ソロン	110	75,474
1969年7月29日	マノクワリ	75	49,875
1969年7月31日	チェンデラワシ湾	130	91,870
1969年8月2日	ジャヤプラ	110	83,760
合計		1,025	809,337

Source: John RG Djopari, *Pemberontakan Organisasi Papua Merdeka* (Jakarta, 1993) p.75.

156　*Ibid.*, p.782.

第7章 パプア分離独立闘争

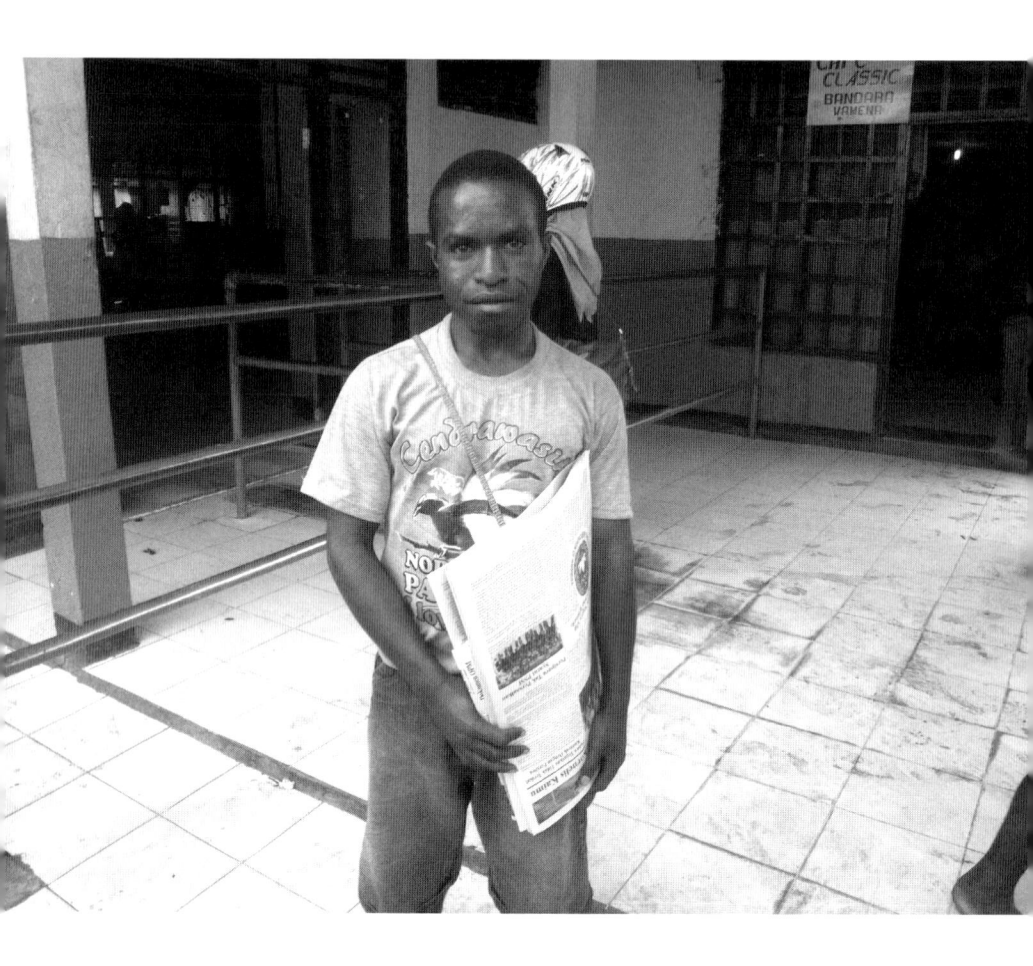

新聞売りのパプア人青年。

1. パプア独立組織(OPM)の出現

1963年5月1日にパプアの施政権が国連臨時行政府（UNTEA）からインドネシア政府に委譲されると、インドネシアは同地域の初代州知事に、それまで親インドネシア派の有力な指導者と見られていたエリゼル・ヤン・ボナイを任命した。だが、彼はわずか1年で解任された。なぜなら翌年、彼はパプアの独立を問う住民投票のすみやかな実施を国連に要請する行動に出たからである。

親インドネシア派と見込んでインドネシア政府が州知事に任命したボナイも、実はインドネシアとの併合を望んでいたわけではなかった。彼は1970年以降、オランダに移り住んでパプアの独立闘争を外交面から支援していくことになるのだが、反インドネシア派に転じた理由については、後に次のように語っている。

「当初私は、パプア人はニューヨーク協定に基づいて1969年には自らの運命を決定できるものと信じていた。しかし、インドネシア人が我々の土地に到来するやいなや、まったく予想だにしないことが起こり始めた。かつて起こったことのない暴行、窃盗、拷問、そして虐待が行なわれた。人々は至る所で逮捕された。刑務所はすべて満杯になった」[157]

ボナイが知事を解任された1964年以降、インドネシアからの分離独立を求めるパプア人の闘争は、いよいよ本格化した。西部のマノクワリでは、前年に活動停止を命じられた「パプア義勇軍」（PVK）が中心となり、テリアヌス・アロンゲアルを指導者として「西パプア国独立闘争組織」が発足した。同組織は、既に国外に脱出していた反インドネシア派の有力者、すなわちオランダにいるマルクス・カイセポ（Markus Kaisiepo）やニコラス・ジョウエ、日本にいるヘルマン・ウォムシウォル（Herman Womsiwor）、そしてジャヤプラで活動するヘンドリック・ジョク（Hendrik Joku）等と連携をとり、パプア人を無視してオランダとインドネシアの間でのみ締結されたニューヨーク協定は無効であることを国連に訴えて、独自に作成した「西パプア国」の閣僚名簿を発表することを画策していた。だが、事前にインドネシアの治安当局に察知されたため、未遂のま

157　Carmel Budiardjo, Liem Soei Lion, *op.cit.*, p.17: quoting from *Tapol Bulletin*, No.48（London, January 1982）.

まに関係者が逮捕される結果となった。65年5月12日には、首謀者であるテリアヌス・アロンゲアルも捕まった。アロンゲアルの逮捕を知ったヘンドリック・ジョクは国境を越えてパプア・ニューギニアへと逃れた。そして、そこから事態をオランダにいるマルクス・カイセポやニコラス・ジョウエに伝えたのだった。[158]

こうした地下活動が表面化したばかりでなく、既に1964年末にはマノクワリ、ソロンそしてアヤマルでパプアの独立を求めるデモも続発し始めていた。

翌65年7月28日、遂にパプア人の大規模な武装蜂起が発生した。幻の「西パプア国」閣僚名簿で軍事司令官に起用されていたペルメナス・アウォン（Permenas Herry Awon）の指揮の下、ビアク、セルイ、アヤマル、ヌンフォルなどのエスニック・グループからなる約400人の混成部隊が、アルファイ、アルマレ、その他のインドネシア国軍の営舎や駐屯地を襲撃し、パプア国旗を掲げたのである。マノクワリなどの都市部では、「イリアン」の語源に対抗するかのように頭文字をつなぎ合わせたいくつかの地下組織が自発的に結成された。「イパリ」（IPARI = Ikut Papua Anti Republik Indonesia. 反インドネシアでパプアに従う、の意）、「イルパリ」（IRPARI = Ikut Republik Papua Anti Republik Indonesia. 反インドネシアでパプア共和国に従う、の意）などである。こうした組織はビラやパンフレットを作成し配布して、住民らにパプア独立のための闘争の支援を呼びかけた。

こうした呼びかけに応えたのは一般の住民だけではなかった。それまでインドネシア政府の下で官僚、警官あるいは軍人として働いていたパプア人の中からも共鳴する者が続出した。それゆえ、テミナブアンやアヤマルでは、インドネシア国軍の武器や弾薬がパプア人軍人を通じて独立派武装勢力に提供あるいは貸与されるといった事態も発生した。[159]

1967年、独立闘争を支援するために幾人かのパプア人名誉将校がインドネ

---

[158] 「西パプア国独立闘争組織」（Organisasi Perjuangan Menuju Kemerdekaan Negara Papua Barat）が用意していた「西パプア国」の閣僚名簿は、次の通りである。大統領：マルクス・カイセポ（Markus Kaisiepo）、副大統領：ニコラス・ジョウエ（Nicolaas Jouwe）、外務大臣：テリアヌス・アロンゲアル（Terianus Aronggear）、商業大臣：ヘルマン・ウォムシウォル（Herman Womsiwor）、経済大臣：カレブ・タラン（Kaleb Taran）、林業大臣：メルキアヌス・ホロタ（Melkianus Horota）、教育大臣：メルキアヌス・ワトファ（Melkianus Watofa）、軍事司令官：ペルメナス・フェリー・アウォン（Permenas Ferry Awom）。テリアヌス・アロンゲアルのほか、閣僚名簿に名を連ねたカレブ・タラン、メルキアヌス・ホロタ、メルキアヌス・ワトファも逮捕された。John RG Djopari, *op.cit.*, pp.100-103.
[159] *Ibid.*, p.111.

ミカンを売るパプア人女性。

シア国軍と袂を分かった。ロデウィック・マンダチャン名誉少佐はパプア西部に主に居住するアルファック人およそ1万4000人を引き連れて森に入った。バレンツ・マンダチャン（Barents Mandatjan）名誉大尉やイロギ・メイドガ（Irogi Meidotga）名誉少尉も、この勢力の支持に回った。

　1968年1月にはダニエル・ワンマ（Daniel Wanma）らの指揮の下で約150人のパプア人がマクボンのインドネシア国軍駐屯地を襲撃。同年2月にはジュリアヌス・ワンマ（Julianus Wanma）らの指揮下で約200人のパプア人がサウサポールのインドネシア国軍分軍支部を襲撃した。この時には、インドネシア国軍のパプア人兵士3名が独立派武装勢力に身を転じている。また、インドネシアの治安当局はその後、この襲撃事件の黒幕として、ソロン県議会議員ゴトリフ・ミリノ（Gotlief Mirino）、サウサポール区長ムリッツ・テノ（Muritz Teno）、サウサポール診療所長A・ワルサ（A.Warsa）らを次々と逮捕した。さらに同年3月にはジョセフ・インデイ（Joseph Indey）指揮下のパプア人部隊がインドネシアの精鋭部隊シリワンギ師団第3中隊のイライ駐屯地を襲撃して激しい戦闘を繰り広げた。

ビアクでも、ヤン・ピーター・カルマ（Jan Pieter Karma）らが国軍駐屯地を襲撃した。

このように各地で続発し始めたパプア人の武装蜂起を取り調べる中で、インドネシアの治安当局は、様々な組織名を名乗るパプア独立派武装勢力を総称して、「パプア独立組織」（OPM）と呼ぶようになった。

ところで、この時期にパプアの独立闘争が激化しはじめた理由は、インドネシアの国内事情とも無縁ではない。

インドネシアは国連の仲介で1962年8月にオランダとの間でニューヨーク協定を結び、パプア人の民族自決権を認めて、その行使を69年末までに完了すると確約するわけだが、63年5月にパプアの施政権を獲得したインドネシアは、65年1月に国連脱退を表明する挙に出る。これによりパプア人政治エリートの間には、国連を脱退したインドネシア政府がニューヨーク協定を守り抜き正当な民族自決権をパプア人に認めようとすることは、もはやあり得ないとの不安が生じた。さらに65年の「9月30日事件」でスカルノ初代大統領が失脚し、スハルト軍人政権が発足すると、民族自決権の行方に対するパプア人の不安と焦りはさらに高まった。[160]

2. パプア分離独立闘争の展開

今日、パプアの独立運動は広く「パプア独立組織」（OPM）の名で知られているが、そう名付けたのはパプア人自身ではなく、インドネシアの治安当局である。この認識は、パプアにおける独立運動の実態把握には欠かせない。というのも、今日に至るまで、パプアの独立運動は、けっしてOPMという1つの統一組織の下で展開されてきたわけではないからである。

そのことは、たとえば彼らの外交活動からも明らかである。

海外におけるパプア独立運動の活動拠点は、オランダ、スウェーデン、セネガル、バヌアツなどに見られるが、それぞれの国ごとにパプア人活動家の闘争理念や指向性にはかなりの開きがある。それどころか、同じ国でパプア独立への支援を訴えるパプア人活動家の間でも、独立のための手段や方法に見解の対立が生じていることもある。

160　Viktor Kaisiepo, *Satu Perspektif untuk Papua-Cerita Kehidupan dan Perjuanganku* (Yogyakarta, 2012) p.91.

ミミカ県議会議事堂。

　そのよい例が、共にオランダを拠点にパプア独立運動を指導したニコラス・ジョウエとマルクス・カイセポの対立である。
　ニコラス・ジョウエとマルクス・カイセポは、オランダが1944年に開設したパプア人官吏養成校の級友だった。オランダに渡り、パプア独立運動を外交面から支援、指導していた両者は、次第に独立のための手段や独立後の国の形をめぐって対立を深めていく。1962年にオランダ国籍を取得したニコラス・ジョウエは、国際的な外交努力によるパプアの話し合いによる独立を目指し、1964年に「西パプア国民解放議会」を設立した。一方、オランダ国籍の取得をパプアの同胞への裏切り行為と頑なに拒み続けたマルクス・カイセポは、ニコラス・ジョウエに対抗して1965年に「西メラネシア／西パプア最高代表議会」を設立した。マルクス・カイセポは、ただ単にパプアの独立だけではなく、パプア・ニューギニア、ソロモン諸島、フィジー、バヌアツ、ニューカレドニアなど周辺の南太平洋諸国・地域との協力によるメラネシアの統一を指向し、さらに当時、同様にオランダを拠点にインドネシアからの分離独立をめざしてい

たマヌサマ（Johan Manusama）を指導者とする「南マルク共和国」（RMS）独立運動とも連携した武力闘争を主張した。[161] ニコラス・ジョウエは、パプア問題はあくまでパプアだけの独立問題として解決すべきとの考えから、インドネシアの他地域の分離独立運動と連帯することには反対し続けた。

1972年にはスウェーデンのストックホルムに、1976年にはセネガルのダカールにパプア独立運動の活動拠点が開設された。ストックホルムやダカールのパプア人活動家すなわちサウル・ヒンドム（Saul Hindom）やベン・タンガフマ（Ben Tanggahma）等はニコラス・ジョウエやマルクス・カイセポ等よりも若い世代で、ネオ・マルクス主義に傾倒した独立国家像を描いていた。また、セネガルで「西パプア共和国臨時政府事務所」の代表を務めたベン・タンガフマは、「パプア人はネグロイド人種に含まれる」としてアフリカ黒人国家からの支援と連帯を求めた。[162]

1979年にはバヌアツにも活動拠点が設けられた。バヌアツのパプア人活動家すなわちアンドレアス・アジャミセバ（Andreas Ajamiseba）等は、インドネシアが西側諸国との協力を深め始めたのに対抗するため共産主義諸国からの支援を模索した。具体的には中国から武器を購入して、パプア人の若者にゲリラ訓練をし、その後再びパプアに送り返して武力闘争を展開する計画であった。[163]

1980年代後半になると、トーマス・ワインガイの宣言した「西メラネシア国」独立宣言を継承する「西パプア国民政府」（WPNA）もオーストラリアやニュージーランドそしてアメリカを拠点に活動を開始した。

このようにパプアの独立闘争は、それぞれが各地で独自に展開している傾向が強く、闘争全体に影響力を持つカリスマ的な指導者は当初から存在しなかった。1980年代半ばには、オランダ国内だけでもパプアの「大統領」を名乗る人物が3人もいたほどである。[164] だが、そのことは必ずしもパプア独立闘争の弱体性を意味しているわけではない。むしろ逆に、パプア人の独立闘争がいかに自

161　*Ibid*., pp.74-79.
162　John RG Djopari, *op.cit*., pp.136-137.
163　当時、パプア・ニューギニアの難民キャンプには国境を越えて避難してきたパプア人があふれていた。そのため彼らは、難民キャンプのパプア人青年をバヌアツに連れてきて軍事訓練を施し、再びパプアに送り込む計画を立てた。*Ibid*., p.144.
164　ニコラス・ジョウエとマルクス・カイセポとセス・ルムコレムの3人がオランダでパプアの「大統領」を名乗っていた。1971年7月1日に「西パプア国」の独立を宣言して武装闘争を指揮したセス・ルムコレムは、その後、ギリシャを経てオランダへと逃れた。Viktor Kaisiepo, *op.cit*., p.79.

発的かつ自然発生的なものであり、それゆえ、特定の指導者のみを相手とした交渉では、ほとんど問題解決が困難であることを示していると言えるだろう。

パプアの分離独立闘争は、「民族自決協議会」の開かれた1969年以降、さらに激しさを増した。

1969年2月には、パニアイ県のエナロタリでパプア人の反インドネシア暴動が発生し、政情不安は8月末まで続いた。同年3月30日には、パプアを軍管区とするチェンデラワシ師団長サルウォ・エディ・ウィボウォ（Sarwo Edhie Wibowo）准将を乗せた飛行機が降下中にパプア独立派武装勢力に銃撃される事件も発生した。パニアイで暴動が発生した直接的な原因は、同県ティギ地区の行政委員長がパプア人からインドネシア人つまり非パプア人に代えられたことへのインドネシア政府への不信感にあった。暴動の主導者は、パプア独立運動の指導者の1人でパニアイ県議会副議長のデービッド・ペケイ（David Pekei）であった。彼に指導された暴動には、95名のパプア人警官もインドネシア政府に反旗を翻して加わった。

同年4月8日には、パプア・ニューギニアとの国境に近いメラウケでも、4月4日に設置されたばかりのインドネシア国軍エランボ駐屯地がパプア独立派武装勢力の襲撃を受けた。

同年7月5日には、ジャヤプラ県ウブルグ郡で、ベルナドゥス・ワリー（Bernadus Wally）に指導されたパプア独立派武装勢力が国軍兵士を襲撃して殺害した。

「民族自決協議会」が同年7月14日のメラウケを皮切りに始まると、これに抗議するデモが各地で吹き荒れた。14日にはメラウケ、19日にはナビレ、23日にはファクファク、29日にはマノクワリで、パプア人たちはインドネシア政府の工作に満ちた民族自決のあり方に激しく抗議したのであった。インドネシアの治安当局は西パプア特殊作戦（OPSUS）が中心となって情報網を駆使し、パプア独立派武装勢力が「民族自決協議会」の会場に接近することだけはかろうじて阻止した。一方、「民族自決協議会」の委員に指名したパプア人たちは事前に隔離し、連夜にわたって酒を振る舞い各自に金品を渡して供応しただけでなく、反対すれば家族にも災いが及ぶなどと恫喝もして、インドネシア併合支持の確約を取り付けた。同年8月2日のジャヤプラを最後に「民族自決協議会」は閉会した。

「民族自決協議会」の会期中、1025名の委員のうち意見表明を行なったのはファクファク県の委員エドゥアード・ヘゲムル（Eduard Hegemur）ただ1人だった。彼は、「同志であるサウル・ヒンドムやニコラス・ジョウエ、マルクス・カイセポ、ヘルマヌス・ワジョイらを裏切ることはできない。ここにインドネシア共和国に対して我々の権利を要求する」と発言して逮捕され、残虐な拷問を受けた。[165]

1969年8月16日の独立記念演説でインドネシアのスハルト大統領は、パプアは「西イリアン州」として正式にインドネシアに併合されたことを宣言した。

それからおよそ2年後の1971年7月1日には、インドネシア国軍ディポネゴロ師団のパプア人将校だったセス・ルムコレムがジャヤプラで「西パプア国」の独立を宣言した。セス・ルムコレムは、インドネシア独立当初から親インドネシア派として活躍し「インドネシア独立党」（PIM）の結党にも加わったルカス・ルムコレム（Lukas Rumkorem）の息子であり、彼自身もその後自ら進んでインドネシア国軍に入隊し、西部ジャワのチマヒで軍事訓練を受けた。ディポネゴロ師団では諜報将校であった。しかしながら「民族自決協議会」を前にパプアで繰り広げられたインドネシア治安当局による様々な人権侵害事件を目の当たりにし、落胆と共に憤慨してインドネシア国軍と袂を分かち、パプア独立派武装勢力と共に森へと入ったのである。彼はパプア・ニューギニアとの国境近くに「国民解放軍」（TPN）の司令本部を設置した。「国民解放軍」は後に「パプア国民軍」（TNP）と改名され、司令本部はビクトリア本部と呼ばれるようになった。

一方、パプアにある国立チェンデラワシ大学の元学生ヤコブ・プライ（Jacob Pray）も、「正義回復」（Pemka）本部を設置し、「国民解放隊」（Papenal）を組織した。

ルムコレムの「西パプア国」は、ビクトリア本部に「西パプア共和国暫定政府」を置き、自らを大統領として1973年2月5日に閣僚名簿を発表した。この閣僚名簿は76年、ルムコレム自身を首班とする「西パプア革命政府内閣」に改造された。ヤコブ・プライを議長とし35名の議員からなる「革命議会」も発足した。[166]さらに77年7月15日には「西パプア国暫定革命政府」の「国家活動計画」

165　Viktor Kaisiepo, *op.cit.*, p.96.
166　セス・ルムコレムとヤコブ・プライはその後対立し、1976年11月には「革命議会」の決定としてヤコブ・プライがセス・ルムコレムを大統領職から解任する。

も発表された。それによると同活動計画の目標は、短期的にはパプアの住民を覚醒して人民革命に導くこと、長期的には人種に基づく「大パプア」主義の立場からパプア・ニューギニアと共に「パプア・ニューギニア連邦共和国」を樹立して、さらにそれを「汎メラネシア」の理念に基づく「メラネシア連邦」へと拡大させること、などに置かれていた。

1972年にはメラウケで、「パプア国民運動」（GENAPA）、「本来のパプア国」（NAPAN）、「独立パプア社会憲章」（PmPm）などの独立運動組織が相次いで発足した。これらの団体は、主にビラやパンフレットを作成して、住民らにインドネシア非協力のサボタージュや治安の攪乱を働きかけた。

1977年4月7日にはジャヤウィジャヤでマティアス・タブニ（Matias Tabuni）指揮下のパプア独立派武装勢力がインドネシア政府の出先機関を兼ねていたパガイのキリスト教会を襲撃し、保管食糧等を奪う事件が発生した。その6日後の4月13日には、ボアス・ワニンボ（Boas Wanimbo）指揮下のパプア独立派武装勢力がマキ郡のピレメ村を訪れ、村人200人を新戦力に従えて森に入った。さらに4月20日にはアレックス・デゲイ（Alex Degey）指揮下のパプア独立派武装勢力がコバクマのインドネシア国軍駐屯地を襲撃、翌21日にはマキ郡のインドネシア国軍駐屯地もパプア独立派武装勢力に占拠され、飛行場も閉鎖された。同日、パプア独立派武装勢力はピラミッド警察署も襲撃し、警察署長らを殺害した。ペトリバーのインドネシア国軍駐屯地もパプア独立派武装勢力に占拠され、飛行場が閉鎖された。4月26日から27日にかけては、パプア独立派武装勢力が彼らに従って森に入ることを拒否したワシリモ村とキンビン村を襲撃するといった事件も起こった。4月28日にはカルバガのインドネシア国軍駐屯地も襲撃され、飛行場が閉鎖された。ティオムのインドネシア国軍駐屯地も襲撃を受けた。

この一連の闘争でパプア独立派武装勢力に身を投じたジャヤウィジャヤの住民の数は3000人以上と推定されている[167]。

同年5月10日、ジャヤウィジャヤのピラミッド飛行場でパプア独立派武装勢力は、西パプアは既に独立したとのアレックス・デゲイの声明を発表した。

1978年には、マルテン・タブ（Marten E. Tabu）指揮下のパプア独立派武装勢力がジャヤプラのインドネシア国軍駐屯地や地方政府出先機関への襲撃を繰り広

167　John RG Djopari, *op.cit.*, pp.121-122.

げた。彼らは、パプアを軍管区とするチェンデラワシ師団第172軍分区司令官イスマイル（Ismail）大佐、情報補佐官ファジャール・アドミラル（Fajar Admiral）中佐、州議会議長ウィレム・マロアリ（Willem Maloali）ら5人を誘拐し、4ヵ月間にわたって拉致した。アルソ郡長のビリー・ジャムレアン（Billy W. Jamlean）も誘拐され、同年9月25日から翌79年5月9日まで8ヵ月近くにわたって監禁された。

　1980年には同じくジャヤプラでインドネシア警察機動部隊に所属していたパプア人警官のエリセール・アウォン（Eliser S. Awon）がパプア独立派武装勢力に身を投じ、国軍や警察の監視所を相次いで襲撃するという事件も発生した。

　同年8月4日には、マリア・ジャカデワ（Maria Jakadewa）ら6人のパプア人女性が州知事庁舎の前にパプア国旗を掲揚し、パプアの独立を訴える行動に出た。

　1982年7月3日にも国立チェンデラワシ大学のパプア人学生9人がアベプラでパプア国旗を掲げ、「西パプア国」の独立宣言を読み上げて逮捕された。

　1983年、「西パプア国」大統領を名乗っていたセス・ルムコレムがギリシャへ、「革命議会」議長を名乗っていたヤコブ・プライがスウェーデンへ脱出すると、翌84年にはジェームス・ニャロが自ら「西パプア国」大統領を名乗り、「パプア国民軍」と「国民解放隊」を統合して「国民解放軍」（TEPENAL）を組織する。これによってインドネシア国軍との戦闘は激化し、国境を越えてパプア・ニューギニア領に逃れるパプア人難民が急増した。

　1984年2月に300人がパプア・ニューギニアのバニモに避難したのを皮切りに、同年12月までに約1万1000人が同国領に逃れた。そのうち約7640人はメラウケから、約3360人はジャヤプラから避難した人々であった。[168] 避難民の中には、多くのパプア人学生や地方官僚、大学教員らも混じっていた。メラウケからの避難は、パプア独立派武装勢力のゲラドゥス・トミー（Geradus Thomi）司令官の指示のもとに行なわれた。

　1980年代にジャワ島やスラウェシ島からパプアへの大規模な移住が行なわれるようになると、パプア独立派武装勢力の襲撃対象は、そうした非パプア人の移住者村落にも向けられていった。

　1988年8月3日には、メルキー・サロサ（Melky Salosa）指揮下のパプア独立派武装勢力がアルソ第4地区の非パプア人移住者村落を襲撃した。

168　*Ibid.*, p.126.

インドネシア人移住者の流入で土着のパプア人との間に民族間紛争が深まる中、同年12月14日、日本とアメリカに留学経験を持つパプア人のトーマス・ワインガイ博士がジャヤプラのマンダラ広場で「西メラネシア国」の名でパプアの独立宣言を行なう。逮捕された彼は、その後、懲役20年、日本人の妻ミミエ・テルコ・コハラ（Mimie Teruko Kohara）も「西メラネシア国」の国旗を作成した罪で懲役8年が科された。

1989年12月には、再びメルキー・サロサ指揮下のパプア独立派武装勢力がアルソ第1および第2地区の非パプア人移住者村落を襲撃した。

1990年7月22日、パプア・ニューギニア領内に潜伏していたメルキー・サロサは、インドネシア政府の要請でジャヤプラに強制送還される。20年の懲役刑を科された彼は、その後、脱獄するが、91年8月5日に殺害された。これも意図的に脱獄させて殺害するという当時のインドネシア治安当局の常套手段にはめられた可能性が高い。

1992年1月25日には、クリス・モビー（Kris Mobi）指揮下のパプア独立派武装勢力がメラウケのソタ村を襲撃した。

また1995年11月14日には、同じくメラウケのイチャン・バル村で、パプア独立派武装勢力がインドネシアの公共事業省とヘクサピラル・ヌサンタラ社の調査チームの1人を殺害し、30人を誘拐した。

1996年1月8日には、ケリー・カリック指揮下のパプア独立派武装勢力が、ジャヤウィジャヤのロレンツ自然公園に動植物調査に訪れていた研究チームの24人（イギリス人4人、オランダ人2人、ドイツ人1人、インドネシア人17人）を誘拐する事件も発生した。こうした誘拐行為の目的は、パプア独立運動に国際社会の関心を向けさせるためであった。

同年3月10日には、アメリカの鉱山開発会社フリーポート社の進出しているティミカで、3000人規模のパプア人による暴動が発生した。そのきっかけは、1人のパプア人がフリーポート社の車に轢き殺されたとの噂が広まったことにあったが、遠因は、パプアの資源がインドネシア政府と結託した同社によって搾取されているという地元住民の不信感にあった。この暴動は3日間にわたって続いた。

同年3月18日には、ジャヤプラでも「パプア独立」を叫ぶ大規模な暴動が発生した。暴動の発端は、パプア独立運動の指導者の1人であったトーマス・ワ

インガイ博士の遺体がパプアに到着したことにあった。ジャカルタの刑務所に収監されていたトーマス・ワインガイ博士は3月13日に刑務所内で死亡した。インドネシア政府は病死と発表し、埋葬のために彼の遺体をパプアへ移送したが、空港でそれを迎え入れたパプア人の群集は政府発表を信用せず、遺体の略奪も試みた。それが大規模な暴動へと拡大したのであった。

1997年4月27日には、パプア独立派武装勢力がワメナの奥地で調査を行なっていた開発コンサルタント会社の職員2名を殺害するという事件もあった。

3. パプア市民の独立要求

1998年5月21日にインドネシアのスハルト長期独裁政権は崩壊した。そうしてインドネシア国内に民主化へ向けた改革機運が高まると、パプアの市民たちも公然とパプアの独立要求をインドネシア政府に突き付ける行動を起こし始めた。

1998年5月29日には、ジャカルタの国防治安省前でパプア人の学生たちが、パプア人に対するこれまでの人権侵害事件に抗議するデモを行なった。

同年6月22日には、ジャカルタの法務省前で「イリアン・ジャヤ青年会議」(FKGMI)のメンバーである約100人のパプア人青年がパプア人政治犯の釈放を求めてデモを行なった。

同年7月1日には、パプアのソロン、ジャヤプラ、ビアク、マノクワリ、ワメナの各地で、「パプア独立」を求めるデモが発生した。こうしたデモ隊に対してインドネシア国軍側が発砲したため、デモは暴動へと拡大した。

同年7月9日、ヨリス・ラウェヤイ(Yorrys Th Raweyai)を中心とする「イリアン社会連合」(IMI)のメンバーがインドネシア国会を通じて国軍司令官に要求書を提出した[169]。その主な内容は、第1に、インドネシア政府は直ちにパプアに自治権を付与すること、第2に、パプアでの人権侵害が今後も続けばパプアはインドネシアから離脱する用意があること、であった。

同年10月2日には再びマノクワリでパプア人による5000人規模の暴動が発生した。県議会事務所前にはパプア国旗が掲げられた。後日、この暴動を扇動

169　ヨリス・ラウェヤイはセルイ生まれのパプア人だが、スハルト政権時代はインドネシアの愛国的青年組織である「パンチャシラ青年団」の指導者として知られていた。

した容疑で、元州議会議員でイリアン・ジャヤ慣習社会研究所長であったテイス・エルアイが逮捕された。テイス・エルアイはその後も何度か身柄を拘束され、2001年11月10日にはインドネシア陸軍特殊部隊員によって、遂に絞殺された。

　1999年2月26日、当時のインドネシア大統領ハビビはジャカルタのムルデカ宮殿で、トム・ベアナルやナス・アパセライ（Nas Apaseray）牧師らパプア各界からの100人の代表団（Tim 100）と会談を行なった。席上、発言に立ったパプア代表団のメンバーは、相次いでパプアの分離独立を要求した。これに戸惑ったハビビ大統領は、「熟慮する必要がある」とだけ答えて、その場を逃れた[170]。

　ハビビ大統領との会談で、パプア代表団の一員であるトム・ベアナルは、率先してパプアの独立と完全な主権を要求した。インドネシアの実質的与党ゴルカルの元地方議会議員でパプアの主要なエスニック・グループであるアムンメ人慣習社会研究所長でもある彼は、それがパプア人の総意であることを裏付ける資料として、「イリアン・ジャヤ住民和解フォーラム」（Foreri）が行なった世論調査結果を示した。パプアの独立か連邦制か自治かの三択で問われたその調査結果によると、ティミカでは1万3755人の回答者中、独立支持が1万3753人、自治支持が2人、また、ファクファクでは1万6281人の回答者すべてが独立支持であったという[171]。

　同様に、パプア国民戦線（FNP）のヘルマン・ワヨイ議長も、インドネシアがパプアに敬意を持って独立を認めてくれるものと信じるとした上で、さらにインドネシアとパプアの統合の歴史の生き証人として、次のように語った。「インドネシアに統合されていた35年間、我々は人権侵害などで苦い経験をした。民族自決協議会にしても、当時は武器を突き付けられた下で実施されたのである[172]」

　もっとも、こうした独立要求にすべてのパプア人が賛同していたわけではない。たとえば、パプア人代表団に加えられなかったアンディ・ハキム（Andi Hakim）は自らジャカルタに飛び、大統領との会談内容は独立派による工作であると強く非難した。だが彼にしても、パプアの選択肢は独立のほか、連邦制

170　*Gamma*, 7 Maret 1999, p.56.
171　*Ibid*.
172　*Ibid*.

と自治と一国二制度の3つがあることを強調したのみで、パプアの地位の変更を求めていることに変わりはなかった[173]。

会談の席上、「熟慮する」と何度も答えたハビビ大統領は、同年4月末、早急にイリアン・ジャヤ州を3つの州に分割するよう指示を出した。その表向きの目的は、これまでインドネシアの中央政府に資源を搾取される一方であった同地域の開発の促進と地方政府要職へのパプア人の雇用の拡大にあるとされた[174]。

しかしながらパプアでは、州の分割はパプア・ナショナリズムの分断工作であるとの批判が強まり、これを阻止しようとするパプア人たちによって再びデモや暴動が繰り広げられる事態へと発展していったのであった。

173　*Ibid.*
174　*Gatra*, 8 Mei 1999, p.72

第8章
パプア分離独立問題の展開

インドネシア国旗がたなびくパプア州都ジャヤプラの空港。

1. インドネシア政府の対応

　分離独立派武装勢力の存在を理由にインドネシア国軍の軍事作戦地域（DOM）に指定されていたパプアで、それが表向きとはいえようやく解除されたのは、インドネシアが民主化への改革に向け歩みはじめた1998年半ば以降のことである。[175]

　インドネシアの国民協議会（MPR）が定めた1999〜2000年の「国策大綱」（GBHN）では、インドネシア西端のアチェと並んで東端のイリアン・ジャヤすなわち今日のパプアについても、分離独立問題の公正かつ全面的な解決のために、特別に以下の2つの措置を講じる必要があると定められた。第1は、法律で定められた特別地方自治体とすることである。パプアの住民の社会文化生活の多様性と平等を尊重しつつ、インドネシア単一共和国内での国民統合を維持することがその目的とされた。第2は、威厳のある公正な司法プロセスを通じてパプアの人権侵害事件を解決することである。

　1998年5月にスハルト大統領が退陣すると、パプアでは学生らを中心にパプアの独立や住民投票を要求するデモが吹き荒れた。そして99年2月26日には、トム・ベアナルらパプア各界の代表からなる「100人チーム」（Tim 100）が大統領宮殿を訪れ、ハビビ大統領に対して、1961年12月1日以来パプアは主権を持っていること、つまりパプアは本来独立国であることを認めるよう要求した。このような要求が出ることを予想していなかったハビビ大統領は、「100人チーム」に対して要望を改めて熟慮するよう求めてその場をしのいだ。そうしてハビビが直ちに取りかかったのは、イリアン・ジャヤ州の分割であった。99年4月22日、ハビビ大統領は同年7月までにイリアン・ジャヤ州を3分割するよう政府内で指示を出した。そして同年10月4日、当初の予定より遅れはしたものの、イリアン・ジャヤ州を3つに分割する法律1999年第45号（以下、イリアン・ジャヤ3分割法）が公布された。

　ところがこのことでパプアの政情不安はさらに高まった。インドネシア政府は新設された西イリアン・ジャヤ州と中イリアン・ジャヤ州の知事をそれぞれ

175　1998年8月にウィラント（Wiranto）国軍司令官がパプアへの謝罪と軍事作戦地域（DOM）指定の解除を正式に発表した。

第8章 パプア分離独立問題の展開　　123

隣国パプア・ニューギニアとの国境に近いメラウケ県議会議事堂。

任命した。だが、パプアでは、その着任を拒否するデモや抗議が巻き起こった。それどころか「イリアン・ジャヤ3分割法」と2人の新知事の着任を拒否するパプアの住民たちの抗議行動には、イリアン・ジャヤ州知事のフレディ・ヌンベリ（Freddy Numberi）や州議会も支持を表明した。

　こうしてイリアン・ジャヤ州は、法律上は3分割されたものの、実態としては機能せず、かといってインドネシアの国会がこの法律を無効としようともしないという曖昧な状態に留め置かれることになった。そうした中、1999年10月20日にハビビに代わってアブドゥルラフマン・ワヒッドがインドネシアの大統領に就任した。

　ワヒッド政権が発足して間もない12月16日、カイワイ州議会議長を代表とするパプア人代表団がインドネシアの国会を訪れ、以下の7項目の要求を突き付けた。①1999年2月にハビビ大統領と「100人チーム」の間で行なわれた会談の延長として国際レベルでの会談を行なうこと。②パプア人の全政治犯を釈放すること。③「西パプア」の独立問題を州議会や県・市議会で話し合うこと

を認めること。④イリアン・ジャヤ領域内のすべての治安部隊を撤退させること。⑤1961年から99年までのイリアン・ジャヤにおける人権侵害事件を捜査すること。⑥「西パプア」の国名とポート・ヌンバイ（現在のジャヤプラ）の首都名を認めること。⑦国連旗、インドネシア国旗、「西パプア」国旗の下で2000年5月までにパプアのすべての問題を解決すること。

　ワヒッド大統領は、これらの要求に可能な限り応えた。イリアン・ジャヤからパプアへの州名の変更や民族旗の使用を認め、計64人のパプア人政治犯や未決囚も恩赦または保釈し、パプア議会常任幹部会（PDP）の議長に就任したテイス・エルアイとは個人的な信頼関係の構築に努めた。さらにパプアにおけるこれまでの人権侵害事件を詫びて、元陸軍特殊部隊司令官をパプアの大量殺戮事件に関与した人物であると名指しで批判した。独立要求こそ拒否したものの、幅広い対話の継続も提唱し、問題解決への道を探ったのだった。

　こうして2000年5月21日から6月3日にかけて第2回パプア住民会議が開催された。この会議では、今後は同議会常任幹部会をパプア人の代表機関としてインドネシア政府との交渉にあたることなどが決議された。ところが事態は順調には推移しなかった。同年11月30日、分離独立運動を煽ったとしてパプア議会常任幹部会のテイス・エルアイ議長をインドネシアの治安当局が逮捕したのである。ワヒッド大統領は直ちに彼を保釈するよう要請したが、治安当局はこれを拒否した。ワヒッド大統領の穏健な政策に、政府部内で不満が高まりつつあることを示す出来事であった。

2. パプア大協議会の開催

　トム・ベアナルらパプア各界の代表からなる「100人チーム」がインドネシア大統領に面談を申し入れた頃、パプアでは自然発生的に新たな組織が誕生した。「パプア自警団」（Satgas Papua）である。パプア慣習社会研究所や西パプア青年国民委員会（KNPPB）の支援や支持のもと国立チェンデラワシ大学の学生らが中心となって組織された「パプア自警団」は、当初はパプア独立のために立ち上がった「100人チーム」のメンバーに対する脅迫やテロを防ぐために活躍した。しかしながら「パプア自警団」は自発的な参加者によるもので組織としての統制もとれていなかったことから、インドネシア人移住者すなわち非パプ

ア人としばしば衝突も引き起こした。道路沿いに設置された「パプア自警団」の監視所では、通行人に「寄付」の要求も行なわれた。[176]

「パプア自警団」とOPMと呼ばれるパプア独立組織の共通点と相違点はそれぞれ次の通りである。[177]

まず共通点は、第1に、「パプア自警団」もOPMも軍事的な指示用語や階級制度などを用いていること、つまり軍隊的な性質の強い組織ということである。第2に、いずれの組織もパプア人社会からその存在価値を認められている一方で不信感も持たれているということである。多くのパプア人は、「パプア自警団」やOPMがパプア人社会の要求を断固として外部に主張し続けているおかげでパプア人の尊厳が保たれていることは認めている。だが、一方において彼らの横暴な行動は、しばしばパプア人自身の心をも傷つけた。過去にはインドネシア国軍とOPMとの板挟みに苦しんだパプア人も多かった。

次に相違点としては、第1に「パプア自警団」はインドネシア警察の承認した組織であるのに対し、OPMは非合法組織ということである。インドネシアの治安当局は、インドネシアに数多くある警備団や夜警団あるいは各政党の自警団などと同様の組織として「パプア自警団」を認めた。一方、OPMはあくまで武装した政治集団であり、インドネシア国軍が殲滅すべき国家の敵と分類された。第2に、「パプア自警団」はパプア人政治エリートの警護に付随して形成された新しい組織であるのに対し、OPMはインドネシアからの独立闘争という長い歴史を持つ組織ということである。第3に、「パプア自警団」はパプア人社会の要求を伝えるあらゆる機会を整備することを闘争手段としているのに対し、OPMは武力闘争を行なっていることである。

さて、こうした「パプア自警団」やOPMも加わり、2000年2月23日から26日にかけてパプアのセンタニでテイス・エルアイを指導者として「パプア大協議会」(Mubes Papua) が開催された。「パプア大協議会」は当初、パプア各県ならびに各闘争組織からそれぞれ10名の代表を受け入れ総勢300人で行なう予定であったが、結局、500人にまで膨れ上がった。理由は、たとえばOPMを名乗って各地で闘争を展開しているパプア独立派武装勢力が、それぞれ自分たち

176　Candra Gautama ed., *Memoria Passionis Di Papua- Kondisi Hak Asasi Manusia dan Gerakan Aspirasi Merdeka: Gambaran 1999*（Jakarta, 2001）p.93.
177　*Ibid*.

こそOPMの代表であるとして「パプア大協議会」への参加を要求するなど、内部統制のとれていない闘争組織が多かったためである。

そのため同協議会が始まると、参加者の1人であるウィム・ルムサルウィル(Wim Rumsarwir)牧師は、今パプアの闘争のために最も必要とされていることは、パプア人同士の和解であると訴えた。その理由として彼が挙げたのは次の4点である。

第1に、過去すなわち1970年代からインドネシアが改革期に入った今日まで、パプアの独立闘争には多くの派閥がある。特にOPMには、国内外に様々なグループが見られる。

第2に、インドネシアが改革期に入った現在、パプア全土のあらゆる都市にパプアの独立を求める集団が出現している。

第3に、それゆえに、それら様々な派閥を1つにし、我々の闘争が方向づけられ一体化されるよう1人の指導者が必要とされている。

第4に、そのほか、すべての派閥とすべてのパプア人の結束と統一が、今、我々の闘争に最も必要なものである。

そうしてウィム・ルムサルウィル牧師は、闘争の目的を明確に定めた1つのプラットフォームを共に築くように呼びかけた。そのために彼が提案したのは次の3点である。第1に、闘争のための手段として組織を確立することである。第2に、その組織の構造と闘争における役割を明確にすることである。そして第3に、闘争の理念を明確にするために皆が承認し信頼しうる指導部を設置することである。[178]

こうして「パプア大協議会」では、パプア人の主権を承認させるための闘争の政治的受け皿として「パプア議会」(Dewan Papua)を設けることが決定された。「パプア議会」は「パプア議会団」(Panel Dewan Papua)と「パプア議会常任幹部会」(Presidium Dewan Papua)からなり、「パプア議会団」はその執行機関的な役割を担う「パプア議会常任幹部会」議員を任命そして解任するパプアの最高機関とされた。そして「パプア議会常任幹部会」の初代議長にテイス・エルアイとトム・ベアナルが共同議長として選出された。

2000年2月26日、パプア大協議会は以下の7項目にわたる政治コミュニケを

---

[178] Agus A.Alua, *MUBES PAPUA 23-26 Februari- Jalan Sejarah, Jalan Kebenaran* (Jayapura, 2002) pp.59-60.

発表して幕を閉じた。[179]

(1) パプア民族は、我々パプア民族のアイデンティティーに関するパプア人民の心の叫びに十分に耳を傾け、1999年12月31日にイリアンからパプアへの地名の変更を定めたインドネシア共和国のアブドゥルラフマン・ワヒッド大統領に最高の敬意を表する。そしてそれ故に我々は、今後一貫してイリアンの名に替えパプアの名を用いる。同様の敬意を1999年2月26日のジャカルタの国家宮殿における対話にパプア人民を迎え入れてくれたインドネシア共和国のハビビ第3代大統領にも表明する。

(2) パプア人民は、1963年5月1日のパプア民族の主権の委譲を不当かつ遺憾に思っている。そのパプア民族の主権の委譲は、パプアの民族自決権を有する西パプア国民議会やその人民の承認をいまだかつて得たことはない。

(3) オランダから国連を通じたインドネシアへのパプア民族の不当な主権委譲の結果として、パプア人民は1962年8月15日のニューヨーク協定に基づきインドネシア政府が行なった民族自決協議会（Pepera）の決定を断固として拒否する。1969年にインドネシアが実施し勝利した民族自決協議会のすべての決定の拒否は次の理由による。

(3)−1　民族自決協議会の実施は、1962年8月15日のニューヨーク協定第18条d項の「自由選択を行なうのはすべての成人男女であり、民族自決権の行使は国際的な慣例や一般的な方法で実施されなければならない」との規定、つまり1人1票に違反しているからである。

(3)−2　インドネシア政府は、ニューヨーク協定に背いた民族自決協議会の実施にあたって、インドネシアのやり方に反対するパプアの人民を政治的そして軍事的に脅迫、逮捕、投獄、殺害してパプアの人民の政治的諸権利や自由を奪う方法で民族自決協議会と呼ばれる民族自決行為を実施した。

(3)−3　インドネシアの勝利を民族自決協議会で決定したインドネシアに選ばれた1026人はパプアの人民のごく一部である。80万人のパプアの人民のわずか0.8％にすぎない。大多数すなわち99.2％のパプアの人民は脅迫されて投票権を与えられなかった。

179　*Ibid.*, pp.101-104. なお、パプア大協議会の政治コミュニケでは民族自決協議会の総委員数を1026名としているが、1025名としている文献も多い。インドネシアの憲法裁判所がこの点に関しても言及した2003年の判決文（018/PPU-1/2003）でも、インドネシア政府側の見解は1025名、パプア側の見解は1026名と記しただけで、どちらが正式な数かまでには言及していない。

(4) 我々パプア民族は、不公正で不正に満ちた民族自決協議会を通じてインドネシアに併合されて以降、そしてインドネシア共和国内での36年後も、残虐で非人道的な扱いを受けている。人権侵害、殺人、強姦、愚かさ、貧しさ、社会的そして法的不公正はパプア民族の民族性や文化を絶滅へと向かわせている。そうしたことから我々は、1961年12月1日のパプア国とパプア民族としての当初の我々の地位に戻り、インドネシア共和国からの分離独立を選択する我々の意向を表明する。1999年2月26日にジャカルタの国家宮殿でパプア民族がハビビ大統領に伝えた通りである。
(5) インドネシア共和国からの分離独立というパプア民族の意向を実現するにあたり、我々はインドネシア政府と諸民族の承認を得るために、平和的かつ民主的な対話路線を歩むつもりである。
(6) パプアの人民の主権の承認との関係において、パプアにおけるインドネシア共和国のすべての開発政策は、主権の保持者であるパプアの人民との交渉が望まれる。
(7) この政治コミュニケを我々は、パプア民族の政治的諸権利を失わせた各方面すなわちインドネシア政府、オランダ政府、アメリカ政府そして国連に敬意をもって伝える。またパプア民族の意向の理由を知らしめ支持を得るために諸民族と諸国家にも伝える。

　パプア大協議会の閉会から1ヵ月余りが過ぎた2000年4月1日、パプア議会常任幹部会 (PDP) のテイス・エルアイ議長とパプア議会団のユスフ・マルティン・タナワニ (Yusuf M. Tanawani) 議長はジャカルタでアブドゥルラフマン・ワヒッド大統領と会談した。その席でテイス・エルアイは、パプアにおける住民の活動と政治的要望を伝えた。パプアの住民の政治的要望としてテイス・エルアイがワヒッド大統領に伝えたのは、パプア大協議会の成果とその背景にあるパプアの政治動向そしてパプア社会の政治的な意思統一をさらに進めるためのパプア住民会議の開催計画であった。テイス・エルアイはパプア住民会議の開会式にワヒッド大統領が出席してくれるよう要望し、また会議開催のための資金援助も求めた。
　これに対しワヒッド大統領は、パプア住民会議の開会式への出席と会議のための資金援助には応じたものの、パプアの政治的要望についてはインドネシア

単一共和国の中で民主的な解決を図ること、またそのために重要なのは対話であることを強調したのだった。[180]

3. 第2回パプア住民会議の開催

　2000年5月21日から6月4日にかけてパプアのジャヤプラにあるチェンデラワシ体育館で「第2回パプア住民会議」が開催された。この会議は1961年にパプア国民委員会によって開催された大会議以来のパプアの最高民族会議と位置付けられた。「第2回」と呼ばれたのはそのためである。

　アグス・A・アルアをパプア住民会議実行委員会委員長に選出して準備が進められた「第2回パプア住民会議」には、パプア各県・市からの代表団、アジア・太平洋・ヨーロッパの3地区からのパプア人代表団など501名が参加した。そのほかパプアの地方議会議員や地方政府官僚、インドネシアの国会議員、非政府組織の代表や外国人ジャーナリストなども出席した。[181]

　会議の運営予算は30億ルピアと見積もられたが、そのうちの10億ルピアはインドネシアのアブドゥルラフマン・ワヒッド大統領からの寄付で賄われた。残りは会議に参加した各団体やパプアの企業からの寄付に頼った。パプア州政府は17台のバスを無償で貸し出しはしたものの燃料代はパプア住民会議側の自己負担とした。

　このことから、当時のワヒッド大統領はパプア住民会議をパプア社会の政治的意思を統一するための場として評価し積極的な支援を行なったが、大統領になおざりにされた感のあるパプア州政府は必ずしもパプア住民会議の開催を快く思っていなかった様子が窺える。

　さて、会議の開催が近づく中でパプア人社会の中で論争となったのは、この会議で何を話し合い、いかなる結論をパプア人社会の総意として表明するかであった。特に焦点となったのは、パプアの独立宣言とそのための暫定政府の組閣を議題に盛り込むか否かであった。

　パプアのいくつもの県の代表から、この機会に「パプア独立宣言」を行なう

180　*Ibid.*, p.118.
181　第2回パプア住民会議実行委員会事務局長タハ・アルハミッドがインドネシアのアブドゥルラフマン・ワヒッド大統領に行なった報告による。Agus A.Alua, *Kongres Papua 2000 21 Mei-04 Juni: marilah Kita Meluruskan Sejarah Papua Barat* (Jayapura, 2002) p.122.

ようパプア議会常任幹部会やパプア住民会議実行委員会に要望が出された。だが、最も強く独立宣言を迫ったのは、各地のパプア独立派武装勢力すなわちOPMやパプア人の元政治犯らであった。彼らは、この機会をパプアの政治的地位と運命を決める最初で最後の民主的なチャンスととらえた。[182]それゆえ彼らと、それを支持するいくつかの代表団は、パプア住民会議の会期中、常に「パプア独立宣言」を行なうよう要求し続けた。

パプア暫定政府の組閣もパプアのいくつかの県の代表から要望が出された。だが、最も強く暫定政府の発足を要求したのは、ドン・フラシー（Don A. Flassy）らを中心とする「パプア独立委員会」（Komite Independen Papua）である。ドン・フラシーは暫定政府の発足の必要性をパプア住民会議の場でも訴えた。だが、彼の描いた暫定政府像は会議参加者の多くが期待していたものとは異なった。そのため会議参加者の間から暫定政府の問題をパプア住民会議の議題から外すよう要望があがった。そうした会議の流れを受け、ドン・フラシーも自らの要求を取り下げた。

このようにパプア住民会議の開催にあたっては、独立宣言や暫定政府の発足を求める強硬意見もあがったが、パプア議会常任幹部会とパプア住民会議実行委員会は、パプアの将来とパプア人の身の安全を考慮して、そうした意見を調整し、パプアの民主化プロセスとパプア人の身の安全のいずれもが保証される道を探った。そうして「第2回パプア住民会議」の決議では、パプアの独立宣言も暫定政府の発表も行なわないが、インドネシアと国際社会に対して、「パプアの政治的地位と政治的姿勢」を宣言すること、すなわちインドネシア国内においても、また過去にパプアの政治的地位の確定に関与した国や機関を加えた国際社会においても、直ちに民主的かつ対等な関係による対話を要求することに決定した。

「第2回パプア住民会議」のテーマは、「西パプアの歴史を正そう」に決まった。

サブ・テーマは、「パプア民族は新たなパプアへ向けて真実と公正の原則に基づき基本的人権と民主主義を堅持することを決意する」とされた。

会議の目的としては、まず総合的な目的として次の4点があげられた。

(1) 歴史を正すことがいかに重要であるかについて、統合のプロセスに関わった諸方面に理解させること。

---

[182] *Ibid.*, p.8

(2) 民主的で平和的で合法的かつ当然のパプア人の政治的要求や要望を伝えることが可能な希望に満ちた公正で対等でより広範な民主主義の場を提供すること。
(3)「1つの民族1つの精神」の理念に則ってパプア闘争の各構成要素のビジョンと活動を強化すること。
(4) パプア闘争のビジョンと使命と活動について人民と歴史に責任を負うこと。
　また、特殊な目的として次の5点があげられた。
(1) 2000年のパプア大協議会からの信託を継続、確定すること。
(2) パプア闘争の議題、戦略、焦点、ビジョンそしてナショナリズムを強化すること。
(3) パプアの歴史を国際的に正すこと。
(4) パプア民族の歴史を教育すること。
(5) 住民会議で諸決議を行なうこと。
　「第2回パプア住民会議」において題材とされたのは、次の4項目である。
(1) パプアの歴史を正すこと。
(2) 政治的議題（政治的地位、政治対話、パプア人保護法、政治的団体の精査）。
(3) パプア闘争の構成要素（理念、戦略、活動）の強化。
(4) パプア人の基本的諸権利の明示。
　これら4項目の題材を審議するため4つの委員会が設けられ、それぞれの委員会がまとめた最終報告を「第2回パプア住民会議」の全体会議で承認、パプア住民会議の名において、その執行はパプア議会常任幹部会に命じられた。

第9章
第2回パプア住民会議の諸決定

海辺で遊ぶパプアの子供たち。

1. パプアの歴史を正すための委員会

「第2回パプア住民会議」の第1委員会として設置されたのは、パプアの歴史を正すための委員会であった。ナス・アパセライ（Nas Apaseray）牧師を委員長、モセス・ウェロー（Moses Werror）を副委員長としたこの委員会は、以下の12項目にわたる見解をまとめ、2000年6月2日に最終報告書を提出した。[183]

(1) 西パプアは実際には、インドネシア共和国の領土の一部ではない。その理由は次の通りである。

a. 歴史的に見て西パプアはオランダ領東インドの一部ではなかった。1828年8月24日に（パプア南海岸の）トリトン・カイマナ湾でオランダ国王閣下による西パプアの統治宣言が行なわれた。

b. 西パプアとインドネシアはともにオランダの支配下に置かれたとはいえ、西パプアの統治行政は切り離されて行なわれていた。

c. 西パプアの民族は、1928年10月28日に行なわれたインドネシアの「青年の誓い」に加わってはいない。[184]

d. 1945年8月12日にサイゴンで行なわれたインドネシアの代表団と日本の戦争権力者との会談において、モハマッド・ハッタは「パプア民族はネグロイド人種であり、メラネシア民族であるのだから、パプア民族の運命の決定は彼ら自身に委ねる」と強調した。[185]一方、スカルノは、パプア民族はまだ原始的なのだからインドネシア民族の独立と関連付ける必要はない、と申し出た。ハッタは同様の発言を1945年7月のインドネシア独立準備調査会の場でも行なっている。

e. 西パプアは1945年8月17日に独立宣言を行なったインドネシア単一共和国の領域の中に含まれてはいない。

f. 1949年8月23日から49年11月2日にかけて開催されたハーグ円卓会議でイ

---

[183] 第1委員会がまとめた見解および勧告については次を参照。*Ibid.*, pp.67-75.
[184] 「青年の誓い」とは、「1つの祖国インドネシア、1つの民族インドネシア民族、1つの言語インドネシア語」の誓い。オランダ植民地時代の1928年10月28日にオランダ領東インド各地からの青年代表が集いジャカルタで開催された第2回インドネシア青年会議において採択、承認された。
[185] 寺内寿一南方軍総司令官との会談。モハマッド・ハッタは後の初代インドネシア副大統領である。

ンドネシア代表団長のモハマッド・ハッタは、「西イリアン問題を問題化する必要はない。なぜならパプア民族は独立した民族となる権利を有しているからである」と論じた。

(2) 自らの国を持ちたいという西パプアの民族の崇高で神聖な願いは、1961年12月19日にジョクジャカルタでスカルノ大統領の発した「国民への三大指令」(Trikora) を通じ、インドネシア政府にとって認められないものとみなされた。[186] インドネシア大統領が「オランダ植民地の傀儡国家パプア国を打倒せよ」と命じたという事実は、1つの国家の存在を論理的には認めていたということである。

(3) 「国民への三大指令」は西パプアの地の政治的地位に関するオランダとインドネシアの対立を次第に先鋭化させた。1962年4月2日にアメリカのケネディ大統領がオランダのデ・クヴァイ首相に宛てた極秘文書に記されているように、西側ブロックと東側ブロック（共産主義）との間の冷戦下で、東側諸国とインドネシアの関係が次第に強化されていることから、アメリカはオランダに対し1962年8月15日にインドネシアと協定を結ぶよう政治的圧力をかけ、オランダはこれに従った。この協定がニューヨーク協定と呼ばれるものである。

(4) ニューヨーク協定は、法的にも道徳的にも不当な協定である。そのニューヨークにおける合意は、パプア民族の運命とその土地の地位を話し合ってなされたものであるにもかかわらず、その過程に西パプアの正式な民族代表は一度たりとも加えられなかった。

(5) パプアの民族自決権の実施を含むニューヨーク協定の中で、a. 彼らはインドネシアとの併合を望むか、あるいは b. 彼らはインドネシアとの分離を望むか、の選択についてはまったく言及されていなかった。

(6) ニューヨーク協定第2条第1項には明確にパプア民族の言論、行動、集会そして会合の自由に関する諸権利が規定されている。これらの諸権利には足かせがされ抹殺された。その結果、パプア民族に適用されたことは一度もなかった。

　1963年5月15日に発令されたインドネシア大統領命令に基づき、インドネ

---

[186] 「国民への三大指令」(Trikora)とは、スカルノ大統領がインドネシア全国民に発した次の3つの指令のこと。①オランダ植民地の傀儡国家パプア国を打倒せよ、②インドネシア本来の領土である西イリアンに名誉ある紅白旗をひるがえせ、③独立、国家および国民の団結を護るため総動員の準備をせよ。

パプアの小学生。

シア政府は1963年以前に組織されたすべての社会団体や政治団体を解散させ、活動を行なうことも禁じた。民主的なプロセスを通じてパプアの住民の直接選挙で選ばれた最高住民代表機関であるニューギニア議会（New Guinea Raad）も解散させられ、民主的な選挙を通じてではなくインドネシアの権力者に指名され任命された議員による「相互扶助国会」（DPR-GR）に代えられた。

(7) 1963年5月1日以来、インドネシア政府はパプア全土に大規模な国軍部隊を配置し始めた。インドネシアの陸海空軍そして警察のすべてから、全軍管区から彼らはやってきた。その結果、パプアの政治的諸権利と人権は人間としての扱いを超えて残虐に侵された。特には、一瞬での殺害、生き埋め、自らの墓穴を掘らせてからの銃殺、父親を殺して焼いた人肉をその妻や子供に強制的に食べさせる行為、安易な殺人、海で溺れさせる、ヘリコプターから突き落とす、家から連れ去られた者は二度と戻らなかった等である。

様々な拷問がパプア民族に対して行なわれ、その犠牲者は今も生きている。肛門の中に熱い鉄を入れる拷問を受けた者がいる。逆さ吊りにされタバコの火

を押し付けられた者もいる。感電させられた者、テロを受けた者、夜中に連れ出された者等である。

　女性たちも残虐で不道徳な扱いを受けた。少女に対するものも含め強姦は至るところで起こった。夫婦は公衆の面前で性行為をするよう強要された。強姦された後に性器を銃剣や木で突き刺された者もいた。そのほか、西パプアの併合を望んでいるインドネシアに反対していると疑われた多くの者が公正な司法手続きを経ることなく逮捕された。彼らは住民たちの家々を焼き払い、農園を破壊し、キリスト教会にも放火して崩壊させた。影響力のない者には物理的な強制は行なわれなかったが、金や品物や役職や女性など様々な賄賂で懐柔が行なわれた。こうした残虐で野蛮な行為は民族自決協議会（Pepera）の実施時期に頂点となり、民族自決協議会の終了後もずっと続いた。その目的は、1969年そしてそれ以降も民族自決権を望み続けるパプア民族の純粋な願いと希望を封じるためである。

(8) ニューヨーク協定第18条d項には、「国際慣例に沿って実施される自決権の行使に参加するための外国籍ではないすべての成人男女の資格は…」と規定されている。この規定は、自決行為はニューヨーク協定が調印された時点においてパプアの住民であったパプア人の各成人男女によって行なわれなければならないことを意味している。これは実施されなかった。

　第1に、自決行為はインドネシアの権力者によって直接指名された委員で構成される民族自決協議会と呼ばれる各県に1つの組織によって行なわれた。81万5906人（うち約60万人が成人男女と推定される）からわずか1026人が民族自決協議会の委員に直接指名された。1026人のうち、インドネシア政府が用意した意見表明のための「原稿」を読み上げるように指名されたのは、わずか175人だった。

　第2に、ニューヨーク協定が締結されたときに国外にあったパプア人コミュニティーは、この民族自決に参加する機会を与えられなかった。

(9) ニューヨーク協定第18条d項に従って民族自決権が行使されなかった理由についてインドネシア政府は3つの理由をあげている。①現代の慣例に基づく民主的な選挙を行なうには住民がまだ原始的であること。②交通の困難。③地理的諸要因。こうした理由は受け入れるわけにはいかない。なぜなら、はるかそれ以前からキリスト教会の役員選挙やニューギニア議会の議員選挙が民主的

な方法で行なわれていたからである。そのほか、民族自決協議会からわずか2年後の1971年にインドネシア政府は国際慣例に基づく民主的な総選挙を西パプアでも行なっているのである。

(10) ニューヨーク協定に規定されているように、インドネシア共和国政府に民族自決協議会の執行を委ねたことは、完全に誤った決定であり、パプア民族の人権と政治的諸権利が侵された最大の要因である。本来であれば国際慣例に基づき、中立国あるいは国連により組織された機関が掌握するべきであった。

(11) 民族自決協議会の実施にインドネシア国軍は完全に支配的に関わった。インドネシア国軍は住民の脅迫に関わったというだけではなく、民族自決協議会の実施規則の策定にも関与した。たとえば、メラウケ県の地方指導者協議会(Muspida)の委員でもあるメラウケ県知事に宛てられた1969年5月8日付の民族自決協議会の安全の件に関する第172軍分区司令官ブレゴ・スマルト（Blego Soemarto）大佐からの極秘文書No.:r-24/1969である。その文書の一部には特に次のように書かれている。「もしその選挙期間中に協議会議員の交代が必要となる場合は、その交代は民族自決協議会よりも前に行なうこと。もしその交代に正当な理由が見出せず、一方、その議員は民族自決協議会を勝利に導く上で危険であり交代が必要と確信したならば、民族自決協議会が開会される前にその議員を議場から排除するため普通ではない方法をとる勇気も持たなければならない」。そのほか、この第172軍分区司令官の文書には次のようにも書かれている。「この私の手紙の結論としては、民族自決協議会で我々は普通の方法であろうとそうでなかろうと完全なる勝利をおさめなければならない」。第172軍分区の管轄域はメラウケ県以外にもまたがることを忘れてはならない。つまり同様の極秘文書はその他の県知事にも送られていた疑いは濃厚である。

(12) 基本的人権や政治的諸権利の侵害は他にも数多く起こっているが、その激しさゆえに西パプアの歴史を正すための委員会の結論の中に詳細に報告することは不可能であった。

　以上の12項目にわたる見解に基づき、同委員会が「第2回パプア住民会議」に対して行なった勧告は、以下の8つである。

(1) 第2回パプア住民会議に対し、パプアの地がインドネシア単一共和国の一部として統合されたというインドネシア政府の主張はすべて不当であり、純粋

で真実の信頼できる歴史的証拠はないということを決議の中で正式に表明するよう要望する。

(2) 第2回パプア住民会議に対し、西パプアの民族は1961年12月1日以来、地球上の他の民族と同様に独立した民族としての主権を真に有していたということを決議の中で正式に強調するよう要望する。

(3) 第2回パプア住民会議に対し、西パプアの人民はアメリカとオランダとインドネシアと国連の間の政治的共謀によって一方的に決められたニューヨーク協定を断固として拒否することを決議の中で正式に表明するよう要望する。この協定は、パプア民族の基本的人権や歴史や政治的な諸権利を封じ込めたどころか、非道にも剥奪した。

(4) 第2回パプア住民会議に対し、西パプアの人民は法的にも道徳的にも欠陥のあるニューヨーク協定に基づいて実施された民族自決協議会の結果を断固拒否することを決議の中で正式に表明するよう要求する。人間としての扱いを超えた弾圧でパプア民族の権利や思想の自由もない状況下、非民主的かつ抑圧的な方法でそれは実施されたのである。

(5) パプア議会常任幹部会に対し、パプア民族の人権や政治的諸権利の侵害と歴史の否定のすべてについて、パプア民族自身やインドネシア国民さらに広く世界の人々への啓蒙活動を高めるよう求める。

(6) 国内外の全パプア議会団に対し、威厳のある独立した民族として我々の歴史の豊かさを高めるために、西パプアの歴史に関する客観的な情報とデータを収集する努力を継続するよう求める。

(7) 国内外の全パプア議会団に対し、パプア民族への人権侵害に関する信頼すべきデータを継続して収集する努力をするよう求める。

(8) 国内外のパプアの歴史を正すためのすべての研究チームに、パプアにおける人権と政治的諸権利の侵害と歴史のデータを収集し加工することを任務としたデータ・情報センターを組織するよう要望する。

以上の勧告を加えた最終報告書は「第2回パプア住民会議」の全体会議で承認され、「第2回パプア住民会議」の名において、その執行はパプア議会常任幹部会に命じられた。

2. パプア闘争の政治的議題に関する委員会

　ユスフ・マルティン・タナワニを議長とする第2委員会すなわち「政治的議題部門に関する委員会」は、以下のように見解をまとめ、2000年6月2日に最終報告書を「第2回パプア住民会議」に提出した。[187]

(1) 我々の父祖の地パプアにおける神の創造物としてのパプア人の誇りと威信と品位と権利を確立する。

(2) 独立：2000年6月3日土曜日をもってパプア民族は、以下の国家と民族の正式な象徴を有効とした1961年12月1日当時の政治的地位に復帰する。すなわち、国旗を「明けの明星」、民族歌を「我が地パプア」、国名を「パプア」、国家紋章を「カンムリバト」とする。

(3) 1961年10月19日のホーランディア（ジャヤプラまたはポート・ヌンバイ）におけるパプア民族の政治声明と第1回パプア国民委員会の諸決定の有効性を認め、強化する。

(4) パプア議会常任幹部会に対し、1961年の第1回パプア国民委員会の諸決定を直ちに継続して遂行するため、2000年の第2回パプア住民会議の政治決定に盛り込んで実施するよう命ずる。

(5) パプア議会常任幹部会を西パプアの民族と国家の闘争執行本部に定め、強化する。

(6) 住民会議（Kongres）はパプア議会常任幹部会の指導体制が集団指導体制から、パプア議会事務局長によって補佐される議長、副議長そして議員からなるピラミッド型の単一指導体制となるよう定める。[188]

(7) 住民会議はパプア国の政体を共和制と定める。

(8) 2000年の第2回パプア住民会議は、2000年6月3日土曜日に、西パプアの民族旗そして国旗は主権を持った独立した地として西パプア全土に翻る明けの明星の旗であり、地上の他の民族がそれを引き下ろすことはできないということを毅然として定める。

187　「政治的議題部門」に関する委員会報告については以下を参照。*Ibid.*, pp.75-82.
188　2000年のパプア住民会議において、テイス・エルアイを議長、トム・ベアナルを副議長、タハ・モハマッド・アルハミッドを事務局長、アグス・アルアを副事務局長とし、全31名からなるパプア議会常任幹部会（PDP）議員が選出された。

続いて、インドネシア単一共和国の中でのパプア民族の政治的地位の拒否の声明として、まず感謝の声明が伝えられ、次いで10項目にわたる拒否の声明が発せられた。

A. 感謝の声明
(1) 我々パプア民族は、2000年の第2回パプア住民会議を通じ、インドネシア政府、インドネシア民族そしてインドネシア共和国に対し、およそ38年間もの長きにわたって共に過ごしてくれたことに謝意を伝える。
(2) 我々パプア民族は、2000年の第2回パプア住民会議を通じ、独立諸国の政府やインドネシア内外の国家機関すなわちオランダ王国議会、パプア・ニューギニア政府および議会、オーストラリア政府および議会、スウェーデン政府、バヌアツ政府、ナウル政府、ヨーロッパ連合（EU）議会、アメリカ議会、アムネスティ・インターナショナル、そしてロバート・ケネディ財団に謝意を伝える。同様の謝意を以下の諸団体にも伝える。世界キリスト教会会議、パプア・ニューギニアとソロモン諸島のキリスト教会会議、太平洋キリスト教会会議、オーストラリアとオランダのキリスト教会会議、パプアやインドネシアのキリスト教会やイスラム教徒の連帯組織、パプアやインドネシアの法律援助機関や「暴力の犠牲者と行方不明者のための委員会」(KONTRAS) や「人権擁護研究所」(ELS-HAM)。またパプアの国と民族の主権そして独立の政治的権利の回復のためにパプア独立闘争に関わったパプア人を政治的に保護し、パプアの民族闘争と人権を擁護してくれたインドネシア全国の学生や連帯組織にも感謝する。

B. 政治的地位の拒否に関する声明
　我々パプア民族は、2000年の第2回パプア住民会議を通じ、以下の事柄は取り消されなければならないこととして強く非難することを断固として表明する。
(1) 1961年12月1日のパプアの国と民族の主権と独立の権利を強制的な暴力で奪った1961年12月19日の「国民への三大指令」(Trikora) を通じたインドネシアの軍事侵略。
(2) 1962年8月15日のニューヨーク協定の策定と署名のプロセス。
(3) 1963年5月1日のインドネシア単一共和国の権力下へのパプアの併合。
(4) 1969年7月14日から8月2日にかけて行なわれた民族自決協議会の実施方

閑散としたパプア貿易センター（PTC）

法とその結果。
(5) 1967年4月19日のアメリカ政府とインドネシア政府間のフリーポート・インドネシア社の操業契約合意。
(6) 1969年11月19日の国連決議No.2504/XXIVを通じた国連安全保障理事会による民族自決協議会の結果の承認。
(7) インドネシア政府によって策定されたインドネシア単一共和国内でのパプアの政治的地位に関するインドネシア国民協議会（MPR）のすべての決定。
(8) インドネシア政府と他国政府との間で結ばれた、または結ばれるであろう謀議。
(9) 1963年から今日までのインドネシア単一共和国内での西パプアの政治的地位に関する国内あるいは国際的なすべての合意や協定。
(10) インドネシア政府がパプアの民族と人民に勧めるいかなる形態の自治も断固として拒否する。

こうした見解に基づき、「政治的議題に関する委員会」はパプア議会常任幹部会に対して次の12項目の勧告を行なった。それらはすべて第2回パプア住民会議の全体会において承認された。

第2回パプア住民会議を開催した我々パプア民族は、パプア議会常任幹部会に対し、直ちに以下のことを行なうように勧告する。
(1) 1962年8月15日のニューヨーク協定の内容と1969年7月14日から8月2日にかけて行なわれた民族自決協議会の結果に関する再検証と無効化。
(2) 2000年6月3日土曜日をもってパプア民族は独立し、父祖の地西パプアの完全なる主権を有することを宣言すること。
(3) 2000年6月3日から明けの明星の図柄のパプア国旗を掲揚し、地球上の他の民族によって二度とそれを降ろさせはしないこと。
(4) 1961年12月1日のパプア国とパプア民族の主権と独立の権利の回復問題をニューヨークの国連における議題とすること。
(5) 国連の治安維持への支援を含め、パプア民族国家の主権と独立の権利の回復過程において、国際的な対話を行なうための独立チームを組織すること。
(6) パプアの地で操業するすべての法人と国内外のすべてのパプア人そしてパプアに居住する者に対して、パプア国とパプア民族の主権と独立の権利の回復闘争の過程を支援するための税金の支払いを義務化すること。
(7) パプア共和国の憲法草案を作ること。
(8) この声明が発せられ、決定された後、パプアに住む各人の市民権(所有権)、特には(非パプア人や宗教的な)マイノリティーの生活権を保証すること。
(9) パプアの国防治安の統制において、パプア自警団(Satgas)と国民解放軍(TPN)を機能させ活用すること。
(10) パプア共和国の形態を定めること。
(11) インドネシア政府とオランダ政府とアメリカ政府と国連の参加の下、2000年8月までに国際的な対話を行なうこと。
(12) パプア民族闘争への責任感を十分に持って、この勧告の諸条項を2000年11月30日までに実施し、第2回パプア住民会議の勧告の実施に責任を負った報告を遅くとも2000年12月1日までに行なうこと。

3. パプア闘争の構成要素の強化に関する委員会

　第2回パプア住民会議の第3委員会すなわち「パプア闘争の構成要素の強化に関する委員会」は、次の7項目についての見解をまとめた。[189]

(1) 闘争の集合体

　2000年のパプア大協議会（Mubes Papua）の結論に基づくパプア闘争の集合体は、パプア議会団（Panel Dewan Papua）とパプア議会常任幹部会（PDP）からなる「パプア議会」（Dewan Papua）である。パプア議会団は、9つの構成要素に2000年の第2回パプア住民会議で決定された1つの構成要素を加えたものからなる。その10の構成要素とは、すなわち慣習、宗教、青年、学生、女性、専門家、政治犯や未決囚（闘争の指導者）、歴史の証人、政治組織網、そして避難民である。パプア議会常任幹部会は、パプア議会団にある各構成要素の代表執行機関である。パプア議会は、パプア民族の直面する特異な問題に答えるために組織されたという特殊な特徴を持つ。パプア議会の指導体制は集団指導体制をとる。なぜならパプア民族のすべての構成要素の代表機関となる今日のパプア闘争の状況下においては効果的とみなされるからである。結論として、パプア議会常任幹部会における双頭指導体制は、最高意思決定機関すなわちパプア住民会議において策定され、パプア議会で決定されたすべての職務を遂行するというパプア議会常任幹部会の枠組みとして妥当である。

　パプア議会常任幹部会は、1人の事務局長と1人の副事務局長によって指導される1つのパプア議会常任幹部会事務局によって補佐される。パプア議会常任幹部会事務局は、1つの事務局を有するパプア議会団のスタッフによって補佐される。パプア議会常任幹部会とパプア議会団の事務局は、すべての事務、コミュニケーション、データ化そして文書化を行なうことを職務とする。いくつかの母体となるのは、パプア議会常任幹部会の中の各構成要素の代表である。パプア議会団における母体は構成要素と呼ばれる。

(2) 作業メカニズム

　パプア議会常任幹部会は、パプア議会団と協議し承認を得た後、パプア独立

---

189 「パプア闘争の構成要素の強化に関する委員会」報告については以下を参照。*Ibid.*, pp.83-86.

組織（OPM）を含むすべての組織や構成要素（闘争の集合体）と作業のためのコミュニケーション関係を構築する。パプア議会常任幹部会の下の各闘争構成要素は、自らの組織内の問題を処理する権限を持つ。パプア議会常任幹部会の保護下にある構成要素は、パプア議会常任幹部会の一部であり、パプア議会常任幹部会に使節を持つ。

　パプア議会常任幹部会は、1年間を期間として、パプア議会団に作業成果を報告し責任を負う義務を有する。全パプア人民の利益に関わるパプア議会常任幹部会の下でのすべての構成要素の作業計画は、パプア議会団と協議されなければならない。

(3) 原則、戦略、そして行動

　原則、戦略、そして行動の規定は、闘争の状態と必要性に応じて、各構成要素に決定が委ねられる。原則、戦略、そして行動は、普遍的な価値を尊重し、パプア闘争の精神を反映していなければならない。

(4) 名称の変更

　パプア闘争の各母体あるいは構成要素の名称変更は、パプア議会団への連絡と協議を経て、パプア議会常任幹部会の承認を得なければならない。名称の変更は、闘争過程の障害となり得る問題が生じたときか、あるいはまた作業計画に直接的な影響のない場合にのみ行なうことができる。

(5) 母体の増加、合体そして分離

　パプア闘争の母体の増加、合体、あるいは分離は、パプア議会団に通知し協議しなければならない。母体の増加は、安定的で永続的でほかの母体との共通理念に従った原則、戦略、行動、そして作業計画を有する構成要素が見られた場合に、行なう必要が判断される。母体の分離は、理念に基づくか、あるいは特別な措置を必要とする母体の作業計画の増加が生じたときに行なわれ得る。現在のところ闘争に参画している各母体の代表制と調和性は充分であるので、母体の増加はない。一方、専門家からなる闘争母体と知識人からなる闘争母体の分離は今のところ行なわない。なぜなら専門家からなる母体と知識人からなる母体には、思考方法や作業方法にいくつもの共通点が見られるからである。

(6) 政治的情宣

　政治的情宣は、パプア闘争を国際的な闘争の次元まで段階的に拡大させる青写真の中での計画であり、既存のすべての構成要素が行なう。

(7) 指導形態

　パプア闘争の中で用いられる指導形態は集団指導体制である。パプア闘争の集合体は、1人の議長と1人の副議長に指導され、議会事務局によって補佐される。現在の闘争状況から判断し、闘争の集合体は、2000年のパプア大協議会でパプア議会団によって選出され、パプア住民協議会で承認された1人の議長と1人の副議長によって当面の間、指導される。しかしながら将来の闘争計画においては、指導部議長の選出と

州都ジャヤプラに建設された大型ホテル

確定は、西パプアの全人民の参加による総選挙メカニズムを通じなければならない。指導部選出に関する基本規定とすべての活動計画は、パプア議会常任幹部会によってまとめられ、パプア議会団と共同で定められる。

　これら7項目の見解に基づき、同委員会が第2回パプア住民会議に対して行なった勧告は、次のとおりである。

　第1に、パプア議会常任幹部会とパプア議会団に忠告や方向づけを行なう機能として顧問議会の設置が必要である。

第2に、暫定政府、事実上の政府あるいはまたその他の形態の政府は設置しない。なぜなら依然として治安上の保証はなく、暫定政府や事実上の政府の発足について明確になっていないからである。
　第3に、パプア自警団内部の問題について、村落レベルから国家レベルまで、パプア自警団の理念、使命、目的、そして作業計画を調停して、直ちに解決しなければならない。
　第4に、「自警団」(Satgas)の名称をより適当なその他の名称に変更する。なぜなら「自警団」の名称はインドネシアの新秩序体制(Orde Baru)のスローガンであったからである。[190]一方、「義勇軍」(Laskar)は、軍隊に等しい用語である。
　第5に、地方における議会団の執行部編成は、各地方の議会団によって特別に話し合われる。地方議会団の執行部は、1人の事務局長と議会団の会計責任者に補佐された1人の議長で構成される。

4. パプアの人民の基本的権利に関する委員会

　タハ・アルハミッド(Taha Al-Hamid)を委員長とする第4委員会すなわち「パプアの人民の基本的権利に関する委員会」では最も激しく議論が闘わされ、最終報告書をまとめるのに手間取った。そのため、当初6月3日に閉会予定であった第2回パプア住民会議も1日延長された。第4委員会は、6月4日に第2回パプア住民会議に最終報告書として「パプア人民の諸権利に関する声明」すなわちマニフェストを提出して承認された。その内容は以下の通りである。[191]

パプア人民の諸権利に関する声明

序文

　スカルノ政権が1965年に崩壊し、1967年に新秩序をスローガンとするスハルト政権に代わって以来、パプアの地は完全に外界から閉ざされてきた。不正に満ちた1969年の民族自決協議会の結果は、インドネシアが統治権を維持するための1つの重しであり、インドネシア共和国軍(ABRI)が非常に卑劣で残

---

[190] 新秩序体制(Orde Baru)とは、スハルト第2代大統領の政権時代のこと。
[191] 「パプア人民の諸権利に関する声明」については以下を参照。Ibid., pp.87-100.

虐な軍の権力を拡大し維持するためにパプア土着の住民に対して様々な物理的圧力を加えることを可能にしてきた。38年間の長きにわたりインドネシア政府とその軍はパプア人の基本的人権に著しく背いた残虐な行為を行なってきた。その残虐さは人道上の諸問題だけではなく、天然資源の略奪もまた含まれる。

　インドネシアは、ただ豊富な西パプアの天然資源の潜在性だけのためにパプア領域を奪い維持しようと努めた。この事実は、パプアの地を奪うことに熱心に取り組んだインドネシアの戦略専門家でスハルト大統領の側近でもあったインドネシア国軍のアリ・ムルトポ（Ali Murtopo）将軍の言動にも裏付けられている。1969年の民族自決協議会の実施時期にアリ・ムルトポは、「ジャカルタはパプア人には何の興味もないが、西イリアンの領域にだけは惹かれている」と公然と語った。

　改革期はインドネシア全土で再び基本的人権や民主主義の基本権が復活し、新たな変化をもたらす1つの政治的機会になった。[192]

　西パプアの人民に対して、およそ38年間にわたって組織的かつ極秘裏に行なわれた治安部隊つまりインドネシア国軍による人権侵害行為について、第4委員会でパプア民族の基本的諸権利について議論と検討を重ねた結果、我々はインドネシア政府によって引き起こされた卑劣な所業の結果としてパプアの地に散らばる様々な残骸の跡を発見した。すなわち（1）経済部門、（2）社会部門、（3）文化部門、（4）市民と政治部門である。

　この残骸は、今なおパプアの地で行なわれているインドネシアの新植民地主義の残虐さの明確な証拠である。

(1) 経済部門

　パプア民族は豊饒な土地と自然を授けられたにもかかわらず、その人民は構造的貧困の中で暮らしている。森林、集落、そして海はパプア民族の生活の源を受け取る中心地である。それゆえ、経済部門を通じたパプア人民の政治的基本権を堅持するために、第4委員会における経済部門は主権のある独立した新パプアに向けた人民勢力の構築のための道具として1つの経済「管理」理念を勧告すると同時に、パプアの地の植民地支配者を拒否する。管理理念の意図するところは、次の通りである。

192　改革期とは、1998年5月のスハルト第2代大統領の退陣以降、現在までを指す。

A. パプア議会常任幹部会と慣習社会研究所を通じ、独立した新パプアへ向け人民の経済力を以下のようにして支える。
①パプアの人民に伝統的所有権のある鉱山、森林事業権（HPH）、漁業、天然ガス、動物、植物その他の加工のために投資をしているすべての巨大企業との協議と交渉を通じて、パプアの地にあるあらゆる自然の産物を引き継ぐ。
②パプアの地で操業中、または操業を計画しているフリーポート社ならびにその他の巨大企業は、その地の慣習社会研究所から承認を得なければならず、パプアの人民経済の発展と改善に責任を負わなければならない。パプアの地におけるローカル教育システムによる諸学校のパプア化のための教育カリキュラムの費用を含め、教育、衛生、住宅、衣食、給料その他の部門における全パプア人民のための社会費用の負担は、独立した新パプアへ向けたすべてのパプアの民族闘争を和解へ導く。
③慣習社会研究所の支持のもとパプア議会常任幹部会は、一刻も早くパプアの人民経済を強化するため、AとBの点に記されたすべての要求を実施しなければならない。この2点は、慣習社会研究所の支持でパプア議会常任幹部会が取り組む最優先課題としなければならない。なぜなら、パプア人の資産をパプアの地の所有者そして相続人としてパプア人が正当に享受したことは、これまでなかったからである。

B. 上記の諸問題の解決
①パプア議会常任幹部会は慣習社会研究所と協力し、フリーポート社の鉱山、ソロンの石油、パプア全土の森林企業権や魚その他の海産物など、パプア民族の天然資源を奪うことを止めるようインドネシア政府に対して期限を設定しなければならない。
②パプア議会常任幹部会とパプアの地に投資しているすべての外国企業は、西パプアの独立に向けたパプア人民の「経済力」に関する最善の解決を探るために共同で話し合わなければならない。
③パプア議会常任幹部会と慣習社会研究所は、貧しい庶民の助けにはまったくならないどころか、貧困へのプロセスである伝統的な土地の諸権利の売買を直ちに止めさせる。パプア住民会議以降独立までの間、外国人の絡んだ土地の売買はパプア人社会の規則と承認に基づかなければならない。

(2)社会部門
A. 教育

　「losoとmoso」の教育援助は、インドネシアの国立学校の諸モデルやパプアの地政学的な状況や文化にそぐわないインドネシアの中央集中的なカリキュラムやパプア社会の状態にそぐわない授業方法を取り入れたインドネシアの教育システムによって破壊された[193]。オランダ時代からその質が保証されていた寮生活を基本とした教育は、パプア人のアイデンティティーを徐々に失わせるインドネシアの教育システムの全国化のために、インドネシア政府によって消し去られた。同様にまた、私立学校（YPKとYPPK、その後にYAPIS）の地位も国立学校とすることで廃止された。大統領指令（Inpres）は明らかにただ単に物理的な学校数の目標だけを追い、インドネシア政府によって職業学校の教育課程の種類や質も破壊された[194]。たとえば、キリスト教とカトリックの教員養成校を含むセルイ、ソロン、ゲンエルンの女学校、船員学校、コタラジャの技術中等学校、マノクワリの農業学校である。パプアの地におけるインドネシアの教育システムとカリキュラムは全面的に変更されなければならない。なぜならパプア民族の特性にまったくそぐわないからである。

B. 衛生

　家族計画プログラムは、秘密裡かつ組織的にパプアの住民の増加を抑制するために定められた活動である。そのほか、パプア人にとって非常に危険な性病拡散の実際上の中心地として、売春地帯やナイトクラブもパプアのどこにでも広まっている。サルミやメラウケで起こっているように、商業的な性サービスは香木との取引方法にもなっている。様々な銘柄のアルコール飲料の流入もまた、パプアの青年層を破壊することが目的である。インドネシアが入ってくる以前にパプアの地で展開していたいくつもの病院が閉鎖され、その結果として地方では衛生問題が起こった。

C. 住民

　国内移住政策は、パプア社会の伝統的な土地に多くの損害をもたらしている。国家によって定められた国内移住政策のほか、パプア人の基本的権利や伝統的

---

[193] Ioso（Lagere Onderwijs Subsidie Ordonantie）とmoso（Melderbaar Onderwijs Subsidie Ordonantie）は、それぞれ初等教育と中等教育についてオランダ植民地時代のパプアで定められた規定である。
[194] YPKとYPPKはキリスト教の学校財団、Yapisはイスラム教教育財団である。

所有権を尊重することなくパパア人の伝統的な土地に続々と押し寄せて占領する自発的な移住者、不法移住者、そして避難民もいる。庶民中核企業 (PIR) 方式の移住と契約は、パプアの人民を貧困化させるためにインドネシアの政府と民間が共謀している例である。[195] 国内移住の方式でインドネシア政府は、生活向上を口実としてパパアの人民をその土地と故郷から強制的に立ち去らせている。しかしながら社会政治的にこの方式は、パパア人を伝統的な所有地から引き離し、土地や集落や森林の権利を放棄させて、その後に国家が所有権のない土地と主張しているのである。最も異常なのは、当初は伝統的な土地と権利のもとに自由に生活していたパプア人が強制的に他の地方に移住させられ、まさに植民地と同様に外国資本家の使用人や大規模農園企業の契約労働者になっていることである。

(3) 文化部門

　第4委員会は第2回パプア住民会議とパプア議会常任幹部会に対し、母語（パプアにおける各エスニック・グループの地方語）が絶滅せずに発展するように、またパプアの子供たちがアイデンティティーの危機に陥り先祖伝来の文化的価値の上に毅然として立つことができなくならないように、それらの言語の使用を勧告するよう要求する。パプアの特殊な方言とともにムラユ語は、暫定的な媒介言語（パプア民族の国語）として継続して使用することができる。

　パプアの伝統的な彫刻、地方音楽、衣装、そして舞踊などの芸術は、維持され保存されるべきである。伝統的な宗教は、パプアにおけるキリスト教（プロテスタントとカトリック）やイスラム教とともに、掘り下げられ、本来のあるべき姿に戻して発展させられなければならない。

　パプア人特有の食べ物（サゴ椰子や芋）、パプアの地における各エスニック・グループの伝統的な家屋は、14の県・都市における住宅やその他の公共設備の開発計画のモデルにしなければならない。その開発は当該地方の文化やモチーフに見合ったものでなければならない。たとえば、ビアク・ヌムフォルのカルワイやカモロ・ミミカのカラパウの伝統家屋などである。

　パプア全土の伝統的な諸権利は、当該地方の伝統社会に返還され、独立した

195　庶民中核企業 (PIR) 方式とは、大規模農園企業の進出に付随する形でその周辺に移住者を送り込む国内移住形態のこと。

新パプアへ向けて守られ、維持されなければならない。我々パプア民族は伝統それ自体の重要性のために土地と森林と海を通じた民族の文化的権利を守り続け、その伝統的な家屋や建物で国連と会見する。

我々パプア民族は、他民族の利益のためや、インドネシア政府によって作成された運用規則に基づき実施された天然資源の開発を断固として禁止する。

パプア住民会議はパプア議会常任幹部会に対し、パプア人民の文化を反映していないインドネシア政府製のすべての「慣習社会研究所」(LMA)を廃止させるように命ずるべきである。インドネシア政府製の慣習社会研究所が法的に無効なのは明らかである。なぜなら本来であればその慣習社会研究所はパプアの当該地方の慣習法に基づいてその地のパプア慣習社会によって組織されるべきで、これまでただパプア人の伝統的な諸権利の剥奪を正当化するだけに使われてきたのが明らかなインドネシア政府の決定書で決められることではないからである。西パプアの民族独立闘争のためにそうすることで、全パプア社会は、西パプア社会の慣習法と人々によって確立された真の慣習社会研究所の傘の下に保護される。

パプア住民会議は、インドネシア民族文化の名称を用いた道路、村、事務所、パプア地方政府の紋章その他の名称を廃止すべきである。パプアにおけるあらゆるアイデンティティーは、パプア民族の価値と文化と尊厳の下に返還されなければならない。

パプアの地の天然資源の開発段階には、教育上も構造上も十分な特別の保護が必要である。パプアの地方音楽は、尊厳を持った民族としてのパプア民族のアイデンティティーを維持し豊かにする上で、再び保存されなければならない。

(4) 市民と政治部門

今や西パプア民族がインドネシアから分離して地球上の他の諸民族と対等に立つ時が到来した。その理由は次の通りである。

①西パプア民族は、インドネシアとオランダとの間で争点となった西パプアの領域と土地の相続者として、ニューヨーク協定の会談にも署名にも参加していないということ。インドネシアとオランダはパプアの国と土地の法的主体ではない。それゆえインドネシアとオランダによって策定されたパプアの土地とパプア民族の政治的地位に関する協定は、法的にも国際政治の教義上も無効であ

るのは明白である。

②国連の監視と責任の下で1969年7月14日から8月2日にかけて西イリアンで行なわれた民族自決協議会の結果には、法的に欠陥のある政治プロセスがあった。なぜなら、インドネシア政府とインドネシア国軍そしてインドネシア警察によって、兵器を突き付けられたり、金品や女性で買収するなど不正や圧力や脅迫に満ちたものだったからである。それゆえ、民族自決協議会とその結果は再検証される必要があり、また法的に無効であることを明確にして白紙に戻されなければならない。

③インドネシアには西パプア領域がインドネシア単一共和国の中に統合された一部であると主張する法的な論拠は全くない。

④インドネシア単一共和国の中への西パプア領域の統合は、1963年から今日に至るまでインドネシア共和国の官報に法律として記載されておらず、インドネシアの暫定国民協議会（MPRS）や国民協議会（MPR）の決定にも定められていない。

⑤インドネシアの「1945年憲法」前文の第1段落には、独立の権利の精神が謳われている。

⑥1966年12月16日の世界人権宣言の前文第1部第1章の1、2、そして3。

⑦国連憲章第1514号の第8項。

⑧（1998年6月25日午前10時にインドネシア共和国のハビビ元大統領が行なった演説でも述べられた）民族自決権に関する1993年のウィーン宣言。

⑨慣習社会の諸権利に関する1969年の国際労働機関（ILO）の協約宣言。

⑩インドネシアは、西パプアを含め今なお植民地支配下に置かれている各エスニック・グループへの独立の付与に関して規定した様々な国際文書を消し去った。

⑪インドネシア国軍とインドネシア警察によって組織的に行なわれている様々な人権侵害（残虐で非人道的な無差別発砲や殺戮や強姦）は、既に人道に対する犯罪であり、民族虐待である。こうした行為は、パプアはインドネシアと同一民族の同胞ではなく、それゆえに常に動物のように殺戮されていることの証しである。

⑫伝統的な土地の相続人である社会の慣習法による明確な手続きを踏むことなしで伝統的な土地を略奪することは、構造的な貧困と権利の剥奪を生みだして

⑬パプアの地にあるキリスト教会は、インドネシア・キリスト教会会議の組織から脱退し、世界キリスト教会会議や太平洋キリスト教会会議と関係を結ばなければならない。パプアの地のカトリック教会は、ジャカルタにある教会代表協議会（KWI）から離脱しなければならない。パプアの地にあるカトリック教会は、ヒエラルキー的には、ローマの世界カトリック教会の下にある。同様にパプアのイスラム教徒も、ただちに「インドネシア・イスラム法学者会議」（MUI）から抜け出し、ムスリム世界同盟に加盟すべきである。

　パプア人に対してインドネシア政府、インドネシア国軍、そしてインドネシア警察が行なってきた数多くの卑劣な行為にもかかわらず、その歴史的、法的、人道的な責任が今日に至るまで一切取られてこなかったことを鑑みれば、パプア民族にとっての選択肢はただ1つしかない。すなわち、インドネシア共和国は出ていき、西パプアの民族と別れて、独立した主権と信念と尊厳を持った民族としての将来へ向け西パプアの民族が自律することを放置しなければならない。そうでなければパプア民族は死と絶滅の恐怖にさらされ続ける。なぜならインドネシアはいまだかつてパプアの人間を欲したことはなく、ただ単に豊かなパプアの天然資源と土地に惹かれているにすぎないからである。

　38年間のパプア民族の生活経験は、インドネシア単一共和国へのパプアの統合は民族の統合ではなく、資本や資産の統合であったということを確実に示している。我々パプア人はメラネシア人種であり、インドネシア人はマレー人種である。我々が神に創造されて以来、我々の天賦の才は、互いに所有し支配するためではなく、お互いが知り合うために異なっているのである。

　パプア人民の諸権利に関する声明をこのようにまとめた第4委員会は、インドネシアと国際社会に向けて、次の6項目の決議を発表した。
(1) パプア民族は1961年12月1日以来、1つの民族そして国家として主権を有している。
(2) パプア民族は第2回パプア住民会議を通じ、法的にも道徳的にも欠陥のある1962年のニューヨーク協定を拒否する。なぜならパプア民族の代表は関与していないからである。

(3) パプア民族は第2回パプア住民会議を通じ、民族自決協議会の結果を拒否する。なぜなら人道主義を逸脱した威嚇、脅迫、残虐な殺人、軍の暴力や不道徳な諸行為の下で行なわれたからである。それゆえパプア民族は国連に対し、1969年11月19日の国連決議第2504号を取り消すよう要求する。
(4) インドネシア、オランダ、アメリカ、そして国連は、歴史と法律と社会文化の研究に基づき正当な西パプア民族の主権と政治的権利を承認しなければならない。
(5) アメリカと国連の政治的共謀の結果として起こった西パプアにおける人道上の罪悪は徹底的に調査されなければならず、その犯行を行なった者たちは国際的な裁判で裁かれなければならない。
(6) 国連、アメリカ、そしてオランダは、インドネシアへの西パプアの併合プロセスへの自らの関与を検証し、正直かつ公正かつ真実に基づいた成果を2000年12月1日にパプアの人民に伝えるよう求める。

　さらに第4委員会は、第2回パプア住民会議がパプア議会常任幹部会に対して以下の5項目についての全権を与えるよう決議した。
(1) 西パプアの主権に関し国際社会の承認を得るための闘争を行なうとともに、西パプアにおいて人道上の罪悪を犯した者たちを追及し裁くための闘争も行なう。
(2) パプアの民族と人民の主権承認のための住民投票を行なうため、国連監視の下でインドネシアやオランダと平和的な会談を行なう独立チームを直ちに組織する。
(3) 闘争の目標達成のための費用に限定することなく、パプアの地に貯蔵されている資源の活用方法を考える。
(4) 西パプア人民の第2回パプア住民会議のパプア議会団を通じ、パプア議会常任幹部会に全面的な支持を与える。
(5) 2000年12月1日に上記の職務の執行に責任を求められる。

　これらの決議は英語とインドネシア語で作成され、インドネシア政府だけではなく、オランダ政府、アメリカ政府、国連その他の世界各地に伝えられた。

第10章
第2回パプア住民会議への反応

建設中のミミカ県議会議事堂。

1. インドネシア大統領への報告

　第2回パプア住民会議の結果に関し、インドネシアの政治エリートの間では、パプアの分離独立運動の扇動であるとの批判が強まった。パプア人の政治的意思を統一させ交渉の窓口を作るために、この会議の開催を積極的に支持し資金援助も行なったアブドゥルラフマン・ワヒッド大統領でさえ、その結果については憲法を逸脱した政治行動であると批判せざるをえなかった。

　とはいえアブドゥルラフマン・ワヒッド大統領は、第2回パプア住民会議の終了後もパプアの政治エリートとの対話の窓口を閉ざすことなく、正確なパプア情勢の把握のために情報収集に動いた。パプアのキリスト教神父たちには第2回パプア住民会議の結果についての意見判断と提案を求め、第2回パプア住民会議実行委員会やパプア議会常任幹部会からの会議終了後の報告にも耳を傾けた。

　アブドゥルラフマン・ワヒッド大統領から第2回パプア住民会議の結果についての意見と提案を求められたメラウケのヤコブ・ドゥイフェンフールド（Jacob Duivenvoorde）司教とジャヤプラのレオ・ラディアル（Leo L. Ladiar）司祭は、2000年6月27日に連名で大統領に報告書を提出した。そこに記されたパプアの将来のためのパプアのカトリック教会指導部の判断と意見は次の通りである。[196]

(1) 第1に、開かれた雰囲気を創出することが必要である。そうした雰囲気は、実際に起こっていることは何か、そしてその背景は何かについて理解するための「先に聞く耳」をすべての側が持ったときにのみ生み出すことができる。

(2) 状況の理解には、権力者側（国家機関、国会、政府、そして国軍や警察）が過去の過ちを明確に認めることが必要である。それを認めることは、一方すなわち人民の側だけが間違っているとされ、他方の誤りは訴えられないという印象を避けるためにもきわめて重要である。

(3) 我々が意図するそうした雰囲気を創出するには、全面的に止めさせられる明確な理由のないあらゆる種類の質問をする必要がある。治安当局の二面的姿勢、ましてやそれに宗教的利害が絡んだ姿勢は何の役にも立たない。第2回パ

196　ヤコブ・ドゥイフェンフールド司教とレオ・ラディアル司祭の大統領に宛てた報告書については、次を参照。*Ibid.*, pp.107-121.

帰宅中のパプアの高校生。

プア住民会議後にインドネシア国軍の要員がアンケートを行なったことは、雰囲気の変化はまったくもって治安当局の正直さ次第であることをさらに裏付けている。

(4) パプア民族が望んでいる歴史を正すことへの圧力を考慮し、意図されている歴史の事実に関する研究をさわやかな公開の場において共同で行なうことを強く提案する。

(5) 1998年10月の全パプア領域に対する軍事作戦地域（DOM）指定の解除は、インドネシア国軍からの派遣部隊員の削減につながることが望まれた[197]。だが実際にはこの国軍部隊は秘密裡に不当な行為を頻繁に行なっている。軍事作戦地域指定の解除後も国軍の役割はまったく減少していないとの印象は強い。

(6) 最近のナビレでの事件のように、治安当局が依然として暴力行為を行なっている間は、そうした事実に基づく告発で、インドネシア国軍とインドネシア

197　当時のウィラント国軍司令官がパプアの軍事作戦地域（DOM）指定の解除を発表したのは1998年8月である。

警察は人権侵害者と見られ続ける。治安当局によるパプア領域の支配を取りやめ、文民政府にその領域の権限者として表に出る機会を与えられれば、すばらしいことではないか。

(7) 権力を持つすべての側の透明性がきわめて必要とされている。そうすることで、何が真実で何が誤りなのかを社会が知ることができるからである。

(8) 治安維持に携わる各要素の役割を改めて定めるための緊急の対話が必要である。このことにおいて特に必要とされるのは、パプア自警団の地位と役割について、社会に広くその地位と機能が知れ渡るように、慣習社会の指導者たちと会談を行なうことである。同時に、インドネシア国軍による対抗する自警団（紅白自警団）の組織化活動は全面的に停止する[198]。この要素は非常に重要である。なぜなら我々の経験によると、パプア自警団と紅白自警団という2つの「治安要素」の対極化は、社会状況に大きな危険をもたらし、すべての正当な闘争を制限のない過激な衝突へと先鋭化させるからである。

(9) 同様に喫緊であるのは、パプア領域における法（特には土地法）の順守である。伝統的土地の所有権に関する国家の承認が明確ではないことが、独立要求の闘争精神をさらに高めている。住民は一般的な制限を超えた行動を取り始め、法を無視した私的制裁も起こり始めている。この兆候はいくつもの土地紛争でも政府事務所や民間企業の封鎖行動でも次第に顕著になっている。伝統的な土地の所有権を尊重し、庶民の利益を広範に保証するために、土地に関する法律を再定義する必要がある。

(10) 対話の空気を醸成するためには、国家の過ちを認め、パプアへの地名変更を「口頭」で発表したしたワヒッド大統領によってなされた前進が、**a.** 効力のある人権裁判による深刻な人権侵害事件の処理や、**b.** パプアの人民のアイデンティティーの承認としてのパプアの名称の公式化の措置で、継続して取られることが望まれる。

(11) 真の対話のためのその他の条件は、パプアの人民の活力の向上に結びついていないすべての経済政策を再検討するインドネシア政府の意思である。

(12) パプア国民戦線（FNP）が承認されることを強く望む。なぜなら我々の評価によれば、パプア国民戦線は健康的かつ正当な政治闘争と対話のレベルへ

---

[198] 「紅白自警団」（Satgas Merah Putih）は、パプアのインドネシアへの統合を支持するインドネシア愛国者の自警団。紅白はインドネシア国旗を指す。

「独立要求運動」(Gerasem) を引き上げるための最高機関となり得るからである。
(13) 特に政府側は、パプア領域での社会運動の中でさらに大きな役割を担えるような機会を公務員や知識人層に与えることが必要である。今日まで非常に顕著なのは、知識人層が社会運動の修正にあまり関与していないことである。なぜなら彼らは国家公務員などの地位を気にして「恐怖」を感じており、「自由に話す」ことも禁じられているからである。公務員や知識人層の不参加は現在の闘争の厚みを大きく損なわせ、「不透明さ」ともなっている。なぜなら実際にはどちらの側にどれくらいの数の社会的有力者がいるのか明らかではないからである。
(14) 最後に、宗教団体は今なおパプア領域内で十分に信頼されており、必要とされる無条件対話の仲介者として信頼されているということを申し上げる。

　上記のような報告書をパプアのカトリック教会がワヒッド大統領に提出した1週間後の2000年7月4日には、パプア議会常任幹部会のテイス・エルアイ議長らがワヒッド大統領の私邸を訪れ、第2回パプア住民会議の報告を行なった。彼らはその席で、第2回パプア住民会議の開催を支持し資金援助も行なったワヒッド大統領に謝意を伝えると同時に、第2回パプア住民会議後にパプア議会常任幹部会のメンバーは警察の取り調べを受けていること、またインドネシアの政治エリートの間では第2回パプア住民会議を侮辱したり危険視したりする発言が相次いでいることへの不満を表明した。

2. パプア選出国会議員の報告書

　2000年6月22日、インドネシア国会のアクバル・タンジュン (Akbar Tanjung) 議長とスタルジョ・スルヨグリトノ (Soetardjo Soerjoguritno) 副議長は、イリアン・ジャヤ (パプア) 州選出の国会議員たちを集めて会合を開いた。そして、イリアン・ジャヤ州選出の国会議員たちに、第2回パプア住民会議の結果として表明されたパプア人の独立要求に、国会としていかに対処すべきかの報告書をまとめるよう指示した。
　2000年7月10日に提出されたその報告書の結論と勧告は次の通りである。[199]

199　イリアン・ジャヤ州選出国会議員による国会への報告書については次を参照。*Ibid.*, pp.128-133.

結論

a. 2000年5月29日から6月4日にかけてジャヤプラで開催された第2回パプア住民会議にパプア全県の慣習社会、外国に居住するパプア人そしてパプア社会の全構成要素の代表たちが出席したことは、この会議がパプアの伝統的コミュニティーの側面からも社会的コミュニティーの側面からも強固な正統性の根拠と代表性を有しているということを反映している。

b. 民族自決を求める一民族として自らの歴史を再度正しく解釈したいというパプア人の願いは、純粋に大多数のパプア人の願いであり、ジャカルタの政治エリートたちが言っているような「一部の人間」の願いではない。

c. 第2回パプア住民会議の精神は政治的要素を含んだ文化的表現であり、インドネシア単一共和国と政府に抗う法的行為とはまだ見ることはできない。人々の独立要求は、会う機会や意見を伝えるための権利を得たときに公然と語るメラネシア式の民主的な言語コミュニケーションである。その権利は新秩序体制下の38年間、墓に埋葬されていた。そしてこの間、人々は、正直で率直なメラネシア文化とは全く相反した偽善と軍の脅迫下の工作の中で生きることを強いられた。それゆえ、パプア住民会議の実施に賛成したアブドゥルラフマン・ワヒッド大統領の決定は、適切で賢明な対処であった。

d. パプア議会常任幹部会のメンバーにしてもパプアのその他の社会構成要素にしても、独立要求がすぐに実現できるものではないことは充分に理解している。逆に言えば、その要求を実現するには、一連のプロセスを経ることも理解している。そのプロセスの中に、インドネシア共和国政府を含む様々な側との対話や交渉を行なうための、あらゆる手段や可能性が開かれている。

e. 第2回パプア住民会議の決議は、確かにパプアの人々に一種の独立への陶酔を引き起こしたが、これまでのところその陶酔は混乱や無政府状態を生じさせるまでには至っていない。その独立への陶酔は、まだ言語コミュニケーションの規則内で行なわれており、行動の段階には至っていない。

f. パプアの実際の状況についてのジャカルタの政治エリートの一部に見られるあいまいな理解、それどころか浅い思慮、そしてその後の過剰に感情的な声明の発表は、むしろ緊張をますます高め、問題をますます混乱させている。

g. 第2回パプア住民会議後のパプア情勢の克服のための軍の使用は、パプア

の人々にとってもインドネシア政府自身にとっても、まさにより大きな損害をもたらすであろう。同様に、パプア州警察によって行なわれているパプア議会常任幹部会の指導者たちに対する法的措置も、状況をますます混乱させ、適切で賢明な解決策を探る努力の障害になるものと危惧される。

　このように結論づけたパプア選出の国会議員たちは、パプア問題の解決のために以下の5項目の勧告を行なった。

勧告

a. パプアの人々の独立要求に対して選択肢を申し出る。1つの選択肢は、その独立要求に近づけて内政自治国（Internal Souvereignity）を勧めることである。つまりパプアの人々は内部で政治、経済、社会、そして文化面の生活を規定する権利を有すると認められ、一方、中央政府は金融、外交、外国の脅威からの国防部門において権限を有する。このことは、中央政府がパプアの人々に政治的な諸権利を返還する意味にもなる。その結果、彼らはもはや「被支配者」とは感じなくなる。政治的権利を返還することで、パプアの人々は政治的主体となり、自らの土地で政治的対象物にされているとはもはや感じなくなる。その関連において、そしてまた自治政府の概念に疑念が生じるのを防ぐため、1999年の国民協議会（MPR）総会で定められた特別自治案は、ジャカルタの申し出として内容を詳細にして整理し、その後にパプアの人々に対して独立要求の解決策としての西パプア特別政府（Special Authority Region）の発足をテーマに対話の材料として申し出ることが望ましい。

b. パプアにおける軍による暴力行為を避ける。なぜならこのことはむしろパプアや世界の人々の目に映るインドネシアのイメージを破壊し、それは巡ってインドネシア自身の損失となるからである。パプアの38年間の経験は、軍事的な解決は軍の暴力で人間性が踏みにじられたという新たな意識をパプアの人々に目覚めさせることになる、ということを証明した。

c. これまでのパプア人の苦難にインドネシア政府が配慮する証しとして、パプア議会常任幹部会の指導者たちに対してもパプアの人々に対しても扇動的な行為はとらないことや錯綜する諸声明を発表しないことを含めて、状況を加熱させることは行なわずにパプアに「冷静な」雰囲気を創出する。

d. パプアの人々から真に信頼されているパプア社会の指導者たちと中央政府との間で、お互いの尊重と信頼が醸成され、続いて平和的、民主的、そして公正に問題解決のプロセスが進行するように、継続的に対話の門を開く。

e. インドネシアの政府や人々がパプアの同胞の不信感を回復したいと望んでいる証しとして、これまでのように何かを求めたり要求したりすることなく、様々な戦略的プログラムを準備し、パプアの人々をこれまで以上に尊重して開発に触れさせる。言い換えるなら、それを行なうように強いるものがいるからではなく、人民から生まれた国家の統治行為の尊い義務として、善行をせよということである。たとえば人的資源の開発に関連した緊急計画（Crash Program）で現在パプア人学生に奨学金が支給され、彼らはインドネシアの様々な大学で教育を受けているとはいうものの、彼らの多くは生活に困窮している。なぜなら彼らの学費を捻出する親の財力は限られているからである。

このようにパプア選出の国会議員でさえ、第2回パプア住民会議の諸決議をパプア民族の総意と認め、これを過小評価し正統性を批判するインドネシアの政治エリートたちに警鐘を発したのである。

3. 南太平洋諸国の反応

パプア議会常任幹部会は第2回パプア住民会議の成果を広く国際社会にも伝えるために積極的に動いた。こうした動きに強い関心をもって応えたのは、パプア人と同じメラネシア人種を主体とする南太平洋の島国、バヌアツとナウルである。

バヌアツのバラク・ソペ（Barak Sope）首相は2000年7月にパプア議会常任幹部会のテイス・エルアイ議長らを招き、パプアの主権回復のための支援と、そのための「太平洋諸島フォーラム」（PIF）でのロビー活動を約束した。そして、ナウルで開催された2000年の「太平洋諸島フォーラム」には、パプア議会常任幹部会のトム・ベアナル副議長らがオブザーバーとして招かれた。

パプア問題は、2000年の国連ミレニアム・サミットでも取り上げられた。

2000年9月7日にナウルのベルナルド・ドゥイヨゴ（Bernard Dowiyogo）大統領が行なったパプアに絡んだ国連演説の要旨は、ほぼ次の通りである。

隣国パプア・ニューギニアとの国境地帯に広がるワスル国立公園の入り口。

　「西パプアにおける我が同胞は外国勢力による支配と占領からの解放を今なお求める状況下にある。このことは1969年の民族自決協議会なるものが引き起こしたものである。西パプアの土着の住民に完全なる民主的な住民投票の機会を与えることは、きわめて重要である。最終的な民族自決権の行使のためである。国連は、基本的人権に背いた残虐な行為で既に50万人以上の命が奪われた西パプアの人々の滅亡を、黙視しているわけにはいかない。我々は東ティモールで起きたような災禍がこの地で再び起こるのを目撃することも許されない。それゆえにナウルは、西パプアの人々の民族自決のための投票を認める国連決議が支持されるよう望む」[200]
　続いて9月8日にはバヌアツのバラク・ソペ首相が次のような演説を行なった。
　「国連統治下における西パプアの民族自決行為を1969年までに命じたニューヨーク協定のように、その数年間に国連の諸文書で合法化された規定との矛盾や悲惨な事態が続いたことは、当時の国連諸決議が不当で不完全であったこと

200　*Ibid.*, pp.138-139.

を明らかに示している。このことは、国連憲章に定められた基本的人権の軽視と民族自決権の無視であることは明白である。21世紀を迎えた今、国連は不公正や悲劇やゲリラ戦の中での西パプアの30年間の苦難を放置し続けた過去の過ちに目を閉ざし続けることがあってはならないし、してはいけない。その過ちは道徳面、政治面、そして法律面にも及ぶ。国連には、本来であれば公正のための判断や勧告を示したり行なったりするための国際司法裁判所や脱植民地化24ヵ国特別委員会のような、仲介機関や諸手段を有している。特に、旧宗主国であるオランダには、平和的かつ透明性をもって、西パプアの不幸な状況の解決の支援に責任を持つことが望まれる」[201]

　この国連のミレニアム・サミットへのバヌアツの代表団には、パプア議会常任幹部会からも3人の代表すなわちフランザルベルト・ジョク（Franzalbert Joku）、レックス・ルマジェック（Rex Rumakjek）、アンディ・アヤミセバ（Andy Ayamiseba）の参加が認められた。

4. パプア独立組織（OPM）との合意

　バヌアツは海外におけるパプア独立派武装勢力すなわちOPMの活動拠点の1つである。2000年7月にバヌアツを訪問したパプア議会常任幹部会のテイス・エルアイ議長は、バヌアツのOPM議長を名乗るセス・ヌムコレムと会談し、同年7月29日にパプア議会常任幹部会（PDP）とパプア独立組織（OPM）の名において共同声明を発表した。
　その内容は次の通りである。[202]

　インドネシア単一共和国の外における主権と独立を求めるパプア民族の政治的願いと断固とした要求を考慮し、我々双方はここに共同で以下の通り声明を発する。
　西パプアのポート・ヌンバイで2000年5月29日から6月4日にかけて開催さ

201　Ibid., pp.139-140.
202　パプア議会常任幹部会（PDP）とパプア独立組織（OPM）の共同声明については次を参照。Ibid., pp.141-142.

れたパプア住民会議で明らかにされたパプア民族の政治的主権と権利の回復要求は、1961年以来続けられてきたパプアの人民闘争の純粋な願いである。

　不確かなインドネシアの社会政治状況を考慮し、またパプアの民族闘争の継続と成功のためには国際社会の支援がいかに重要であるかにも配慮して、パプア民族闘争の指導者として双方は、闘争の継続と安全を保証するための1つの戦略を定めて、共同で定期的に推進することが重要であると合意した。

　こうした理解に基づき、我々は、パプア議会常任幹部会はパプア民族闘争戦線として国内における行動の責任を負い、一方、政治以外の諸問題はパプア独立組織（OPM）の任務としてその責任を負う機関とすることに決定した。

　神の慈悲と恵みを願い、西パプアへの民族愛と郷土愛に押されて、パプア議会常任幹部会議長とパプア独立組織議長は、パプア議会常任幹部会とパプア独立組織の執行部10名の立ち会いの下、バヌアツのポート・ビラでこの共同合意に署名する。

　パプア独立組織（OPM）は一枚岩の組織ではないとはいえ、1971年に「西パプア国」の独立を宣言して「国民解放軍」（TPN）を率いたセス・ヌムコレムがパプア議会常任幹部会をインドネシア国内におけるパプア民族闘争戦線として認めた意味は大きかった。

　バヌアツのOPMとの闘争の一体化に成功したパプア議会常任幹部会のテイス・エルアイ議長は、パプア民族内部でも、またインドネシアや国際社会からも、これまでばらばらであったパプアの民族闘争を1つにまとめ、政治的交渉の窓口となり得る民族指導者として次第に認知されていった。

5. パプア人民の声明

　第2回パプア住民会議の信託を受け、国内外からパプア人の代表執行機関として認知されたパプア議会常任幹部会は、2001年10月19～20日にパプア議会団執行部を加えた特別本会議を開いた。この特別本会議では、1年前のパプア住民会議で示された勧告の実施状況、次第に悪化しているパプアの人権状況、インドネシア政府がパプアに付与しようとしている特別自治権などについての分析がなされた。

その結果、2001年10月20日に発表されたのが、パプア人民の名においてパプア議会常任幹部会がまとめた次の7項目からなる「パプア人民の声明」（Manifesto Rakyat Papua）である。[203]

パプア人民の声明
(1) パプア人民はパプア民族の政治的主権と権利の回復に対する太平洋諸国フォーラムの国々の指導者とその全国民の連帯と支援に心からの敬意と謝意を表する。それと同時にパプアの人民はオランダ王国政府、インドネシア共和国政府、アメリカ政府、そして国連に対し、正直かつ責任を持ってパプア（蘭領ニューギニアまたは西イリアン）の土地の地位に関する謀議への関与とその役割を再検証するように要求する。

(2) パプア独立闘争の防衛力として35年間にわたって森の中でゲリラ戦を展開しているパプア独立組織／国民解放軍（TPN-OPM）に対し、純粋に心からの敬意を表すると同時に、武力対決を停止して、パプア民族の政治的主権と権利の回復闘争を政治的対話による平和的な諸手段で共に推進するよう呼びかける。

(3) これまで一貫して抑圧的な軍事作戦上の接近を行なってきたインドネシアの国防勢力としてのインドネシア国軍とインドネシア共和国警察に対し、我々は心の底から、既に数十万人のパプア人の命を奪ったことが明らかな軍事作戦を言行一致で停止するよう呼びかける。インドネシアの国軍と警察は、新たな規範である人道的な接近とパプアの人間の存在と価値と尊厳そして基本的諸権利の尊重を前面に出して言行一致しなければならず、対等で公正で民主的な政治対話を通じたパプアの政治紛争の解決を積極的に推進すべきである。

(4) 特別自治は、パプアの人民が政治的主権と権利の回復を要求した後の、完全に中央政府の意向であり、全くもってパプアの政治紛争の包括的かつ平和的な性質の解決策ではない。1つの社会政治契約の型として、中央政府はパプア人民の切望を無視しただけではなく、権力の傲慢さで本能的欲望を押しつけ続けながら、実際にはパプア問題を実体のなきものとして対処してきたのである。パプア特別自治の事件は、1962年のニューヨーク協定や1969年の民族自決協

---

203 「パプア人民の声明」については次を参照。Theo P.A.van den Broek ofm, J.Budi Hernawan ofm, Frederika Korain, S.H., Adolf Kambayong ofm., *Memoria Passions di Papua – Kondisi Sosial-Politik dan Hak Asasi Manusia 2001*（Jayapura, 2003）pp.268-271.

議会の時と全く同様に、パプアの人民の運命が再び他人によって決められるという事件である。この政治的悲劇に関しパプアの人民は、中央政府、国会、地方政府、およびパプア州議会に対して、パプアの人民の運命と権利に関わる諸決定は、パプアの人民の意向と主権の下に返還されなければならないと強く主張する。ここに、パプア議会はパプアの人民の名において、パプア特別自治を拒否し、一貫してパプア民族の主権と権利の回復のために平和的かつ民主的な闘争を進めていくことを断固として表明する。開発は、人民の政治的願いと駆け引きされることなく行なうべき人民の権利であり政府の義務である。パプアの人民の闘争の本質は、特別自治を全く要求しておらず、パプア民族とその土地の歴史の真実、法の真実、政治の真実を確固としたものにするために、パプアの歴史を正すための対話を行なうよう要求しているのである。

(5) パプアの人民は、明らかに差別的な政治を行なったインドネシア政府の決定を非常に遺憾に思う。アチェの人民に対しては、中央政府は対話を働きかけ続けた。一方、パプアの人民に対しては、政府は対話による平和的な解決を拒否し続けている。それが現実であろうとも、パプアの人民は2000年のパプア大協議会以来、2000年の第2回パプア住民代表会議、そして今日に至るまで、一貫してパプアの人民とインドネシア共和国政府との政治的対話を要求し続けている。インドネシア共和国政府は、アチェとパプアの政治紛争の解決において差別的政治を行なう理由とその背景を明確に説明しなければならない。

(6) パプアの人民は、パプア議会常任幹部会やパプア議会団に対する反政府活動容疑での身柄の拘束と裁判は、本質的には、パプアの全人民の良心を裁く法的プロセスと受け止めている。パプアの人民は法の遵守を支持するが、インドネシア政府は法的プロセス（逮捕、拘束、裁判）と同様に政治的プロセスを通じたパプア問題の解決を望み、より賢明に推進しなければならない。

(7) パプアの全人民に対し、様々な形の扇動や組織内部の腐敗あるいは分断工作に反抗して闘うために、パプア民族ナショナリズムの精神で、人民の統一強化に努めるよう呼びかける。この意識において、パプア議会はすべての構成要素に、1つの民族1つの精神の理念に足場を置いて、統合や再統合を積極的に行なうよう要求する。パプア人の各人は、相互不信の傾向を避け、耐える努力をしなければならない。なぜならパプア民族の政治的主権と権利の回復のための闘争は、パプアの国民1人1人の良心の声に基づく純粋な闘争だからである。

このように「パプア人民の声明」は、インドネシア政府のパプアに対する対応とりわけ治安当局による変わらぬ人権侵害や国会で審議中のパプア特別自治法案を強く非難するものであると同時に、パプア独立派武装勢力に対しては武力闘争の放棄を呼びかけ、全パプア民族の結束によるインドネシア政府との政治的対話を求める内容であった。
　だが、この声明にパプア議会常任幹部会議長として署名したテイス・エルアイは、声明発表の3週間後に陸軍特殊部隊員に暗殺されたのだった。
　パプアでは、テイス・エルアイ議長が殺害された理由は、パプア特別自治法の受け入れに反対していたからだとの噂も広まった[204]。

204　2002年1月18日にパプア特別自治法の施行に関するラジオ・テレビ演説を行なったパプア州のソロッサ知事は、その中でテイス・エルアイ殺害事件にも触れ、「テイス・ヒロ・エルアイ氏の殺害はパプアの特別自治を施行するためだと考える者があるとすれば、それは真実ではなく、まったく無責任な発言である」と述べた。

第11章
パプア特別自治法の施行

パプア特別自治法の施行を伝える掲示板。「2002年12月パプアの伝統的政府発足」と書かれている。

1. パプア特別自治法案の策定

　1999年に開催されたインドネシアの国民協議会 (MPR) では、1999～2004年の国策の大綱が決定された。その中で、パプアに関しては、分離独立問題の公正かつ全面的な解決のために、特別に以下の2つの措置を講じる必要があると定められた。

　1つは、パプアを法律で定めた特別地方自治体とすることである。その目的は、パプアの住民の社会文化生活の多様性と平等を尊重し、インドネシア単一共和国内での国民統合を維持することに置かれた。

　2つ目は、威厳のある公正な司法プロセスを通じて、パプアの人権侵害事件を解決することである。

　1998年5月にスハルト大統領が退陣すると、パプアでは学生らを中心にパプアの独立や住民投票を求める声が吹き荒れた。それに対する国民協議会の答えが、パプアに特別自治権を認めることと、過去の人権侵害事件を解決することであったと言える。

　とはいえ、パプアに対する特別自治権の付与は、中央政府の主導で決められたわけではない。そのためのロビー活動を積極的に展開したのは、ヤコブス・ソロッサ (Jacobus P. Solossa) らパプア選出の国民協議会議員たちである[205]。パプアで激化する分離独立要求に危機感を抱いた彼らは、特別自治権の付与の必要性を同僚議員たちに訴えた。その結果、憲法に次いで重い国民協議会決定の文書に、「…民族統合は、イリアン・ジャヤの社会文化生活の多様性と同等性を尊重し、法律で定められた特別自治地域とすることによって、インドネシア単一共和国の枠内で維持される」という一文を挿入することに成功したのである[206]。

　つまり特別自治案は、けっして中央政府がパプアに押し付けようとしたものではなく、これもまたパプア人政治エリートの要求として生まれたものであった。ただ、そのパプア人政治エリートは、政府官僚や政治家あるいは知識人などで、2000年のパプア大協議会や第2回パプア住民会議に集結した人々とは一

205　ヤコブス・ソロッサは、国会・国民協議会議員を経て、2000～2005年までパプア州知事を務めた。
206　Dr.Jacobus Perviddya Solossa, Drs.M.Si, *Otonomi Khusus – Mengangkat Martabat Rakyat Papua Di Dalam NKRI* (Jakarta, 2006) p.26.

第11章 パプア特別自治法の施行　171

新設市場で野菜を売るパプア人女性。

線を画すグループであった。

　2000年11月23日にパプア（当時、イリアン・ジャヤ）州知事に就任したヤコブス・ソロッサは、12月末に国立チェンデラワシ大学のフランス・ウォスパクリック（Frans A. Wospakrik）学長らパプアの有識者をジャカルタに招集し、パプア特別自治法案の策定に向け協議に入った。その結果、住民参加を通じたパプア特別自治の草案作りのために、フランス・ウォスパクリック学長を委員長としてパプアの知識人で構成する独立チームが発足した。また、パプア人社会に特別自治の利益と理解を促すために積極的に宣伝活動を行なうことも決められた。ソロッサ州知事自身もマス・メディアを通じて特別自治のメリットを訴えた。

　ただ、パプアの各地における特別自治の宣伝活動は、容易には進まなかった。パプア大協議会や第2回パプア住民会議で高まった独立機運は、特別自治の受け入れに聞く耳を持とうとはしなかった。

　それでもソロッサ州知事は諦めることなく、2001年3月12日の地元のテレビ・ラジオ局を通じた演説で次のように語った。その内容は、パプア人の民族

性を理解する上でも非常に興味深い。

「私はその対話がダイナミックな激論の中で行なわれているとの報告を受けている。それどころかデモや抗議にさらされてさえいる。私はそれを聞くと嬉しい。なぜなら、まさにそれこそ我々パプア人式の民主主義だからである。それこそが我々の対話の仕方である。我々は新しい意見をそのまますぐに受け入れることなどできない。我々は新たな考えをそのまま丸のみにすることなどできない。かつての我々の親たちの代のように、我々もまた心から心へ、必要なら昼から夜まで、それどころか翌日の昼まで、我々皆にとって何が最善かの合意に達するまで、話し合うことが必要である[207]」

2001年3月28〜29日にはジャヤプラ体育館で「新パプアに向けた特別自治研究フォーラム」が開催された。会場の外ではやはり特別自治の受け入れに反対するデモが行なわれていたが、場内では特別自治法案の説明と修正のための議論が進められた。ソロッサ州知事はそこでも、「新パプアに向けた特別自治研究フォーラム」は、2000年に開催された第2回パプア住民会議に対抗することが目的ではないことを強調し、さらに次のように語った。「まさにその逆で、この研究フォーラムは我々皆が基本的な諸権利や第2回パプア住民会議で話し合われたことを話すことができるように開かれたのだ[208]」

こうした空気の中でまとめられたパプア特別自治法案を携え、2001年4月16日、ソロッサ州知事を代表とするパプア人代表団は、インドネシアの正副大統領、国会議長そして政治治安調整相と面会し、同法案への支持を要請した。というのも、インドネシアの内務省も政府案として独自にパプア特別自治法案を作成し、3月29日には既に国会に提出していたからである。

国会では、パプア州政府の持参したパプア特別自治法案と政府提出のそれのいずれを審議の対象とするかで議論がなされた。最終的には同年7月2日にスルヤディ・スディルジャ（Surjadi Soedirdja）内務相が政府提出のパプア特別自治法案を取り下げ、パプア州政府案が原案として国会審議の対象とされるのだが、こうした決定がなされた理由には、パプア州政府による各党への活発なロビー活動のほかに、パプアの政情悪化への中央政府の警戒感があった。

たとえば、イリアン・ジャヤ州議会のジョン・イボ（John Ibo）副議長は、も

207　Agus Sumule ed., *Mencari Jalan Tengah – Otonomi Khusus Provinsi Papua* (Jakarta, 2003) p.28.
208　*Ibid.*

し中央政府が国会審議のために中央政府自身の用意したパプア特別自治法案を押し付け続けるのであれば、パプアで住民投票が実施されなければならないとの声明を発表し、中央政府を不安に陥れた[209]。

　2001年7月19日、パプア州政府の提出した法案をもとにパプア特別自治法について審議するための特別委員会が国会に設置された。パプア選出の国会議員はすべて、この特別委員会の委員となった。

　2001年11月20日に国会を通過したパプア特別自治法は、翌21日に「パプア州のための特別自治に関するインドネシア共和国法律2001年第21号」としてメガワティ（Megawati）大統領に署名され、2002年1月1日から正式に施行された。

　そして2002年1月18日には、パプア特別自治法の施行を広くパプア社会に伝えるためのソロッサ州知事による演説が地元のラジオやテレビそして新聞を通じて報じられた。

2. ソロッサ州知事の演説

　2002年1月18日、パプアのソロッサ州知事は、パプア特別自治法を周知徹底し、誤解や批判を防ぐために、パプアのラジオ・テレビ局を通じて演説を行なった。その内容は以下の通りである[210]。

　我が誇りとするパプア州の同胞諸君！　2001年における我々皆の成功の1つは、我々の愛するこのパプアに特別自治の地位を得るための闘争に勝利し、それを得たことであります。2001年10月29日にインドネシア共和国の国会は、パプア州に対する特別自治に関するインドネシア共和国の法案を承認しました。その法案は、既に政府により、パプア州の特別自治に関するインドネシア共和国法律2001年第21号となって制定されました。

　私が諸君にはっきりと伝える必要があるのは、インドネシアの国会におけるパプア州の特別自治の内容に関する審議において用いられた原案は、約1年前の2001年3月28〜29日にジャヤプラで開かれた研究フォーラムの成果として我々がまとめた法案だということです。その研究フォーラムには、パプア州の

209　*Ibid.*, p.34.
210　ソロッサ州知事の演説については次を参照。*Ibid.*, pp.589-599.

各県や市が自ら決めた諸君の代表たちが参加しました。それ以前の2001年2月にも私はテレビやラジオそして印刷メディアを通じて、我々の州の特別自治の内容について様々な提案をしてもらうために、パプア州のすべての人々を招待する内容の演説を行ないました。
　したがって、パプア州の特別自治に関するインドネシア共和国法律2001年第21号はインドネシアの国会と中央政府の一方的な決定であると考えたり、思い込んだりしている者があるとすれば、それは誤りです。パプア州の人々と事前に相談することなく、この法律が作られたと考えるパプア人がいるとすれば、それは真実ではありません。実際に起こったのは、次のようなことです。この法律の検討過程は、インドネシアの国会内そして国会と中央政府の間で行なわれたわけですが、その検討材料はパプア人自身、我々自身の手で作り出された純粋にパプア州から生まれたものです。その検討材料と私が呼ぶものは、3月28～29日の研究フォーラムの我々の成果である2つの文書からなります。1つは、独自の行政領域の形態におけるパプア州の特別自治に関するインドネシア共和国法案です。もう1つは、独自の行政領域の形態におけるパプア州の特別自治法案作成の背景となる基本理念についてです。
　わが愛するパプア州の同胞諸君！
　パプア州の特別自治に関する法律2001年第21号は、2002年1月1日から既に施行され、効力を発しています。このことは我々皆にとって大変に重要な歴史的な一歩です。この我々の法律は、これまで恐らくただ我々の願望の中にあったにすぎない多くのことを含んでいます。我々は今や、これまで滞っていた開発の諸活動を加速させる強固な法律基盤を持っています。我々は今や、新たな突破口を、我々自身のイニシアティブで率先して開くことが可能であり、その結果として、これまで遅れていた人的資源の質を向上させることもできます。これまで承認と保護を得ていたとは言い難いパプア人としての我々の諸権利を、今や我々はインドネシア単一共和国の中で平和的かつ威厳を持って具現化することができたのです。この我々の法律の中身は、インドネシアの法領域の中でそれを執行するのに伴い、誰であろうとこれに従い実行しなければなりません。
　我が尊敬する同胞諸君！
　私はこの法律のいくつかの基本的な内容について、パプアのすべての人々が

メラウケ科学技術大学のキャンパス。

　特別自治の目的は我々自身の福祉のためであり、パプア人に困窮をもたらすものではないことをよく理解できるように、説明したいと思います。第1に、特別自治の解釈についてです。特別自治は国家によって承認された特別な権限であり、パプア社会の基本的諸権利の強い願いに基づいて、パプア州の我々に我々の主導で我々の重要事項を規定し処理するために与えられた権限です。それゆえ、パプア州における開発と行政の執行は、インドネシアの他の諸州とは多くの点で異なっています。

　パプア州の特別自治法には、我々の権限が明確に定められています。我々は行政部門におけるあらゆる権限と権利を有しています。その中には、非常に豊かな我々の天然資源や社会文化資源をパプアの人々の福祉と繁栄のために最大限に生かすことを規定する権限も含まれます。

　我々はインドネシア単一共和国の一部であるので、中央政府はいくつかの権限、すなわち外交、国防治安、金融、税務、宗教、教育、その他いくつかの部門の権限を有します。しかし、これらの中央の諸権限はパプア州では特殊な形

で効力を持つのです。その特殊性については、諸君は私のこれからの説明で理解できるでしょう。

　第2に、パプア州の特別自治法は、我々がインドネシア単一共和国の中で我々のアイデンティティーを保持するための法的基盤です。パプアの人々が望んでいたように、我々の州の名前は今やパプア州となりました。一方、国旗としての紅白旗と国歌としての「偉大なインドネシア」のほかに、我々はパプア人としての我々のアイデンティティーの気高さを示す文化的シンボルと栄誉の証しとして地方の象徴も持つことができるようになりました。その地方の象徴とは、地方旗と地方歌です。しかしながらそれは主権のシンボルとは位置づけられていません。地方旗として我々がどのような旗を使うか、我々の地方歌として何の歌を用いるか、またその儀礼はどのように行なうかについては、我々はさらに話し合わなければならず、特別地方規則の中で定めなければなりません。

　第3に、パプア州の特別自治法は、土着のパプア人と慣習社会の諸権利を特に中心に据え、重点的な保護を与えています。社会政治面では、我々はMRPと略称されるパプア住民協議会という機関を持つことになります。パプア住民協議会は、土着のパプア人の文化的な代表機関で、慣習や文化、女性の活用や宗教生活の融和的安定に関して、土着のパプア人の諸権利を保護する一定の権限を持ちます。

　パプア住民協議会の議員になれるのは、土着のパプア人だけです。パプア住民協議会は、それぞれ3分の1ずつ慣習社会の代表、宗教界の代表、そして女性の代表によって構成されます。パプア住民協議会は、慣習社会、宗教信徒、女性、そしてパプア州の社会全般の土着のパプア人の諸権利に関する事柄の要望や告発を聞き入れ、注視して、その解決を促す責任があります。

　パプアの土着住民の諸権利を保護する責任との関連において、パプア住民協議会にはこの法律で、パプア州議会と州知事が共同で提案する特別地方規則（Perdasus）案を承認あるいは拒否する権限が付与されています。パプア住民協議会はまた、土着のパプア人の諸権利の保護に反すると判断した大統領決定や州地方規則（Perdasi）の再審議を求める権利があります。

　このパプア住民協議会は、まだこれから組織されなければならず、その議員もこれから選ばなければなりません。私は、この2002年中にパプア住民協議

会が発足することを望みます。どのようにしてパプア住民協議会の議員を選出するかについては、私たちはまた別の機会に共に話し合わなければなりません。

そのほか、パプア特別自治法は、慣習社会の経済的諸権利や社会的諸権利の保護に広いスペースを割いています。今現在から、土地や森や鉱山や石油やガスや海洋漁業のような伝統社会が所有するパプアの天然資源は、当該慣習社会の承諾を事前に得ることなくしては、経済活動に利用することはできません。この我々の法律によると、慣習社会はその伝統的な領域の天然資源の開発から、慣習社会と投資家との間で合意された損害賠償や資本参加や賃貸その他で、公正かつ相応の経済的利益を享受する権利があります。政府はただその合意を促進するために機能するだけです。

さらに、我々のこの法律は、慣習裁判所の存在と役割を認めています。慣習裁判所は慣習法社会における和解裁判所の性質を持ち、当該慣習社会の慣習法の規定に則り、慣習法社会の住民間の民事および刑事上の争いを調べ、裁く権限を有します。

我が誇りとするパプア州の同胞諸君！

私がこれまで述べたことの他に、パプア州の特別自治法にはまた開発プログラムを実施するための我々の財源に関する規定も定められています。我々は皆、パプア州はインドネシアの様々な州の同胞たちから長いこと取り残されていることを知っています。我々は充分に大きな財源を持つことによってのみ、その後れを取り戻すことができるのです。それどころか、もし特別自治がパプアの辺境地域や社会の隅々に向けた開発活動を通じて人々の福祉を向上させることができなかったならば、実際には特別自治は我々にとって何の利益もないのです。

これまで我々が受け取ってきたのに比べて、はるかに大きな開発資金を得ることが可能な3つの主要財源があります。このことについて話す前に、私はその財源は、これまで「中央と地方の財政均衡に関する1999年法律第25号」に基づいてパプアの州や県・市が受け取ってきた開発資金の様々な交付の追加分であることを念頭に入れなければならないと強調したいのです。その意味は、「中央と地方の財政均衡に関する1999年法律第25号」に基づいて全パプアの州や県・市がこれまで享受してきた諸権利は、この特別自治法が施行されることによって減じられることなどないということです。その逆に、この特別自治法

を通じて我々は、新たな開発の追加資金を得るのです。

　第1に、この2002年予算年度から既に有効であるのは、パプア州の特別自治の実施枠組みの中での国家総交付金の上限2％相当額の特別受領です。この法律条項に基づいて、我々はおよそ1兆3000億ルピアの追加資金を得るものと予測されます。この資金は、教育や保健を通じたパプアの人的資源の向上に特に向けられます。

　第2に、石油と天然ガスの鉱業天然資源の収入から得る資金は、それぞれ70％です。今年から我々はこの資金源から資金を得ているとはいえ、その額が一気に跳ね上がるのは、早晩生産開始となるベラウ湾とビントゥニ湾のタング天然ガスの操業後です。我々の財源として石油と天然ガスの鉱業部門は重要なので、将来の我々の財政能力がさらに向上し、さらに多くの開発活動に携われるように、我々は新たな油田やガス田の発見に継続して努めます。パプア州の特別自治法は、この部門からの歳入の少なくとも30％を教育、15％を保健と栄養状態の改善に割り当てるよう規定しています。

　第3に、パプア州の特別自治の実施枠組みにおける追加資金の規模は、州からの提案に基づき、インドネシアの中央政府と国会で決められます。この資金源は、主に社会資本の開発費用に向けられます。我々の目標は少なくとも25年以内にパプア州のすべての県・市・町・郡その他の住民の集中居住地が質の高い陸海空の交通網で結ばれることです。そうすることで我々は国家経済やグローバル経済の一部として健全な経済活動を行ない、利益を得ることができるのです。

　要するに皆さん、この資金の追加を通じて我々は、すべてのパプアの人々のために質の高い様々な開発活動を行なうことができるのです。たとえば教育部門では、中等学校段階まで住民の負担を最低限度としてすべての進路と段階で質の高い教育を実施することができます。同様にまた、パプア州の各住民は最低限度の負担で質の高い保健サービスを受ける権利があります。

　我が尊敬するパプア州の住民の皆さん。

　そのほかにここで私が伝える必要があるのは、法の遵守と基本的人権の保護についてです。パプア州の特別自治法は、すべての人に差別のない法の遵守の重要性について、強くかつ明確に強調しています。平和で安寧なパプアは、その住民が法律に従い、司法機関が専門知識を持ち、文化制度や基本的人権が高

度に尊重されるパプアです。

　それゆえ、この我々の法律の施行で、パプア州の治安に関する対策はパプア州警察長官とパプア州知事によって調整されます。パプア州警察長官の任命は、パプア州知事の承認によりインドネシア共和国警察長官によって行なわれます。同様にまた、パプア州におけるインドネシア共和国警察の巡査や巡査部長の基礎教育や総合訓練には地方用のカリキュラムが施され、その修了者が優先的にパプア州に配属されます。そのほか、パプア州におけるインドネシア共和国警察の警部、巡査部長、そして巡査の選考は、法律制度、文化、慣習、そしてパプア州知事の政策に配慮して、パプア州警察長官によって行なわれます。我々はこの政策により、より多くの土着のパプア人が我々の誇りとする能力と専門性を持ってインドネシア共和国警察の一員となることを期待します。

　これらはすべて、この特別自治期にパプア州の警官が人々に愛される警官となるようにするための手段として行なわれるのです。それどころか、それ以上に我々は皆、インドネシア国軍も文民機関もパプアで任務を果たすすべての国家機関が、その職務を良く、専門的に、法に従い、人権を尊重して遂行することで、この州で人々に愛されるよう努力します。

　パプアにおける裁判、司法、検察の権力は国家の法制度に則って適用されます。その点において、現在まで土着のパプア人の裁判官や検察官はわずかなので、この我々の法律には、土着のパプア人はパプア州の裁判官や検察官に優先的に任命される権利があると定められています。

　特にパプア州における基本的人権の保護について、私は次のいくつかのことを強調したいと思います。パプア州の特別自治法は、中央政府、州政府、そしてパプア州の住民にはパプア州における基本的人権を遵守、推進、保護、尊重する義務があると定めています。

　その理由は、我々は皆、パプア州で起こった各々の人権侵害事件を遺憾に思い、恨んできたからです。その理由はまた、我々は皆、昨年末のテイス・ヒヨ・エルアイ氏の殺害を遺憾に思い、恨んできたからです。もしパプア州に特別自治を施行するためにテイス・ヒヨ・エルアイ氏は殺されたのだと考える人がいるとすれば、それは間違いであり、本当に無責任です。まさにこのパプア州の特別自治法は、いろいろな形の基本的人権の侵害行為を受け入れないものであり、ましてや平和的な主張によって闘っている市民社会に対する殺人など

は受け入れることはできません。

　起こったことはまさにその逆で、すなわちその殺人を計画し実行した側あるいは人物はパプアの人々が平和のうちに暮らし穏やかであるのを見たくはない者たちです。彼らはいずれこの現世の法と神の前でその行ないに責任を負わなければなりません。

　パプアにおける基本的人権の尊重、遵守、推進、そして保護の枠組みと、人権侵害事件の解決において、この我々の法律は、パプア州には国家人権委員会（Komnas HAM）の代表部、人権裁判所、そして真実和解委員会が設置されると定めています。真実和解委員会はパプア州における民族の統一と結束を強化するという枠組みの中で設置されます。この真実和解委員会の任務は、インドネシア単一共和国の中での民族の統一と結束の強化のためにパプアの歴史を明解にすることと、和解の方策を明確に定めることです。

　我が尊敬する同胞諸君。

　この機会に私が論評しきれないパプア州の特別自治法の重要な点はほかにもまだたくさんあります。それゆえ私はパプアの全住民にこの法律をじっくりと読むように勧めます。私はまた、県知事や市長らに末端にまで周知をせしめるよう命じます。近日中にその周知活動が全県と市で実施されるでしょう。その周知活動が行なわれているときに、皆さんは特別自治に関しまだ明らかではない事柄について質問することができます。

　この私の演説を締めくくるにあたって、私はこの特別自治が成功するか否かは2つのことにかかっているということを強調しておきます。1つは、この特別自治法は我々が働くための法的基盤だということです。この新しい法律は、もし我々皆が、パプア州のすべての住民が誠実かつ正直に熱意を持って働いたならば、具体的な成果をもたらすでしょう。熱意を持って働くことは、土着のパプア人であるか非土着のパプア住民であるかを問わず、政府職員に始まり国軍兵士や警官、議員、社会的有力者、宗教指導者、女性指導者、青年指導者、非政府機関の活動家に至るまで、すべての人々が示さなければなりません。福祉と平和は、我々がその実現のために熱心に働かない限り、けっしてひとりにはやってきません。

　2つ目は、政治、法律、そして社会的な側面からの監視、すなわちこの法律が正しく運用されるようにすべての住民を巻き込んで監視を行なうことが必要

だということです。我々は、パプアの住民の福祉と平和への理想をねじ曲げようとするあらゆる行為をできるだけ早い段階で防がなければなりません。我々はパプア州の特別自治を実施する中で、汚職や違反、腐敗や縁故主義のような法律と道徳に背いた諸行為を起こさないように努めなければなりません。効果的な監視を行なうことによってのみ、この我々のパプア州政府は清潔で善良で民主的で専門的で透明な行政を行ない得るのです。

　パプア州の特別自治に関するインドネシア共和国法律2001年第21号の施行開始にあたっての私の演説は以上です。

3. パプア特別自治法の特徴

　パプア特別自治法の概要については、同法の施行にあたってソロッサ州知事の行なった演説からも明らかであるが、ここで改めてその主なポイントを整理すると、次の通りである。

　第1に、「土着のパプア人」(orang asli Papua) の優遇を定めたことである。同法第1条t目によると「土着のパプア人とは、パプア州の土着の諸エスニック・グループからなるメラネシア人種およびパプアの伝統社会によって土着のパプア人として受け入れられた人々である」。パプアの正副州知事になる条件の1つも、土着のパプア人であることである（同法第12条a項）。また地方議会（DPRP）のほかに、土着のパプア人のみによる「パプア住民協議会」(MRP) を設置することも定められた（同法第19条）。そのほか、「土着のパプア人は、その教育と専門に基づいて、パプア州内のすべての職業分野において、職を得る機会と優先権を持つ」（同法第62条第2項）ことや、「司法部門においては、土着のパプア人はパプア州の判事および検事に優先的に任用される」（同法第62条第3項）ことが謳われた。

　第2に、民族の統一と結束の強化のために、パプアに「真実和解委員会」の設置を定めたことである（同法第46条第1項）。真実和解委員会の職務とは、インドネシア単一共和国内の民族の統一と結束を強化するために、パプアの歴史を明確化することと、和解措置を定義し、確定することである（同法第46条第2項）。また、パプア人の人権を守るために、国家人権委員会パプア代表部や人権裁判所を設置することも謳われた（同法第45条第2項）。

第3に、パプアに対しては特別に、パプアの天然資源からの収入の配分率を高めたことである。特別自治に基づきパプアの州および県・市が受け取る中央政府との均衡基金は、次の通りである（同法第34条）。税収配分では、土地・建物税の90％、土地・建物取得税の80％、個人所得税の20％がパプアに配分される。天然資源収入の配分では、森林・漁業・一般鉱業の80％、石油・天然ガスの70％がパプアに配分される。ただし、石油・天然ガスの配分率は、26年目以降は50％に削減される。そのほか、一般交付金と特別交付金、そしてこの法律が制定された日から20年間に限り特別自治の実施のための特別収入として、国からの一般交付金の2％相当を上限として支給されることとなった。

　第4に、英語をパプア人の第2言語に定めたことである。パプアには200を超える地方語があると言われるが、「地方語は、必要に応じて初等教育段階の使用言語とすることができる」（同法第58条第3項）として地方語を保護する一方、「国語としてのインドネシア語のほか、あらゆる教育段階の第2言語として英語を定める」（同法第58条第2項）と謳われた。インドネシア語以外のパプア人の共通言語として英語が認められたことは、隣国パプア・ニューギニアや南太平洋諸国との将来的な関係を思えば、注目すべきことである。

　2002年1月7日には、イリアン・ジャヤ州からパプア州への州名変更の公式行事も行なわれた。

　パプア特別自治法は、その内容から見れば、もはや内政自治国と言っても過言ではないものである。しかしながら、これでパプアの政情が安定へと向かうことはなかった。それどころか施行から3年後の2005年8月12日には、パプア慣習議会（DAP）に指導された数千人のデモ隊がジャヤプラのパプア州議会（DPRP）を訪れ、特別自治は失敗に終わったとして中央政府にそれを「返還する」ように訴えた。同様のデモはパプア西部のビアク・ヌムフォルやマノクワリでも行なわれた。[211]特別自治権の返還運動は、その後も2010年5月18日、同年7月28日、2011年1月26日と間欠的に発生した。

　パプア特別自治法が住民に受け入れられなかった最大の理由は、一言で言えば、この法律はまさに絵に描いた餅にすぎず、ほとんど実行を伴わなかったからである。個々の条文に定められた事項を実施するための政府規則（PP）や州

---

[211] Tim SKP Jayapura, *Memoria Passionis di Papua Tahun 2005 – Catatan Sosial, Politik, HAM* (Jayapura, 2007) p.156.

パプアの高校生。

　地方規則（PERDASI）、特別地方規則（PERDASUS）の整備は大幅に遅れた。たとえば、パプア人のみで構成されるパプア住民協議会（MRP）議員の選出方法に関する政府規則案はパプア州政府とパプア州議会によって取りまとめられ、2002年8月8日には既に中央政府に提出されていたが、中央政府が修正の後にこれを発令したのは2004年12月23日、パプア住民協議会議員が任命されたのは2005年10月31日、つまりパプア特別自治法の制定から4年近く過ぎてからようやく発足を見たのであった。

　パプア特別自治法の施行からほどなく、当時のメガワティ大統領がパプア州3分割の早期実施を指示する大統領指令2003年第1号（Inpres No.1/2003）を一方的に発令したことも、特別自治へのパプア人の期待と信用を著しく失墜させた。なぜなら、パプア特別自治法には、「パプア州の複数の州への分割は、社会文化の単一性、人的資源の準備、経済的能力、および将来の発展を慎重に考慮した後、パプア住民協議会とパプア住民代表議会（州議会）の合意の上で行なわれる。」（同法第76条）と定められていたからである。パプア特別自治法を尊重する

ことなく、地方議会の合意もなきままに中央政府はパプア州の分割を急いだのであった。

第12章
パプア州の分割をめぐる混乱

パプア州3分割法は制定されたものの住民の激しい抵抗に遭い
実体のないまま看板だけが掲げられた「中パプア州知事庁舎」と「中パプア州議会」。

1. 西パプア州の発足

　1999年10月4日に当時のハビビ大統領は、その頃まだ「イリアン・ジャヤ州」と呼ばれていたパプアを3つの州に分割する法律1999年第45号を公布した。そして翌日には大統領決定書1999年第327/M号を発令し、中イリアン・ジャヤ州知事代行にヘルマン・モニム（Herman Monim）、西イリアン・ジャヤ州知事代行にアブラハム・アトゥルトゥリ（Abraham Aturutri）退役准将を任命した。しかしながら、パプア人の意向を無視した州の分断工作に住民らのデモや抗議は激しく、州議会議事堂や州知事庁舎がデモ隊に包囲される事態にまで発展し、結局、このとき州の3分割は実現できなかった。とはいえこの法律が廃止されたわけでもなく、イリアン・ジャヤ州は、法律上は3分割されたものの、実態としては依然として1つの州という曖昧な状態に留め置かれた。

　1999年10月20日に大統領に就任したアブドゥルラフマン・ワヒッドは、「イリアン・ジャヤ」から「パプア」への州名の変更は認めたものの、イリアン・ジャヤ3分割法を無効とする措置はやはりとろうとはしなかった。

　2001年7月23日に副大統領から大統領に昇格したメガワティは、同年11月21日にパプア特別自治法を公布した。だが、それから1年余り後の03年1月27日には、パプア州3分割の早期実施を指示する大統領指令2003年第1号をも発令した。

　このような中央政府の整合性に欠けたパプアへの対応は、パプアの政情を再び混乱に陥れた。

　2003年2月6日には、マノクワリを州都とする「西イリアン・ジャヤ州」が事実上、発足した。州知事代行には、ハビビ政権時代の1999年に形式的には任命されていたアブラハム・アトゥルトゥリが着任した。この中央政府の独断専行による州の分割には、母体であるパプア州からも強い反発が出た。パプア州知事のソロッサは「西イリアン・ジャヤ州の発足はあまりにも性急であり、規定に背いている」と中央政府に強硬に抗議した[212]。その後は各地で混乱が続発するようになった。

212　Theo P.A.van den Broek ofm, Frederika Korain S.H, Goglian Lumbangaol ofm, *Memoria Passionis Di Papua – Kondisi Sosial-Politik dan Hak Asasi Manusia 2002-2003* (Jayapura, 2004) p.51.

第12章　パプア州の分割をめぐる混乱　　187

パプアの内陸部を結ぶトゥリガナ航空（Trigana Air）。

　2003年4月4日にはワメナ事件が発生した。この事件は、ジャヤウィジャヤ第1702軍事地区司令部が襲撃され、国軍兵士2名と犯行グループのメンバー1名が死亡したほか、29挺の銃と実弾3500発が奪われたものであるが、さらにその後の捜査の過程で9人が殺害され、15人が不当に身柄を拘束され、38人が拷問を受けたばかりか、25ヵ村の住民が強制移住させられたため、疲労や食糧難から高齢者や子供など42人が避難場所で死亡する事態となった。[213]
　2003年7月6日には、ワメナのジャヤウィジャヤ県議会前で、14個の星の図柄の「新メラネシア」(Meranesia Baru)国旗を掲げた10名のパプア人に対して警察が銃撃し、2人が死亡した。[214]
　西イリアン・ジャヤ州の事実上の発足に成功した中央政府は、2003年8月23日にはティミカを州都に「中イリアン・ジャヤ州」の発足も宣言するが、こ

213　Tim SKP Jayapura, *Memoria Passionis Di papua – sepanjang 2004 Potret Sosial,Politik,dan HAM*（Jayapura, 2006）p.141.
214　Theo P.A.van den Broek ofm, Frederika Korain S.H, Goglian Lumbangaol ofm, *op.cit.*, p.200.

のこともパプア州分割反対派との間で大変な騒乱を引き起こした。事態の収拾のためティミカ警察は8月26日、中イリアン・ジャヤ州庁舎を閉鎖し、同州の発足は立ち消えとなった。

　パプア州の分割をめぐって賛成派と反対派の武力衝突にまで発展したティミカでは、かつて東ティモールの独立に反対して民兵組織を率いていたエウリコ・グテレス (Eurico Guterres) が暗躍していることも明らかとなった。元東ティモール民兵組織のリーダーで「紅白旗防衛戦線」(FPMP) 総議長のエウリコ・グテレスは、2003年9月16日、インドネシア国軍ティミカ軍分区司令部内にその支部を開設するよう配下の元東ティモール民兵に命令書を送った。[215] その目的が中イリアン・ジャヤ州の発足支援にあったのは明らかである。「紅白旗防衛戦線」の動きによって、中央政府の進めるパプア州3分割の主要目的の1つが、パプア人の分断すなわちパプア独立の阻止であることが奇しくも明白となった。

　中央政府と地方議会の対立も激化した。2003年10月9日、パプア州議会議長ジョン・イボ (John Ibo) は、中央政府がパプア州の分割を強行するなら2004年の総選挙ボイコットを呼びかけると声明を発表し、翌04年1月14日には、パプア州の3分割を定めた1999年法律第45号の無効を求めて憲法裁判所に提訴した。そして同年11月11日に憲法裁判所が下した判断とは、パプア特別自治法が2001年に制定されたことにより1999年法律第45号は無効と認められるものの、既にそれ以前に分割されて実体を持つ西イリアン・ジャヤ州は法的に正当とみなされる、というものであった。[216]

　その後もパプアの治安の混乱は続いた。各地で「パプア国旗」が掲揚され、それを防ごうとする警察との衝突も発生した。そうした中で、2005年1月10日にようやく設立されたのが国家人権委員会パプア代表部である。パプア特別自治法の中でその設置が定められてから実現までに、実に3年以上を要したのであった。ただ、国家人権委員会パプア代表部の発足が、パプアの人権問題の歯止めになる様子は、その後も見られなかった。

　2005年1月15日には、パプア独立派武装勢力 (OPM) の拠点の1つと言われ

---

215 「紅白旗防衛戦線」(FPMP) の「紅白旗」とはインドネシア国旗のことである。紅白旗防衛戦線ティミカ支部の活動は、治安上の脅威を理由に、2003年12月7日、パプア州警察により禁じられた。*Ibid.*, p.180.

216 *Suara Pembaruan*, 17 November 2004.

るトリカラ県ウニン郡がインドネシア陸軍特殊部隊と警察機動隊およびそれに協力する住民らの襲撃を受け、地元民が山へ逃げ込む事件が起こった。地域一帯の住宅、学校そして病院などはことごとく破壊された。[217]

　2005年10月31日に内務相が行なったパプア住民協議会（MRP）の議員42名の任命式も、パプア人たちの激しいデモにさらされた。パプア特別自治法に定められたパプア住民協議会の設置は、土着のパプア人のみからなる代表機関の新設であり、住民の期待は高まるはずであった。しかしながらデモ隊は、不透明な議員の選出過程に強い不信感を抱き、任命された議員たちでは中央政府の「操り人形」にしかすぎないと、その任命の取り消しを求めたのであった。[218]

　2006年1月19日には、43人のパプア人がオーストラリアへと密航し、政治亡命を求める事件も発生した。

　こうした不安定な政治状況が続く中、2006年3月10日にパプア正副州知事選挙が、3月11日には延期に延期を重ねていた西イリアン・ジャヤ正副州知事選挙が、ようやく行なわれた。

　中央政府は当初、西イリアン・ジャヤ正副州知事選挙を2005年7月28日に予定していた。ところが、パプア州議会から「中央政府が西イリアン・ジャヤ正副州知事選挙を延期しなければ、特別自治か独立かを問う住民投票を行なう」との声が公然と上がり、その実施が先送りされてきたのだった。[219]

　投票から実に4ヵ月以上を経て、ようやく2006年7月24日に西イリアン・ジャヤ、7月25日にパプアの新たな正副州知事が誕生した。西イリアン・ジャヤ州知事には、それまで州知事代行を務めていたアブラハム・アトゥルトゥリが、同副知事には前東南スラウェシ州教育文化局長のラヒミン・カチョン（Rahimin Katjong）が就任した。

　パプア州知事には当初、現職のヤコブス・ソロッサ知事の再選が有力視されていたが、彼は2005年12月19日、出身高校の創立25周年記念式典での会食直後に急死した。毒殺の噂もあがったが、遺族が司法解剖を拒否したために真相は明らかにならなかった。

　こうした事件を経て、パプア州知事に元イリアン・ジャヤ州知事で駐メキシ

217　*Mbaliem News*, 18 Januari 2005.
218　*Kompas*, 31 Oktober 2005.
219　*Media Indonesia*, 26 Juli 2005.

コ大使なども務めたバルナバス・スエブ（Barnabas Suebu）が、同副知事にはゴルカル党選出の国会議員アレックス・ヘセゲン（Alex Hesegem）が就任した。当選したのはいずれも闘争民主党（PDIP）など民族主義系の政党が推した候補者たちであった。

2007年1月29日、西イリアン・ジャヤ州のアブラハム・アトゥルトゥリ知事とパプア州のバルナバス・スエブ知事は、「1つのパプア地方に2つの行政地域がある」ことで合意した。[220] そして、西イリアン・ジャヤ州では、「西イリアン・ジャヤという名前は支配者の意向でつけられたと考える者が多いことから、住民が文化的により受け入れやすいパプアという語を用いて、州名を西パプアに改める」ことが発表された。[221]

2007年2月7日、西イリアン・ジャヤ州は正式に州名を「西パプア」（Papua Barat）に改名した。

こうして分離独立問題も絡んで緊張していたパプア州の分割をめぐる住民間の対立は、ひとまず沈静化されたのであった。

2. ソロッサ州知事の意見書

2005年12月19日に57歳で急死したパプア州のソロッサ知事は、パプア州3分割の早期実施を指示する大統領指令2003年第1号に関して、憲法裁判所に2004年7月6日付で意見書を提出していた。それは次のようなものであった。[222]

パプアの地方政府と州議会そして住民たちが、まだパプア住民協議会（MRP）や州地方規則や特別地方規則のような運用上の技術基盤となる細則が整わず、まだ国家人権委員会パプア代表部や真実和解委員会（KKR）や人権裁判所のような諸機関も設置されていないという束縛下に置かれながらも、パプア州の特別自治に関する法律2001年第21号を実施する努力をしているとき、2003年1月27日に大統領指令（Inpres）2003年第1号が発令されたことに、パプア州の地

220　*Antara*, 9 Februari 2007.
221　*Media Indonesia*, 6 Februari 2007.
222　憲法裁判所の公判記録については以下の文献を参照。Hadi Setia Tunggal, ed. *Peraturan Pelaksanaan Undang-Undang Otonomi Khusus Papua dan Putusan Mahkamah Konstitusi Nomor 0018/PUU-1/2003 tentang Pemekaran Propinsi Papua*（Harvarindo, 2007）pp.206-215.

第12章　パプア州の分割をめぐる混乱

西パプア州ソロンの漁業高校。

方政府と地方議会そしてパプア各界の社会的指導者たちは驚かされた。この大統領指令の内容は、特に内務相、財務相、パプア州知事、そしてパプア州内の県知事たちに、法律1999年第45号に基づき、西イリアン・ジャヤ州と中イリアン・ジャヤ州の設置を急ぐ措置をとり、それらの州知事代理を活用することを命じたものである。この大統領指令が発令された背景には、その判断理由に記載されているようないくつかの理由がある。特には次のようなものである。

(1) 中イリアン・ジャヤ州、西イリアン・ジャヤ州、パニアイ県、ミミカ県、プンチャク・ジャヤ県、そしてソロン市の設置に関する1999年法律第45号を実施するために、地方行政の実施活動、地方諸機関の編成、ソフトとハードの両面での準備を急いで行なう必要があること。

(2) 社会の要求や要望の高まりとそれを促す今日の全国的な政治状況を鑑み、西イリアン・ジャヤ州における地方行政の実施は、実現に向け方向づけられ、集中され、調整される必要があること。

そして、この大統領指令に続いて内務相は、2003年2月3日にパプア州知事、

パプア州の全県知事と市長、そして内務省の全高級官僚宛てに無線通信番号134/221/SJを発した。その内容は主に次のようなものであった。
(1) 中央政府、州政府、県・市政府の全組織はただちに適切な運用措置をとること。
(2) 大統領指令2003年第1号は、パプア州の特別自治に関する法律2001年第21号の運用と並行して実施されることを明確にすること。
(3) 地方政府はそれらの実施に全面的な支持を与えること。
(4) 事務局長（Sekjen）と州知事、県知事は内務相に対し、遅くとも2週間以内にそのための措置の準備状況を報告すること。

　大統領指令2003年第1号の発令に批判があり、パプア州知事に対しても様々な圧力があるとはいえ、パプア州政府はこの方針を当然と受け止めた。地方の首長としての地位と同時に地方における中央政府の代表でもあるパプア州知事として、私には地方の様々な社会的要求を聞き調整する義務がある一方、中央政府の方針を守る義務もある。大統領指令2003年第1号に沿った西イリアン・ジャヤ州と中イリアン・ジャヤ州の設置を急ぐ方針に関し、州知事として私は中央政府と地方の住民の間の利害が一致するように考えて、いくつかの措置をとった。地方の首長であると同時に地方における中央政府の代表としての立場で、私は様々な社会構成要素（大学、社会的有力者、宗教指導者、女性指導者など）との説得的な会合や対話を通じ、大統領指令2003年第1号の発令の結果として起こり得る様々な騒乱を鎮める努力をした。それどころか私は、大統領指令2003年第1号の発令による負の結果としてのティミカにおける一連の流血紛争を解決するためにあらゆる努力を行なった。

　2003年4月23日に私はパプア州知事として公式にインドネシア共和国のメガワティ大統領に宛てて手紙を送り、パプア州の分割に関する基本的な考えを伝えた。この手紙は、パプアで発生し拡大している実際の問題の説明、その問題についての建設的、客観的そして批判的な分析、そして適切と思われる問題解決の提案を意図したものである。この手紙を通じてパプア州政府はまた、パプア州の分割に関する基本的な考えを示し、またパプアの住民の福祉向上を目的としたそのパプア州の分割構想を実施するにあたっての大統領の指示を仰いだ。

　その手紙で私が提案した基本的な考えの大要は次のとおりである。

A. 基本的ないくつかの問題

　パプア州の分割方針にはいくつかの問題が見られる。その諸問題とは、特に次のようなものである。①中イリアン・ジャヤ州、西イリアン・ジャヤ州、パニアイ県、ミミカ県、プンチャック・ジャヤ県、ソロン市の設置に関する法律1999年第45号は依然として無効とされておらず、そしてその条項の一部に記載されている3県と1市の設置に関しては、その法律通りに効果的に実施されている。一方、中イリアン・ジャヤ州と西イリアン・ジャヤ州の設置に関する条項に関しては、依然として実施されていない。②パプア州の特別自治に関する法律2001年第21号は、インドネシア単一共和国の領域の完全性を維持する上での、政治問題を克服するための政府の政治的願いの具体的な現れであると同時に、パプアに起こった紛争の解決策でもある。しかしながらこの法律が施行されて以来、いまだに十分に効果的には運用されていない。③パプアの分割と新たな州の新設は、既にパプア州で行なわれた県の分割と新設のように、行政コントロールの短縮化とパプア住民のさらなる福祉向上の手段として、重要な政府の政策である。しかしながら、それを実施する時機は適切であっただろうか。またインドネシアの法規則と同時に社会福祉の目的と照らし合わせて、パプアに新たな州を設置するにあたって必要な方法と段階はどのようなものであろうか。

B. 問題解決への提案

　分割についてのパプア州政府の基本的考え方の別の個所では、1999年に、法律1999年第45号が公布されたとき、1999年10月14日から15日にかけてイリアン・ジャヤでは新州の設置に反対するデモが起きたという事実を証拠としてあげた。その社会の拒絶運動は、その新州の設置政策がイリアン・ジャヤの社会構成要素を巻き込むことなく、十分な準備を経ることなく行なわれたことが理由である。この社会の拒否は、その後、イリアン・ジャヤ州の分割拒否を中央政府に声明し、中イリアン・ジャヤ州知事代理と西イリアン・ジャヤ州知事代理の任命に関する大統領決定書1999年第327/Mの取り消しを求めたイリアン・ジャヤ州議会決定1999年第11号によって正当化された。スルヤディ・スディルジャ（Surjadi Soedirdja）内相は1999年11月18日付の文書番号125/2714/SJで、そのイリアン・ジャヤ住民の姿勢は理解できるとのことを語った。法的に見れば法律1999年第45号は、イリアン・ジャヤ州議会と社会の様々な構

成要素の拒否が起きてからほぼ4年後も廃止されておらず、依然として有効であるとの判断から、政府は大統領指令2003年第1号を通じて中イリアン・ジャヤ州と西イリアン・ジャヤ州の設置に関する法律1999年第45号の記載事項を再び実施した。大統領指令2003年第1号の発令は、法的にまだ有効な法律1999年第45号を遂行する政府の憲法上の義務として行なわれたことは充分に理解できる。同様にまた大統領指令2003年第1号は建設的な目的すなわちパプアの社会福祉の向上という目的も有している。しかしながら現実にはまた、大統領指令2003年第1号が発令されるや否や次のようないくつもの否定的な反応も起きた。①母体の州であるパプア州知事との相談や協議なしでの西イリアン・ジャヤ州知事代理の任命。②新州設置への賛成派と反対派の対立が地域紛争を拡大させる方向に向かっていること。③ヤペン県、メラウケ県、ファクファク県のように法律1999年第45号には定められていない県の地方政治エリートたちにも州への昇格を望む動きが高まり、大衆を動員してジャカルタで運動を行なっていること。

　州の分割をめぐる賛否は様々な社会構成要素を巻き込みますます拡大している。それどころか一部の政治エリートは特別自治と矛盾する選択として州の分割政策が意図的にとられたと吹聴し、否定的な世論を拡大させている。それにもまして大変に皮肉なのは、特別自治の支持者は分離独立主義者であり、州の分割支持者はインドネシア単一共和国に忠誠な者と見られていることである。こうした見方はただ誤りというだけではなく、世論を混乱させるものである。なぜなら法律2001年第21号を通じて遂行されているパプア州の特別自治政策はインドネシア共和国の法律だからである。法律2001年第21号はまた、以下の事柄についての政府の言質の明白な証しでもある。①長期にわたってパプアで起こった問題に適切かつ完全に答える。②国策大綱（イリアン・ジャヤ州への特別自治の付与）に関する国民協議会決定1999年第4号（IV/MPR/1999）決定と特別自治の実施（イリアン・ジャヤの特別自治に関する法律の早期策定）についての大統領と国会への勧告に関する国民協議会決定2000年第4号（IV/MPR/2000）を実施する。③1945年憲法第18B条（国家は法律に定められた特別あるいは特殊な性質を有する地方行政単位を承認し、尊重するとともに、国家は法律に定められたインドネシア単一共和国の原則と社会の発展に対応して、現存する伝統的諸権利や慣習法の社会単位を認め、尊重する）を遂行する。

パプア州の特別自治に関する法律2001年第21号は、まだ十分に実施されていないことは充分に明らかである。その一因は、パプア住民協議会 (MRP) 議員の数、条件、そして選出方法を定める政府規則がいまだにないからである。パプア住民協議会はパプアの特殊性の特徴となる1つの重要点である。なぜならパプア住民協議会は、慣習社会の代表と宗教界の代表と女性の代表からなる土着のパプア人を議員とした文化的な代表機関だからである。パプア州を新たな州に分割することに関しては、パプア住民協議会はパプア住民代表議会 (DPRP) と共同で、社会文化の単一性と人的資源の準備状況と経済力そして将来の発展を十分に検討した後に、承認を与える権限を有する機関と位置付けられている。

C. 分割の協議事項と形式

　パプア州をいくつかの新たな州に分割する政策に関連し、パプア州政府は既に意図される分割の協議事項と形式についてまとめた。その分割の協議事項と形式は、早急に法律1999年第45号の規定に合わせるために、中央政府と国会に聞き入れられるよう期待する。パプア州のいくつかの新たな州への分割が、法律2001年第21号に基づく特別自治政策と法律2002年第26号に基づくパプア州の14の県への分割政策の実施と共に効果的かつ包括的に実施されるためには、次のように協議事項を整理する必要がある。

(1) 2002年：法律2001年第21号の周知活動と実施段階。
(2) 2003年：①パプア州における14の県の正式発足と行政機関の設置段階。②パプア住民協議会に関する政府規則の制定。③法律2001年第21号の実施の本格化。
(3) 2004～2005年：①パプア州の分割構想の周知活動。②国会 (DPR)、地方代表議会 (DPD)、州議会 (DPRP)、県・市議会 (DPRD Kabupaten/Kota) および大統領選挙の周知活動と準備。③パプア住民協議会議員選挙の周知活動と準備。④パプア州の分割構想は住民との協議後にその承認を得るためパプア住民協議会とパプア州議会に提出する。⑤法律1999年第45号の修正を行なうためにパプア州分割構想案を提出する。⑥法律1999年第45号の修正。

　領域の分割形式は、2つの選択肢として提案される。すなわち、第1の選択肢は4つの州つまり **a.** 西パプア州 (ファクファク県、カイマナ県、南ソロン県、ラジャ・アンパット群島県、ソロン県、ソロン市、マノクワリ県、ビントゥニ湾県、ウォンダマ

湾県）；b. 南パプア州（メラウケ県、アスマット県、マッピ県、ボヴェン・ディグル県）；c. 中パプア州（プンチャック・ジャヤ県、パニアイ県、ジャヤウィジャヤ県、トリカラ県、ヤフキモ県、ビンタン山脈県、ナビレ県、ミミカ県）；d. 北パプア州（ヤペン県、ワロペン県、ビアク・ヌムフォル県、ジャヤプラ県、ジャヤプラ市、クエロム県、サルミ県）からなる。

　第2の選択肢は5つの州つまり a. 西パプア州（ファクファク県、カイマナ県、南ソロン県、ラジャ・アンパット群島県、ソロン県、ソロン市、ブントゥニ湾県）；b. 北パプア州（ジャヤプラ県、ジャヤプラ市、クエロム県、サルミ県、ヤフキモ県）；c. チェンデラワシ湾州（ヤペン県、ワロペン県、ビアク・ヌムフォル県、ナビレ県、マノクワリ県、ウォンダマ湾県）；d. 南パプア州（メラウケ県、アスマット県、マッピ県、ボヴェン・ディグル県、ビンタン山脈県）；e. 中部山岳州（プンチャック・ジャヤ県、パニアイ県、ジャヤウィジャヤ県、トリカラ県、ナビレ県）からなる。

(4) 2006年：法律1999年第45号の修正に基づきパプアに新たな諸州を設置。

　以上のように私はパプア州知事として、インドネシア共和国憲法裁判所の裁判官に、1945年憲法に基づく中イリアン・ジャヤ州、西イリアン・ジャヤ州、パニアイ県、ミミカ県、プンチャック・ジャヤ県、ソロン市の設置に関する法律1999年第45号の重要な審理の中で私の見解を申し述べる。

　ソロッサ州知事が憲法裁判所に提出したこの意見書からは、中央政府が強引に実現を図ろうとしたパプア州3分割への対応に彼がいかに苦慮したかが十分に伝わってくる。州知事はパプア州の代表であると同時に、パプア州におけるインドネシア中央政府の代表とも位置付けられている。したがって、州知事が中央政府からの指示に背くことはできない。そこで彼が憲法裁判所に訴えたのは、パプア州の分割という中央政府の方針に異存はないものの、分割するにしても地元の住民の意思を反映した行政区画で州を分割すべきであり、そのためにはパプアの住民が中央政府から一方的に押し付けられたように感じている法律1999年第45号つまりパプア州3分割法は修正される必要があるということであった。

　だが、こうしたソロッサ州知事の訴えが聞き入れられることはなかった。

3. パプア住民協議会の勧告

　2005年10月31日にようやく任命されたパプア住民協議会も、西イリアン・ジャヤ州のみを先行して事実上発足させた中央政府に対し、パプア州の分割は時期尚早であると強く反対し、2006年2月14日には次の5項目からなる声明と7項目からなる勧告を中央政府に対して行なった。[223]

(1) 西イリアン・ジャヤ州の設置を拒否する住民の意見に基づき、パプア住民協議会はこれまでイリアン・ジャヤ州と呼ばれていたパプア州を分割して新たな州を設置することは、時期尚早であるとの見解を表明する。
(2) これまでイリアン・ジャヤ州と呼ばれていたパプア州の分割は、法律2001年第21号の第76条の規定に基づいて行なわれなければならない。
(3) パプア州の正副知事選挙は、法律2001年第21号の第1条a項に意図される通り、これまでイリアン・ジャヤ州と呼ばれていた現在のパプア州と西イリアン・ジャヤ州の全域を覆うパプア州全土で実施される。[224]
(4) 上記の(1)項と(2)項を無視してパプア州の分割を行なうことは、パプア問題をますます複雑にする。それゆえパプア住民協議会はパプア住民の名において中央政府に対し、パプア問題の民主的、包括的そして公正かつ有益な解決のための対話の機会を設けるよう要望する。
(5) 中央政府がパプアの経済と文化の単一性に真剣に配慮するならば次の7つの条件を満たすようパプア住民協議会は中央政府に提案する。
a. 西イリアン・ジャヤ州あるいはその他を含め、パプアにおける州の分割が、軍事部隊の増員を伴なうことはない。
b. 西イリアン・ジャヤ州を含め、パプアにおける新たな州の増設が、他の地方からパプアへの制御不能な移民の流入を引き起こすことはない。
c. 西イリアン・ジャヤ州を含め、パプアにおける新たな州の増設による公務員人件費のためにパプア特別自治資金が枯渇するような結果を引き起こさない。

223　Paskalis Keagop dkk, *Rekam Jejak Majelis Rakyat Papua 2005-2010* (Jayapura, 2010) pp.365-366.
224　パプア州特別自治法(法律2001年第21号)第1条a項の規定は次の通りである。「パプア州は、インドネシア単一共和国の枠内で特別自治を付与されたイリアン・ジャヤ州である」

西パプア州ソロンの子供たち。

d. 西イリアン・ジャヤ州を含め、パプア州が分割されてもパプアを1つの経済単位、社会文化単位であることを保証する。
e. そのパプアの社会文化単位は、パプアの地における唯一の文化的代表機関はパプア住民協議会であるという法的規定により保証される。
f. パプアにおける新たな州の分割は、パプア州特別自治法の有効期間中に土着のパプア人の飛躍的な進歩を保証するものでなければならない。
g. 西イリアン・ジャヤ州を含め、パプアにおける新たな州の設置は、パプア特別自治の有効期間内に土着のパプア人の人口が飛躍的に増加すなわち現在の土着のパプア人人口の2倍から3倍に増加することを保証するものでなければならない。

　パプアの文化的かつ経済的な単一体としての開発と行政の運営と規定が必要であることから、中央政府に対しパプアにおける効率的かつ効果的な特別自治の実施と上記7項目の実施の効率化の枠組みにおいて、パプアの行政の指導と

監視を調整するために、パプアに特別な行政実施システムを組織するよう求める。

　上記においてパプア住民協議会の提案した7項目の実施の効率化と確実性を保証するために、効力のある政府規則あるいはその他の法的性質を有する政府の公的な規定に、このことを盛り込む。

　このようにパプア住民協議会は、パプア州特別自治法に基づけばパプア住民協議会とパプア住民代表議会（州議会）の承認なきパプア州の分割は無効であるとの原則的な立場に立ちながらも、既に実体として西イリアン・ジャヤ州が発足しているという事態を冷静に受け入れ、7項目の提案を中央政府に行なったのであった。この提案からは、州の分割によりパプアの一体性が失われることへの危機感、国軍駐留部隊の増員への危機感、非パプア人の流入によるパプア人のマイノリティー化への危機感が強く感じられる。

第13章
パプア住民協議会の苦闘

ベチャ（輪タク）屋として働くパプアの若者。

1. パプア住民協議会(MRP)の設置

　パプア特別自治法案の作成過程で最もインドネシア国内で関心を集めたのは、土着のパプア人のみで構成される「パプア住民協議会」の新設であった。2001年11月21日にパプア特別自治法が制定されると、パプア州政府と州議会は直ちにパプア住民協議会の設置に関する政府規則案を作成し、2002年7月20日には内務相に提出していた。だが、その政府規則案が中央政府で検討、修正され、2004年12月23日に発令されるまでにおよそ2年半もの歳月を要した。その理由は、パプア住民協議会がパプアを独立へと導く「巨大権力機関」(superbody)となることを中央政府が恐れたからであった。[225]

　パプア特別自治法第1条g項には、パプア住民協議会について次のように定められた。

　「MRPと呼ばれるところのパプア住民協議会は、パプア人の文化的な代表であり、この法律の中に定められた慣習や文化の尊重、女性の活用、宗教生活の融和的安定に根拠をおいて、パプア人の諸権利の保護の枠内で一定の権限を有する」

　そして、パプア住民協議会の構成とその議員の権利と義務に関しては、同法第19条から24条にかけて、それぞれ次のように謳われた。

第19条
(1) パプア住民協議会は土着のパプア人が議員であり、パプア住民協議会議員総数のそれぞれ3分の1が慣習上の代表、宗教上の代表そして女性の代表である。
(2) パプア住民協議会の議員の任期は5年である。
(3) 第(1)項が意図するパプア住民協議会の議員や議員定数は、特別地方規則で定める。
(4) パプア住民協議会の財政上の地位は政府規則で定める。
第20条
(1) パプア住民協議会は以下の職務と権限を有する。
a. パプア住民代表議会によって提案された正副州知事候補に関し、見解と承

225　*Ibid.*, p.185.

認を与える。
b. パプア住民代表議会によって提案されたパプア州地方代表のインドネシア共和国国民協議会議員候補に関し、見解と承認を与える。
c. パプア住民代表議会と州知事が共同で提出した特別地方規則の原案に見解と承認を与える。
d. パプア人の諸権利の保護に関連し特別にパプア州で有効な政府あるいは州政府と第三者との間で作成された協力協定の計画に関し、提案、見解、承認を与える。
e. パプア人の諸権利に関し、慣習社会、宗教信徒、女性、および一般住民の要望や告発に配慮し、それを伝達して、解決までの便宜を図る。
f. パプア人の諸権利の保護に関する諸事項について、パプア住民代表議会、州知事、県／市の地方住民代表議会、県知事／市長に見解を与える。
(2) 第（1）項が意図する職務と権限の実施は特別地方規則で定める。
第21条
(1) パプア住民協議会は、以下の権利を有する。
a. パプア人の諸権利の保護に関する事項について、州政府や県・市政府に説明を求める。
b. パプア人の諸権利の保護に反すると判断した州地方規則や州知事決定の再検討を求める。
c. パプア州地方政府予算全体の一部として、パプア住民代表議会にパプア住民協議会支出予算を提出する。
d. パプア住民協議会秩序規則を定める。
第22条
(1) パプア住民協議会の各議員は、以下の権利を有する。
a. 質問を提出する。
b. 提案や意見を伝える。
c. 起訴免除。
d. 儀礼上。
e. 財政上／行政上。
(2) 第（1）項が意図する権利の行使は、政府規則に基づいて、パプア住民協議会秩序規則で定める。

道端で談笑するパプアの人々。

第23条
(1) パプア住民協議会は、以下の義務を有する。
a. インドネシア単一共和国の完全性を守り、維持して、パプア州の住民に奉仕する。
b. パンチャシラと1945年憲法を実践すると共に、すべての法規則に従う。[226]
c. パプア土着の文化と慣習の実践保存を指導する。
d. 宗教的生活の融和を育成する。
e. 女性の活力活用を推進する。
(2) 第(1)項が意図する義務の遂行方法は、政府規則に基づき、特別地方規則で定める。

226　パンチャシラ（Pancasila）とは、インドネシアの国是である建国5原則のこと。具体的には、①唯一神への信仰、②公平で文化的な人道主義、③インドネシアの統一、④協議と代議制において英知によって導かれる民主主義、⑤インドネシア全人民に対する社会正義、の5つからなる。

第24条
(1) パプア住民協議会議員の選挙は、慣習社会、宗教社会、女性社会のメンバーによって行なわれる。
(2) 第 (1) 項が意図する選挙方法は、政府規則に基づいて、州地方規則で定める。

第25条
(1) 第24条が意図する選挙の結果は、承認を得るために、州知事によって内務大臣に提出される。
(2) パプア住民協議会議員の任命は、内務大臣によって行なわれる。
(3) 第 (1) 項および第 (2) 項が意図する規定の実施方法は、政府規則で定める。

　パプア特別自治法のこうした規定を実施に移すための政府規則は、およそ2年半にもわたる検討を経て2004年12月23日にようやく発令された。その熟慮の末にユドヨノ大統領が署名したパプア住民協議会に関する政府規則2004年第54号の中で最も注目される規定は、パプア住民協議会議員になるための条件である。
　パプア住民協議会に関する政府規則2004年第54号第4条は、「パプア住民協議会議員は、以下の諸条件を満たしたインドネシア共和国民である」として、次の19もの条件を課した。

a. 土着のパプア人。
b. 唯一神への帰依と信仰を持つ者。
c. パンチャシラに忠実に従い、国家、民族そして社会生活の実践に献身する意思を有する者。
d. インドネシア共和国の1945年憲法とインドネシア単一共和国そして合法政府に忠実に従う者。
e. インドネシア単一共和国に対する反逆行為に関わったことのない者。
f. 30歳以上、60歳以下の者。
g. 心身共に健康な者。
h. 道徳的規範を有し、社会の手本となる者。
i. 土着のパプア人の諸権利の保護に献身する強い意志を有する者。

j. 立法機関の議員や政党の党員の地位にない者。
k. パプア住民協議会議員候補に推薦される日までに継続して少なくとも10年以上州内に居住している者。
l. 司法権を有する裁判所の判決で選挙権を剥奪されていない者。
m. 禁固5年以上の犯罪で、司法権を有する裁判所の判決に基づいて収監されたことのない者。
n. パプア住民協議会議員に選ばれた国家公務員は、公務員としての地位と職務を一時的に手放さなければならない。
o. 慣習社会の代表は小学校卒かあるいはそれと同等程度の学歴、宗教界と女性の代表は中学校卒かそれと同等程度の学歴を少なくとも有していなければならない。
p. 慣習社会の代表は、慣習社会に承認され、受け入れられなければならない。
q. 宗教界の代表は、当該宗教機関から推薦を得なければならない。
r. 女性の代表は、女性の諸権利のための闘争に活発かつ一貫して取り組み、女性社会に受け入れられなければならない。
s. 慣習社会、宗教界そして女性の代表としてパプア住民協議会議員に立候補あるいは推薦される者は、団体の役職を辞任しなければならない。

　これらの条件から明らかなことは、中央政府はパプア住民協議会を発足させるにあたって、パプア独立派はもとより、過去において中央政府に批判的な政治活動をした者や、海外で政治活動どころか過去10年間に留学等を行なったパプアの知識人さえ、排除したことである。これでは、パプア住民協議会が当初からパプア人社会に期待されなかったのも当然と言えよう。
　それどころか中央政府は、パプア住民協議会議員の選出も、実質的には政府による指名の形で行なったのである。その様子をパプアの女性活動家ユサン・イェブロ (Yusan Yeblo) は次のように述べている。
　「すべてが土着のパプア人の議員からなるパプア住民協議会が設置されるとき、我々は既に今後が保証されるわけではないことを理解していた。それゆえ、パプア住民協議会議員のすべての選出過程をパプア州の政治単一民族局 (Bakesbangpol) が独自の方法で、パプア住民協議会議員の選出規定についての州規則の作成を含めて行なったことにも、奇妙な感じはなかった。そのパプア住

民協議会議員候補の選考過程は、本来なら村落部から都市部へと進められるべきである。現実には、その選出は指名方式で行なわれた。彼らは、もし選出過程が正直に透明に行なわれたならば、批判的なパプア人たちがパプア住民協議会の議員になることを恐れたのである。選出過程はまた、非常に制限的に行なわれたので、非政府機関（NGO）の活動家がパプア住民協議会の議員になることもできなかった」[227]

2005年8月12日にパプアの特別自治権を中央政府に返上する運動が燃え上がったときにも、パプア人のデモ隊は発足間近のパプア住民協議会を、1969年にパプアのインドネシアへの併合を決議した民族自決協議会になぞらえ、パプア人を裏切る「第2のパプア民族自決協議会」にすぎないと批判した。

とはいえパプア住民協議会は、中央政府からの様々な妨害とパプア人社会からの激しい突き上げに遭いながらも、パプア人社会の諸権利を守るためにできる限りのことはした。中でも特に積極的な活動を行なったのは、2005年11月10日にパプア住民協議会の初代議長に任命された宗教界（カトリック）代表のアグス・A・アルア（Agus A. Alua）と、初代第2副議長に任命された女性代表のハナ・S・ヒコヤビ（Hana S. Hikoyabi）である。

1960年9月13日にワメナに生まれたアグス・A・アルアは、アベプラのファジャール・ティムール神学哲学大学の学長で、ジャヤプラのカトリック教会の代表としてパプア住民協議会議員に選出された。一方、1966年6月7日にジャヤプラで生まれたハナ・S・ヒコヤビは、法務人権省のパプア州事務所に勤務していた国家公務員で、ジャヤプラ県とサルミ県の女性代表としてパプア住民協議会議員に選出された。

両者は、議長そして第2副議長として、産声を上げたばかりのパプア住民協議会を牽引した。そして2011年には2人とも再選を遂げ、2期目（2011～16年）を迎えるはずであった。ところが同年4月12日に行なわれた2期目のパプア住民協議会議員の任命式で内務相は、アグス・A・アルアとハナ・S・ヒコヤビの任命を拒否した。

アグス・A・アルアの任命が拒否された理由は、再選後の4月7日に彼が急死したからであった。パプアのキリスト教会指導者たちは、アグス・A・アルアの急死は不可解であるとして、彼が中央政府に逆らわないよう頻繁に脅迫を

---

[227] Paskalis Keagop dkk, *op.cit.*, p.279-280.

受けていたことなどを証言したが、真相が明らかになることはなかった。[228]

　ハナ・S・ヒコヤビの任命を拒否する理由としては、パプア住民協議会に関する政府規則2004年第54号第4条のc項、d項そしてh項が挙げられた。[229] つまり、c項の「パンチャシラに忠実に従い、国家、民族そして社会生活の実践に献身する意思を有する者」、d項の「インドネシア共和国の1945年憲法とインドネシア単一共和国そして合法政府に忠実に従う者」、そしてh項の「道徳的規範を有し、社会の手本となる者」という条件に反していることが理由とされた。

　最も問題行動とみなされたのは、アグス・A・アルアやハナ・S・ヒコヤビらパプア住民協議会の執行部がパプアの諸団体と共に2010年6月9～10日にパプア住民協議会の拡大会議(Mubes)を開催し、11項目にわたる政府への勧告をまとめたことであった。

　その勧告の内容は、次のようなものであった。[230]

(1) パプア特別自治法を中央政府に返還する。
(2) パプアの人民は、国際社会の中立的な仲介者の下での中央政府との対話を要求する。
(3) パプアの人民は、政治的自由に向けた住民投票を要求する。
(4) パプアの人民は、1961年12月1日に独立宣言を行なった西パプア民族の主権を承認し、返還するよう要求する。
(5) パプアの人民は、国際社会にパプア特別自治の実施に関する援助を凍結するよう要望する。
(6) 法律2008年第35号に関連した法律2001年第21号の修正は不要である。[231] なぜなら特別自治は既に失敗に帰したからである。
(7) パプア州と西パプア州のすべての県知事／市長選挙を直ちに中止すべきである。
(8) 中央政府とパプア州政府と西パプア州政府は、パプアへの国内移住計画を直ちに中止し、パプアの地への外部からの移民の流入を厳しく監視する。

228　*Kompas.com*, 8 April 2011.
229　*Suara Merdeka CyberNews*, 5 Mei 2011.
230　Jim Elmslie and Camellia Webb Gannon with Peter King, *A report for the West Papua Project of the Center for Peace and Conflict Studies (CPACS)*, The University of Sydney, July 2010, pp.19-20.
231　法律2008年第35号とは、パプア州から分割された西パプア州にも法律2001年第21号（パプア特別自治法）が有効であることを定めたもの。

(9) パプアの人民は、パプア出身のすべての政治犯や未決囚が直ちに釈放されるよう求める。
(10) パプアの人民は、パプア全土の非軍事化が直ちに実行されるよう求める。
(11) パプア住民協議会とパプア人諸団体は、フリーポート・インドネシア社が直ちに閉鎖されるよう求める。

　その後、パプアでは、これら11項目の勧告に中央政府が答えない限り、パプア住民協議会議員の選出も拒否する動きが拡大した。

2. アグス・A・アルア議長の演説

　発足当初のパプア住民協議会が、中央政府による妨害あるいはサボタージュとパプア人社会からの不信感あるいは突き上げの狭間にあって、いかに厳しい運営を強いられたかは、パプア住民協議会発足3周年記念式におけるアグス・A・アルア議長の挨拶からも明らかである。2008年10月31日に行なわれたパプア住民協議会記念式においてカトリック教徒の代表でもある彼は次のように述べた。[232]

　まず我々は神に最高の感謝と賛美の祈りを捧げます。なぜなら神の慈愛とお力によりパプア住民協議会は存在し、3年目を迎えることができたからです。この記念式で唯一望むことは、すなわち「神への感謝」を示しつつ我々が神に願うことです。その理由は次の通りです。
a. 様々な暴風や波に打ちのめされているとはいえ、父祖の地における土着のパプア人をお守りくださる神のお力はそれよりもはるかに強いからです。
b. パプア住民協議会は、あらゆる制限下にありながらも、法律2001年第21号と政府規則2004年第54号に沿って、この3年間よく職務を遂行してきたからです。
　これはパプア住民協議会3周年記念式の主要部であり、ほかに儀式や式典はありません。この主要部をなすプログラムは、礼拝の後の来客との舞踊や文化プログラムそして共に祝うためのお二方の挨拶と会食が組み込まれています。

232　Paskalis Keagop dkk, *op.cit.*, pp.197-200.

しかしながらご出席の皆様、先ほど私が、パプア住民協議会の職務遂行における「あらゆる制限」と申し上げた意図について少し説明することをお許しください。その意図は次のようなことです。

a. パプア住民協議会の職務と権限や権利と義務のすべてが、依然として特別地方規則の形で政府によって定められてはいないのです。パプア住民協議会はその特別地方規則の草案を既に2年前にパプア州知事とパプア住民代表議会に提出しているにもかかわらずです。今日までパプア住民協議会は、目標や目的もなく、しかしながら目標や目的に到達する道を探して、大密林の中で職務を遂行しているようなものです。

b. パプアの特別自治から7年、パプア住民協議会の設置から3年経った今日まで、土着のパプア人の側に立ち、保護し、活用するための特別地方規則や州地方規則はまだ1つも定められていないのです。パプア住民協議会はこれまで内容の充実したいくつかの特別地方規則草案をパプア州知事とパプア住民代表議会に提出する努力を重ねてきました。すなわち土着のパプア人の基本的諸権利、土着のパプア人の文化的一体性、パプアの土地に関する特別な権限、土着のパプア人の文化的象徴に関する特別地方規則草案です。しかしながらこれらはすべて、いまだに政府からもパプア地方代表議会からも回答がありません。すべてがまだ定められていないために、土着のパプア人の側に立ち、保護し、活用するパプア住民協議会の職務は、実施が困難なのです。

c. すべての仕事上の規定が依然として定められていないといえども、パプア住民協議会は土着のパプア人の基本的諸権利のための闘争を一貫して推進しています。現在取組中の主な活動は次のようなものです。

①ラジャ・アンパット群島県とジャヤプラ県デパレのニッケル鉱山の慣習社会の権利。
②ティミカのフリーポート・インドネシア社の鉱業地域にあるグラスベルグ山とエルスベルグ山の周辺に住むエスニック・グループの社会的諸権利。
③ビアク島における人工衛星発射基地の開発計画に関する土地と安全上のビアク慣習社会の権利。
④インドネシア海軍によって移転を命じられたビリオシ地区の土地と住宅に関するマノクワリのパプア住民の権利。
⑤慣習上の開放手続きなしで国内移住者によって使用されているグリメナワ、

特にニンボクランの住民の慣習上の土地への立ち会い。
⑥政府規則2007年第77号の施行に伴う土着のパプア人の生存権の保護[233]。
⑦パプア州と西イリアン・ジャヤ州の特別自治議席が総選挙委員会（KPU）の中央本部と地方支部によって政党に与えられた。また、国会と州議会そして政党における女性議員の割合を30％とするように闘った。
⑧西イリアン・ジャヤ州の法的保護のためにパプア州政府、西イリアン・ジャヤ州政府、パプア住民代表議会そして西イリアン・ジャヤ地方住民代表議会と共同で闘い、法律2008年第35号を通じて西イリアン・ジャヤ州をパプア特別自治の枠内に含ませる成果を収めた。
d. 2008年にパプア住民協議会は汚職の嫌疑に直面した。なぜなら各議員が毎月受け取る報酬が政府規則2004年第54号の規定と見合っていなかったからである。それゆえ、すべての高額の手当ては支払いを停止し、パプア住民協議会が主導して政府規則2004年第54号の改正案、特に財政に関する各章の改正を提案し、1年1ヵ月間にわたる闘争の後、2008年10月9日にその改正案はインドネシア共和国大統領によって署名された。

　我が尊敬するご列席の皆様、この3年間に我々が経験したのは、多くの土着のパプア人が、あらゆる生活闘争、あらゆる慣習上の諸権利闘争、あらゆる生活上の諸権利闘争についてパプア住民協議会に大きな期待を抱いたものの、上記のようなあらゆる制限ゆえに多くをなすことがいまだにできないということです。

　それゆえ、将来に向けてパプア住民協議会はパプアの地において特別自治が実施されるように以下のことが優先されることを強く望みます。
a. 土着のパプア人の諸権利（土着のパプア人の側に立ち、保護し、向上させること）に関連する地方規則すなわち特別地方規則といくつかの州地方規則を直ちに定めること。
b. その特別地方規則と州地方規則を実施するために特別地方自治資金を配分

233　地方の紋章に関する政府規則2007年第77号第6条第4項では、地方自治体の標識図案や旗は非合法組織や分離独立組織のものと同様あるいはそれと類似したものであってはならないことが定められた。

すべきで、それを逆の順序で行なわないこと。
c. そうした方法をとれば、特別自治は特別自治の基本精神に則り土着のパプア人を救済することができる。

　特別自治の実施に関してパプア住民協議会の指摘する点は以上です。この簡単な説明で、土着のパプア人の基本的諸権利のために闘うパプア住民協議会議員の活動が理解されることを望みます。以上です。ありがとうございました。皆に神の祝福を。

3. フリーポート社に関する勧告

　アグス・A・アルア議長の演説の中でも述べられているが、パプア住民協議会はパプアそれどころかインドネシア最大規模のアメリカ資本による鉱山開発会社フリーポート・インドネシア社の存在が土着のパプア人社会の基本的諸権利にどのような影響を及ぼしているかの判断と勧告をまとめ、2006年3月29日に発表した。その全文は次の通りである[234]。

　パプア住民協議会は、フリーポート・インドネシア社はこの30年間に違法な鉱業活動を行ない鉱業地域の周辺に住む7つのエスニック・グループ（アムンメ、ダマル、メエ、モニ、ダニ、ンドゥガ、カモロ）の土着のパプア人の基本的諸権利を侵害しているが故に閉鎖されなければならないというインドネシア全土のパプア人学生やティミカの土着のパプア人社会の要求を聞き入れ、現地調査を行なった。
　その基本的諸権利の侵害には、ティミカにおける人権侵害、環境破壊そして若年層のモラルの破壊が含まれる。土着のパプア人の文化的代表機関としてパプア住民協議会は、政治的な決定を行なうパプア住民代表議会に対し、フリーポート・インドネシア社の鉱業地域の「7つのエスニック・グループの土着のパプア人としての諸権利」に関する文化的ないくつかの判断を伝える。

A. 鉱業
　以下におけるパプア住民協議会の文化的諸判断は、フリーポート・インドネシア社の鉱業地域の周辺の山や土地の慣習的所有権を有する7つのエスニッ

234　Paskalis Keagop dkk, *op.cit.*, pp.357-362.

ク・グループ（アムンメ、ダマル、メエ、モニ、ダニ、ンドゥガ、カモロ）に特化した「土着のパプア人の基本的諸権利」を起点としている。その諸判断は次の通りである。

(1) 1967年と1991年のフリーポート・マクモラン社とフリーポート・インドネシア社とインドネシア政府の事業契約には、土地の慣習的所有権を有する7つのエスニック・グループからなる土着のパプア人は関与しておらず、利益供与も得ていない。その事業契約は彼らへの利益供与すなわち基本的諸権利を保証することなく結ばれた。もしフリーポート・インドネシア社が閉鎖されることなく鉱業活動を継続し続けるのならば、パプア特別自治法の精神とその命ずるところ、特には第20条と第40条に則り、フリーポート・インドネシア社の鉱山地域の7つのエスニック・グループを関与させ彼らの利益に配慮するように、フリーポート・インドネシア社との事業契約を全面的に修正する必要がある。その事業契約には三方すなわちインドネシア政府とフリーポート・インドネシア社と土地の慣習的所有権を有する7つのエスニック・グループが関わらなければならない。

(2) 一般に土着のパプア人、特には7つのエスニック・グループの基本的諸権利は、生活権の保証、慣習的所有地の図面化、慣習的土地所有権の損害賠償、社会保障、住民経済の活性化やフリーポート・インドネシア社との生産物の取引などの関連において、これまで同社から十分な配慮を得られていなかった。それゆえ、もしフリーポート・インドネシア社が閉鎖されることなく鉱業活動を継続するのであれば、パプア特別自治法、特には第20条の内容と精神に沿って大統領決定あるいは新たな事業契約を通じて、「伝統的な土地所有権を有する7つのエスニック・グループの諸権利や土着のパプア人の諸権利」を再規定する必要がある。

(3) フリーポート・インドネシア社を国家の重要物とみなして鉱業活動の安全のためにインドネシア国軍特殊部隊や警察を配備し、フリーポート・インドネシア社の鉱業地域がその部隊の副業となっていたこの30年間に、フリーポート・インドネシア社の鉱業地域の7つのエスニック・グループの土着のパプア人に対する大規模な人権侵害（殺人、拷問、強姦、テロの脅迫その他）が引き起こされた。フリーポート・インドネシア社が閉鎖されることなく鉱業活動を継続するのであれば：

ティミカの空港に展示されたフリーポート社の鉱山開発車両の巨大タイヤ。

a．その特殊部隊の配備と役割そして副業は、再評価と再検討を行なう必要がある。なぜなら彼らは与えられた職権を誤用しているからである。
b．その企業警備の特殊部隊は段階的に「地域社会に基礎をおく保安」システムに替えられなければならない。
(4) フリーポート・インドネシア社の鉱業廃棄物の影響で生活環境は破壊され、様々な種類の生物が絶滅し、カモロやセンパンの社会生活の源泉や生計の資が失われ、伝統的な金鉱採掘社会に長期的な疫病をもたらした。もしフリーポート・インドネシア社が閉鎖されずに鉱業活動を続けるのであれば、以下のことを行なう必要がある。
a．コピ川（アジクワ河）沿いに住むカモロやセンパンの社会生活と将来について評価し、その後に彼らの文化と伝統的な生活形態に見合った生活の資を得られる近くの新居住地へ移転させる必要がある。
b．鉱山採掘の結果社会に引き起こされた疫病は、アガワゴン河（山岳部）とアジクワ河（低地平野部）を通じた鉱業廃棄物の廃棄についてのイリアン・ジャヤ

州知事決定書の評価を含め、専門的に対処しよく研究する必要がある。

(5) 伝統的な土地の所有権者に対するフリーポート・マクモラン社からの1％の資金援助は年ごとの額も分配の仕方も不透明である。その資金は以下のような理由で良い影響も悪い影響も引き起こしている。

a. 各年の1％の資金額が伝統的な土地所有権を有する社会に明確にされていない。

b. 1％の資金の配分についても不透明である。

c. 7つのエスニック・グループ間での1％の資金の分配は均等ではなく、きちんと規定されてもいないため、様々な社会経済問題を引き起こしている。その結果、7つのエスニック・グループ間の紛争が続いている。

d. その資金を得たことが7つのエスニック・グループのパプア人青年層やティミカ周辺の成人層に倫理と道徳の破壊を引き起こしている。

もしフリーポート・インドネシア社が閉鎖されずに鉱業活動を継続するのであれば、ただちに次のことを行なう必要がある。

a. 公表による毎年の1％の資金額の透明化。

b. 公表による毎年の1％の資金分配の透明化。

c. 7つのエスニック・グループおよびその周辺のエスニック・グループの領域である中央山岳地やパプア南沿岸部の発展のために援助資金は1％以上に引き上げられる必要がある。

d. これまでの7つのエスニック・グループへの1％の資金の分配と、今後は中央山岳部と南沿岸部全域にも拡大される資金の分配は、政府やエスニック・グループや宗教／教会や学者や非政府機関の代表も加わった独立機関を通じて行なう必要がある。

e. アムンメ・カモロ社会発展研究所（LPMAK）と呼ばれる1つの機関を通じた1％の資金の分配は改定される必要がある。その他の5つのエスニック・グループ（ダマル、メエ、モニ、ダニ、ンドゥガ）のためにアムンメ・カモロ社会発展研究所と同等のいくつかの機関を設置する必要があるからである。このことは現在起こっている7つのエスニック・グループ間の紛争や、それらのエスニック・グループとフリーポート・インドネシア社との紛争を避けるために非常に重要であり緊急を要する。

(6) マラリア予防計画の実施はミミカ県の7つのエスニック・グループの集落

社会の健康問題にあまり触れてはいない。マラリア予防計画は、社会における健康の質の向上や予防のための諸計画よりも、医薬品の配給に傾いている。もしフリーポート・インドネシア社が閉鎖されることなく鉱業活動を継続するのであれば、今後は一体型保健所、清潔な水、環境美化、衛生的な住宅などの計画を優先する必要がある。

(7) フリーポート・インドネシア社はこの30年間の鉱業活動で、すべての事業分野において土着のパプア人従業員をあまり活用してこなかった。土着のパプア人従業員の多くは未熟練労働者で、一定の地位を与えられた者はわずかにすぎない。フリーポート・インドネシア社の経営に影響を与える意見や見解を示すに十分な力を持っていない。もしフリーポート・インドネシア社が閉鎖されずに鉱業活動を続けるのであれば、今後は土着のパプア人の立場とその活用を重視するパプア特別自治法に則って、フリーポート・インドネシア社は土着のパプア人従業員を活用し、企業の経営レベルにおける戦略的な地位に彼らを登用しなければならない。

(8) フリーポート・インドネシア社の本社と銅鉱や金鉱の製錬工場はパプアの外、すなわちジャワ島（本社はジャカルタ、製錬工場はグレシック）にある。このことはフリーポート・インドネシア社における土着のパプア人社会とのあらゆる問題に適切かつ迅速に対応できない結果をもたらしている。交通費も高く、年間税もジャカルタ州政府と東部ジャワ州政府のものになっている。パプア州政府はそれらの税金を得られていない。もしフリーポート・インドネシア社が閉鎖されずに鉱業活動を継続するのであれば、今後はフリーポート・インドネシア社の本社と銅鉱や金鉱の製錬工場は、ティミカであろうとジャヤプラであろうとパプア内に開設されなければならない。

(9) フリーポート・インドネシア社の負の影響特に環境への影響は、この企業の閉鎖後も長期にわたって続く。負の影響とは、とりわけティミカの数万人の生活を脅かす酸性岩の排水、河川や海洋システムの中への鉱業廃棄物の含有、堤防決壊の危険性に関連した堤防の安全性などである。もしフリーポート・インドネシア社が閉鎖されずに鉱業活動を続けるのであれば、以下のことを行なわなければならない。

a. フリーポート・インドネシア社は独立した専門家の協力のもと、公衆特にはパプアの公衆から広く聞き取った採掘後の環境と社会への影響について、包

括的な経営計画を策定する義務がある。
b. フリーポート・インドネシア社は、上記aの意図する包括的な計画が、採掘後の環境と社会への負の影響を制御できるようになるまで確実に実施されるよう、十分な資金を用意する必要がある。
c. 中央政府は、当該地域の政府組織や人材に上記aとbの事項を適切に行なう準備を整わせる義務がある。

B. 勧告

　上記（a項）についての検討と問題認識に基づき、パプア住民協議会は上記のすべての問題は第三者機関によって仲介された「フリーポート・インドネシア社と土地の伝統的所有権を有する社会との間の対話」を通じて解決される必要があることを勧告する。その対話の成果は、「フリーポート・インドネシア社と同社の周辺で生活を営む土地の伝統的所有権者（7つのエスニック・グループ）との間の共同覚書（MoU）の中に記されなければならない。

C. 結び

　パプアにフリーポート・インドネシア社が存在することによって引き起こされた良い影響も悪い影響もすべて、中央政府の許可があったために起こったことである。それゆえ問題解決の責任は、フリーポート・インドネシア社だけに負わせることはできない。中央政府はこの勧告のすべてに留意し、その解決を先延ばしすることなく短期間のうちに対応する積極的な姿勢を示す義務がある。

　フリーポート・インドネシア社の鉱業活動の閉鎖を求めるインドネシア全土のパプア人学生および社会の要求に応えるための「土着のパプア人の基本的諸権利」に関するいくつかの見解と勧告は以上である。我々は上記のパプア住民協議会の文化的な諸判断が、パプア州のパプア住民代表議会がフリーポート・インドネシア社の鉱山活動に関して政治的決定を行なう上での検討材料となることを望む。

2006年3月29日、ジャヤプラにて決定
パプア住民協議会議長　アグス・A・アルア

　以上のようにパプア住民協議会はフリーポート・インドネシア社の操業地域の周辺住民ばかりでなくインドネシア全土のパプア人学生グループの間でも高まっている同社の閉鎖要求によく耳を傾け、問題の所在と解決のための提言を

まとめてパプア住民代表議会すなわちパプア州議会に提出した。しかしながらこの勧告は、さしたる効力を持たなかった。勧告書を手渡されたパプア住民代表議会にもインドネシアの中央政府にも、この問題の根本的な解決に向けた取り組み姿勢は、その後も見られなかった。

第14章
第3回パプア住民会議と その後の展開

パプアの小学生。子供たちの友情にエスニック・グループの壁は感じられない。

1. 第3回パプア住民会議の強制解散

　第2回パプア住民会議から11年半後の2011年10月17〜19日に第3回パプア住民会議が開催された。これはパプア人の間で第1回目のパプア住民会議と位置付けられている1961年10月に開催されたパプア国民委員会大会議から50年目を意識した会合でもあった。

　第3回パプア住民会議の実行委員会はインドネシアのユドヨノ大統領らへも招待状を送った。ユドヨノ大統領は招きに応じることはなかったものの、その開催を禁止することもなかった。

　こうして2011年10月17日、アベプラのザケウス広場で第3回パプア住民会議は開幕した。参加者は約4000人に上った。

　しかしながら10月19日に会議の議決事項として、パプアの国名を「西パプア連邦」(Federasi Papua Barat) とし、そのための移行政府の大統領にフォルコルス・ヤボイセンブト、首相にエディソン・ワロミが選出されたことが明らかとなるや、事態は一変した。それまで会場周辺で会議の成り行きを監視していたインドネシア国軍と警察が会場を襲撃し、直ちに会議を解散するよう命じると共に、次々とその参加者たちの身柄を拘束していったのである。国家人権委員会パプア代表部の11月3日の発表によると、治安当局によって一時身柄を拘束された者は387人および、そのうち96人が逮捕時に暴行を受け、少なくとも3人が死亡した。

　こうした事態にユドヨノ大統領は、「国家は、この国において陰謀を図る者は誰であろうと容赦はしない」と、治安当局のこの対応を正当化する姿勢を示した。ジョコ・スヤント政治法律治安調整相も、「彼らは国家の中に国家を作り、インドネシア共和国大統領を認めてはいない」として、現地の治安当局の対応を支持した。[235]

　これに対しインドネシアの国家人権委員会は11月4日に記者会見を行ない、第3回パプア住民会議の強制解散事件は4つの重大な人権侵害を伴うものであることを指摘した。1つは、生存権の侵害である。国家人権委員会は、会議への参加者を逮捕するにしても銃撃までして犠牲者を出す必要性はなかったはず

235　*Tempo.co*, 21 Oktober 2011.

パプアの小学校。

であると治安当局の対応を非難した。2つ目は、拷問や虐待からの自由権の侵害である。国家人権委員会は、身柄を拘束された者の多くが暴行や、罵り、差別的発言を受けたと治安当局を非難した。3つ目は、安心して生きる権利の侵害である。国家人権委員会によれば、会議への参加者が逮捕、暴行を受けたことで、パプア人社会には恐怖感や社会不安が高まった。4つ目は、所有権の侵害である。会議への参加者の所有物の多くが治安当局によって破壊され、また没収された。国家人権委員会の調べでは、11台のコンピュータ、3台のプリンター、16台の携帯電話、5台のデジタルカメラ、3冊の領収証、3台のオートバイと自動車、1羽の極楽鳥、6基のトロフィーそして数千万ルピアの現金が治安当局に破壊あるいは没収された。[236]

　国際人権団体アムネスティ・インターナショナルも、第3回パプア住民会議は、集会の自由と表現の自由という基本権に基づき平和的に行なわれたものであり、それによって身柄を拘束された者は「良心の囚人」であるとして、イン

---

[236] *Kompas.com*, 4 November 2011.

ドネシア政府に逮捕者の速やかな釈放を求めた。[237]

　逮捕者のうち、フォルコルス・ヤボイセンブトやエディソン・ワロミら5人は国家の分裂を扇動した容疑で裁判にかけられた。被告らは公判で、自分たちが宣言したのは「西パプア連邦」の独立ではなく、1961年の段階で獲得していたはずのパプアの主権の回復であると主張し、「インドネシア国民」として裁かれること自体を拒否したが、ジャヤプラ地裁は2012年3月16日、被告5人に禁固3年の判決を下したのだった。

2. フォルコルス・ヤボイセンブトの声明文

　国家分裂の陰謀容疑で逮捕された公立小学校教師でパプア慣習議会（DAP）議長のフォルコルス・ヤボイセンブトは、他の4人の逮捕者すなわち1988年にトーマス・ワインガイが樹立を宣言した「西メラネシア」の流れをくむ「西パプア国民政府」の指導者として海外で活動していたエディソン・ワロミ、公務員で人権活動家でもあるアグス・M・サナナイ・カール（Agus M.Sananay Kaar）、第3回パプア住民会議実行委員長で人権活動家のセルピウス・ボビー（Selpius Bobii）、人権活動家のドミニクス・ソラブット（Dominikus Sorabut）と連名で、2012年1月30日に、公判を拒否し政治的対話を求める声明文を発表した。その内容は、次の通りである。[238]

　基本的人権への十分な理解と認識に基づき、我々はパプア民族、ネグロイド人種、メラネシア人として、我々の仲間や西パプア国のすべてのパプア民族の前で、我々5人にかけられた陰謀罪などの裁判を断固として拒否する。

　我々はまた、2011年10月19日の西パプア国におけるパプア民族宣言は、かつてスカルノ大統領が「国民への三大指令」（Trikora）の中で認めたパプア国の主権の返還と回復の宣言であることを表明する。傀儡国と蔑まれたパプア国は、1962年以来、軍事侵攻によって解散させることが命じられ、1963年から今日まで強制併合されている。

237　*JUBI*, 8 Maret 2012.
238　Forkorus Yaboisembut, *Surat Pernyataan Penolakan Sidang Pengadilan Makar dan Minta Perundingan Politik*（Jayapura, 30 Januari 2012）.

インドネシア共和国政府がパプア国を軍事力で解散させ強制併合した1962年から1998年の間に数十万人のパプア人が犠牲となった。そして、それはテイス・H・エルアイとその運転手の殺害のように、2000年以降も今日まで続いている。2001年にはアリストテレス・マソカ（Aristoteles Masoka）が、2008年にはオピヌス・タブニ（Opinus Tabuni）が、2011年10月19日には3人が、その他にも多くのパプア人が殺されている[239]。

それゆえ我々は、2011年10月19日の西パプア国におけるパプア民族宣言は正当かつ合法であると再度主張する。なぜならば、それを主張するのは外国人ではなく、父祖伝来のパプア国の完全なる所有者である土着のパプア民族、ネグロイド人種、メラネシア人であるからである。また、パプア民族宣言が正当かつ合法であるのは、国際法の諸条件を満たしているからでもある。2011年12月31日に我々の国際弁護士によって伝えられたのは、次の通りである。「独立宣言自体は、国際法上は、法的に容認される行為である」。また、次のようにも伝えられている。「一方的行為としての独立宣言は、しかしながら国際的な承認により実体としての地位を得た場合にのみ地域的影響を持つ」

それ故に、この（その）宣言あるいはその独立宣言自体は（その中で）法的に受け入れ可能な国際法上の諸条件を満たしているものと解釈できる。しかしながらその宣言は、国際社会の承認を得たときにのみ、実体として喜ばしい影響をもたらし得る。

国際社会から完全なる実体の承認を得るため我々は我々の国際弁護士に、西パプアの国土領域の強制併合に関する問題と我々の法的地位の問題をハーグの国際司法裁判所、国連事務総長、アムネスティ・インターナショナル、国連加盟諸国、ならびにその他の関連諸機関に登録し、知らしめるよう求めた。

そのような理由から、我々は陰謀その他の告発を受けた裁判の過程でインドネシア共和国の法律に従って説明や返答を行なうつもりはないことを表明する。なぜなら、その問題は2国間そして2つの民族間すなわちパプア民族とインドネシア民族あるいは西パプア連邦共和国（NRFPB）とインドネシア共和国（NKRI）との間の問題であることは、既に明白だからである。

---

239 アリストテレス・マソカは2001年11月10日にインドネシア陸軍特殊部隊に暗殺されたテイス・エルアイの運転手である。オピヌス・タブニは、2008年8月9日の国際先住民デーに射殺された。国際先住民デーを祝うパプア人の群集が次第にパプア独立要求を叫び始めたことから、治安当局が発砲し、その犠牲になったものと見られている。

第14章　第3回パプア住民会議とその後の展開　　223

海辺で一緒に遊ぶ様々なエスニック・グループの子供たち。

　陰謀その他の告発による裁判を拒否する理由は、特には次の通りである。
　私と仲間たちや我々の先人そしてすべてのパプア民族のこれまでの闘争は、最も根本的な我々の政治的基本権として、パプア民族の独立主権を回復するための闘争である。
　なぜならインドネシア共和国は、1961年12月19日にジョクジャカルタの北広場で当時のスカルノ大統領が国民への三大指令（TRIKORA）を発令して以来、1962年から今日まで強制併合を維持するための様々な政策を通じて軍事侵略を続けているからである。
　我々の闘争は、世界のいかなる国家も破壊あるいは壊滅させることが目的ではない。
　我々は、インドネシア共和国を破壊あるいは壊滅させる意図や計画はない。
　我々は、我々の誇りが蔑まれ、先祖伝来のものとしての西パプア国の我々の政治的基本権が踏みにじられていると感じている。
　誰であろうといかなる理由であろうと、陰謀その他の告発によって我々を罰

し、裁く権利はない。なぜなら我々は今や西パプア連邦共和国の国民としての独自の実体を有するからである。

　基本的人権、民主主義そして国際社会で普遍的な法の諸観点に基づくと、特には次の通りである。
- インドネシア共和国1945年憲法前文の第1段落[240]。
- 1948年12月10日付の国連総会における世界人権宣言第15条。
- 1976年3月23日以来有効な国連決議2200 (XXI) 号による市民的および政治的権利に関する国際規約第1条第1項。
- 1960年12月14日付の植民地およびその人民に対する独立の付与に関する国連決議1514 (XV) 号。
- 1961年10月19日以降の蘭領ニューギニア (オランダ領パプア) 占領領域の非植民地化の諸原則すなわち現有状態維持の原則と法的継承国家の原則。
- 1989年の原住民および種族民の権利に関する国際労働機構 (ILO) 協定第169号。
- 2007年9月13日付の先住民族の権利に関する国連宣言。
- 1961年10月19日付のパプア国民委員会によるパプア独立声明。
- 2000年のパプア民族大協議会 (MUBES) の諸決議。
- 2010年のパプア住民協議会 (MRP) とパプア土着住民とのパプア住民協議会拡大協議会の決定と11項目の勧告。
- 2000年の第2回パプア住民会議の諸決議。
- 2011年の第3回パプア住民会議の諸決議。

　パプア民族としてのパプア土着の様々なエスニック・グループの声明は、分析的調査から見ても実態調査から見ても、1つの真実である。分析的調査は、パプア土着住民は太平洋 (南太平洋) 地域に位置するメラネシア人種で黒人のパプア民族であることを示している。一方、実態としては西パプア国のホーランディアにおける1961年10月19日のパプア国民委員会によるパプア独立声明の中で明らかにされた政治的な宣言がある。

　我々は2011年10月19日の第3回パプア住民会議 (KRBP Ⅲ) において西パプア連邦共和国を組織し、西パプア国のパプア民族宣言を発表することで、民主

240　インドネシア共和国1945年憲法前文の第1段落には次のように謳われている。「本来、独立はすべての民族の権利であり、それ故に公正と人道主義に背いた植民地支配は世界から抹消されなければならない」

的にパプア民族の独立主権を回復した。

　国連加盟国としてインドネシア共和国とその他の国々の政府は、差別することなく当然の義務として、西パプア国のパプア民族宣言の形で示された2011年10月19日の第3回パプア住民会議における西パプア民族の民主化のプロセスを尊重すべきである。

　パプア民族に対して陰謀罪を適用することは、最も根本的なパプア民族の政治的基本権の侵害であり違法である。

　この裁判における裁判官諸閣下に対し、我々とその仲間たちに対する陰謀その他の告発に基づく裁判を取り消すよう要望する。その解決方法として、最も根本的な政治的基本権であるパプアの民族と国家の独立問題は、国際的な第三者あるいは国連の仲介のもと、西パプア連邦共和国政府とインドネシア共和国政府との話し合いを通じて解決されるのが当然であり義務である。

　インドネシア共和国から西パプア連邦共和国への主権の移行の承認規定を定めるためである。その後、我々はこの地球上で完全なる主権を持った独立した民族そして国家にふさわしく、深い理解のもとで公正かつ平和的に相互の利益を図り、相互に敬意を払って威厳を尊重し、さらによい協力段階へ進むつもりである。

　以上のように、陰謀その他の告発による裁判拒否のこの声明を我々は必要とされる健康かつ冷静な状態下で十分な理解のもとに作成した。

2012年1月30日、ジャヤプラにて

　このように自らにかけられた容疑の否認だけではなく裁判そのものの正当性を拒否したフォルコルス・ヤボイセンブトら5名は、ジャヤプラ地裁で禁固3年の判決が下された後もこの問題はあくまで国際的に解決すべきとの姿勢を崩さなかったが、弁護士の勧めに応じて控訴はした。しかしながら控訴は棄却され、1審での刑が確定したのだった。

おわりに

　パプアの分離独立問題への関心はインドネシア国内ばかりでなく欧米諸国でもかなり高い。そうした国々からは出版物としても、またインターネットを通じても、パプアの抱える問題を理解するのに役立つ多くの情報が発信されている。

　それどころか、オランダ、オーストラリア、バヌアツ、パプア・ニューギニアに続き、2013年4月28日にはイギリスのオックスフォード市にも同市長立会いの下でOPM（パプア独立組織）の海外代表事務所の開所式が行なわれてもいる。

　しかしながらわが国では、パプア問題への関心はきわめて低い。その理由の1つは、日本がキリスト教文化圏ではないこと、つまりパプア人の多くはキリスト教徒であることから欧米諸国のキリスト教会とは宗教的連帯感と情報ネットワークで結ばれていることもあろうが、もう1つの理由は、パプアの置かれた状況や分離独立問題に言及した日本語による出版物や情報がきわめて限られていることもあろう。私はキリスト教徒ではないが、インドネシア研究者の1人として、またこれまで何度もパプアを訪問しパプアの実情を目の当たりにしてきた者として、こうした日本語による情報不足がパプア問題への無関心を引き起こしているというわが国の現状にある種の責任を感じ続けてきた。本書を通じてパプア問題特にはパプア人社会がインドネシアや国際社会に向け訴え続けている問題への理解や関心が我が国で少しでも高まったなら、パプアの人々に対する私の道義的責任の一端は果たせたように思う。

　本書は、パプア問題に関して私がこれまで書き記してきた以下の記事や論考に大幅な加筆と修正をしてまとめたものである。

- 「フリーポート社とパプア」『インドネシア・ニュースレター 79』（日本インドネシアNGOネットワーク、2012年5月）。
- 「パプアの人権状況」『インドネシア・ニュースレター 71』（日本インドネシアNGOネットワーク、2010年3月）。

- 「インドネシアの民主化と新たな国家統合」岩崎育夫編『新世代の東南アジア─政治・経済・社会の課題と新方向』（成文堂、2007年）。
- 「アチェとパプアの特別自治法」『国際情勢季報No.73』（社団法人国際情勢研究会、2002年）。
- 「インドネシアの分離独立運動──アチェとパプアの事例」『アジア研究』〈第47巻第4号〉（アジア政経学会、2001年）。
- 「西パプア独立運動小史」『海外事情』（拓殖大学海外事情研究所、1999年10月）。

　なお、巻末に付録として2001年に制定されたパプア特別自治法を全訳した。本文でも述べたように、この法律は長年にわたるパプアの分離独立問題の解決の切り札として制定されたものであり、その条文を読むかぎりでは、パプア社会のこれまでの不満と要求に十分応え得る内容となっている。それにもかかわらずパプアの分離独立要求が収まらないのは、この法律が十分な効力を発揮しきれずにいるからでもある。

　パプア特別自治法の制定から既に10年以上が経過した。だが、依然としていくつかの条文は実施規則が定まらず、したがって執行されぬままとなっている。たとえば同法第45条ではパプアに人権裁判所や真実和解委員会を設置することが謳われているが、それらはいまだに実現していない。また、同法第28条で認められたパプアの地方政党もいまだに誕生していないのである。

　法律を制定してもその執行や運用能力に欠けるような国をG.ミュルダール（Gunnar Myrdal）が軟性国家と名付けたのは今から40年以上も前のことである。インドネシアはその軟性国家の状態からまだ脱却できていない。パプア特別自治法の扱いはまさにその1つの証左ともいえよう。

　なお、本書をまとめるにあたって㈱めこんの桑原晨氏からは、パプアに馴染みの薄い読者にもわかりやすい内容とするための適切なアドバイスをいただいた。記して深謝したい。ただ、本書で十分に説明しきれていない点は、もちろん筆者の責任である。

2013年9月末日

井上　治

（付録）パプア特別自治法

パプア州の特別自治に関するインドネシア共和国法律2001年第21号[241]

唯一神の慈悲でインドネシア共和国大統領は、
以下の判断から：

a. インドネシア単一共和国の理想と目標は、1945年憲法とパンチャシラに基づいた公正、繁栄、そして安寧のインドネシア社会を建設することであること；

b. 神の創造物かつ文明を持つ人類の一員としてパプア社会は、基本的人権、宗教的諸価値、民主主義、法律、そして慣習社会の中で生きている文化的諸価値を尊重すると共に、開発の成果を享受する権利を持つことが、当然であること；

c. 1945年憲法に基づくインドネシア単一共和国の統治システムは、法律で規定された特別な性質あるいは特殊な性質を有する地方行政単位を認め、尊重していること；

d. インドネシア単一共和国の傘下での民族統合は、特別自治区の確定を通じて、パプア社会の社会文化生活の多様性と平等性を尊重することで、変わらず保たれなければならないこと；

e. パプア州の土着の住民は、インドネシア内の諸エスニック・グループの一部であるところのメラネシア人種群の1つであり、多様な文化、歴史、慣習と独自の言語を有すること；

f. これまでのパプア州における行政運営と開発政策は、パプア州特にはパプア社会の公平感を満たすこと、住民福祉を達成すること、法の遵守を実現すること、基本的人権の明確な尊重が、十分ではなかったこと；

g. パプア州の天然資源の運用や利益は土着の住民の生活水準の向上のために最大限にはまだ活用されておらず、そのことがパプア州と他の州との間の不均衡を引き起こすとともに、パプア州の土着の住民の基本的諸権利を侵害する結果を招いていること；

h. パプア州とその他の州との間の不均衡の是正やパプア州における社会生活水準の向上のためには、インドネシア単一共和国の枠内における特別な政策が必要であること；

i. 特別な政策の施行が意図するものは、倫理や道徳の保護や尊重を含む基本的諸価値、土着の住民の基本的諸権利、基本的人権、法治主義、民主主義、複合主義、そ

241　パプア特別自治法の訳出にあたっては、インドネシア共和国の公式ホームページに掲載された下記の原文を参照した。http://www.ri.go.id/produk_uu/isi/uu2001/uu21˙01.htm.

して国民としての地位と権利と義務の平等に基づくものであること；

j. 既にパプアの住民の間には、基本的諸権利の承認を求める合法的かつ平和的な闘争のための新たな意識が芽生え、パプアの土着の住民の基本的人権の侵害や保護に関する問題解決の要求が起こっていること；

k. イリアン・ジャヤの状態と状況特に社会的欲求は、パプアの名に戻すことに関する2000年8月16日のイリアン・ジャヤ州地方住民代表議会決定2000年第7号に記されたように、イリアン・ジャヤの名をパプアの名に戻す展開となったこと；

l. a、b、c、d、e、f、g、h、i、j、kの諸事項に基づいて、パプア州に法律で定めた特別自治を付与する必要があると判断されること；

以下に留意し：

1. 1945年憲法第5条第（1）項、第18条、第18A条、第18B条、第20条第（1）項と第（5）項、第21条第（1）項、第26条そして第28条；

2. インドネシア単一共和国の枠内における地方自治の実施、公正な国家資産の規定・配分・享受、中央と地方の財政均衡に関する1998年インドネシア共和国国民協議会決定第XV号；

3. 1999〜2004年の国策大綱に関する1999年インドネシア共和国国民協議会決定第IV号；

4. 法規則の序列体系と法律基盤に関する2000年インドネシア共和国国民協議会決定第III号；

5. 地方自治の実施における政策勧告に関する2000年インドネシア共和国国民協議会決定第IV号；

6. 国家の統一と結束の強化に関する2000年インドネシア共和国国民協議会決定第V号；

7. インドネシア共和国国民協議会2000年度年次総会における国家高等諸機関の年次報告に関する2000年インドネシア共和国国民協議会決定第VIII号；

8. 西イリアン州の設置に関する大統領決定法律1962年第1号；

9. 西イリアン自治州と西イリアン内の各自治県の設置に関する法律1969年第12号（インドネシア共和国官報1969年第47号、官報附則2907号）；

10. 地方行政に関する法律1999年第22号（インドネシア共和国官報1999年第60号、官報附則第3819号）；

11. 中央政府と地方政府の間の財政均衡に関する法律1999年第25号（インドネシア共和国官報1999年第72号、官報附則第3848号）；

12. 外交に関する法律1999年第27号（インドネシア共和国官報1999年第156号、官報附則第3882号）；

13. 基本的人権に関する法律1999年第39号（インドネシア共和国官報1999年第165号、官報附則第3886号）；

14. 国際条約に関する法律2000年第24号（インドネシア共和国官報2000年第185号、官報附則第4012号）；
15. 人権裁判所に関する法律2000年第26号（インドネシア共和国官報2000年第208号、官報附則第4026号）；

インドネシア共和国国会とインドネシア共和国大統領の共同承認で、以下のように決議した。

決定：パプア州の特別自治に関する法律

第1章　総則
第1条
この法律における以下の用語の意味は、それぞれ次の通りである。
a. パプア州は、インドネシア単一共和国の枠内で特別自治を付与されたイリアン・ジャヤ州である。
b. 特別自治は、パプアの住民の基本的諸権利と要望に基づき、自ら主導してその社会の必要性に対処および対応するためにパプア州に認められ付与された特別な権限である。
c. 政府と呼ばれるところの中央政府は、大統領と閣僚からなるインドネシア単一共和国の機関である。
d. パプア州地方政府は、州知事とパプア州行政機構としてのその他の機関である。
e. 州知事と呼ばれるところのパプア州知事は、パプア州における行政の執行とパプア州における政府の代表としてすべての責任を負う地方の首長であり行政の長である。
f. DPRPと呼ばれるところのパプア地方住民代表議会は、パプア州地方の立法機関としてのパプア州地方住民代表議会である。
g. MRPと呼ばれるところのパプア住民協議会は、土着のパプア人の文化的な代表であり、この法律の中に定められた慣習や文化の尊重、女性の活用、宗教生活の融和的安定に根拠をおいて、土着のパプア人の諸権利の保護内で一定の権限を有する。
h. 地方の紋章は、主権の象徴として位置づけられることのない地方の旗や地方の歌の形におけるパプア人のアイデンティティーの誇りとしての文化的象徴であり栄誉の証である。
i. Perdasusと呼ばれるところの特別地方規則は、この法律における特定の諸条文を実施する上でのパプア州地方規則である。
j. Perdasiと呼ばれるところの州地方規則は、法規則に定められた権限を実施する上でのパプア州地方規則である。
k. これまで郡（Kecamatan）として知られていた区（Distrik）は、県／都市の地方機関

としての区長の管轄域である。
l. 村（Kampung）あるいはその他の名で呼ばれるところのものは、県／都市地方にあり、国家統治システムの中で認められたその土地の慣習法や伝統に基づいて、その社会の必要性に対処し処理するための権限を有する法的な社会単位である。
m. 村協議団（Badan Musyawarah Kampung）あるいはその他の名で呼ばれるところのものは、村役場へ提案や諮問を行なうためにその地の住民が選び認めたその村の様々な要素を1つに組織した寄合である。
n. HAMと呼ばれるところの基本的人権は、唯一神の創造物としての人類の存在と真理に付随した一連の権利であり、人類の価値と威信の尊重と保護のために国家、法律、政府そして各人が尊重し、従い、守る義務のある神の恩恵である。
o. 慣習（Adat）は、代々その慣習社会によって認められ、従われ、形式化され、保たれてきた習慣である。
p. 慣習社会は、その構成員の中に高度の連帯感があり、一定の慣習に従って結束して領域の中で生活する土着のパプア人社会である。
q. 慣習法は、慣習法社会の中で生きている規定し、拘束し、保たれ、制裁を有する成文化されていない規則や規範である。
r. 慣習法社会は、出生以来一定の領域に住み、一定の慣習法に従い、その構成員が高度な連帯感で結束している土着のパプア人社会である。
s. ウラヤット権（Hak Ulayat）は、一定の慣習法社会の住民の生活環境である一定の領域上の土地、森林、水の使用を含む共同所有権であり、その内容は法規則に基づく。
t. 土着のパプア人は、パプア州の諸エスニック・グループからなるメラネシア人種群の出自の人々と／または土着のパプア人社会によって土着のパプア人として認められ受け入れられた人々である。
u. 住民と呼ばれるところのパプア州の住民は、現行の規定に基づいてパプア州に居住し登録しているすべての人々である。

第2章　紋章
第2条
(1) インドネシア単一共和国の一部としてパプア州は、国旗として紅白旗を、民族歌として「偉大なるインドネシア」（Indonesia Raya）を用いる。
(2) パプア州は、主権の象徴とは位置づけない地方旗や地方歌の形で、パプア人のアイデンティティーの誇りのための文化的象徴や栄誉の証として、地方の紋章を持つことができる。
(3) 第（2）項が意図する地方の紋章に関する規定は、法規則に基づいて特別地方規則で詳細を定める。

第3章　地方の分割
第3条
(1) パプア州は、それぞれ自治地域としての県地域と都市地域からなる。
(2) 県／都市地域は、複数の区からなる。
(3) 区は、複数の村あるいはその他の名で呼ばれるものからなる。
(4) 県／都市の設置、分割、廃止と／または合併は、パプア州の提案に基づく法律でこれを定める。
(5) 区または村あるいはその他の名で呼ばれるものの設置、分割、廃止と／または合併は、県／都市地方規則でこれを定める。
(6) パプア州内においては、州の提案に基づく法規則で規定した特別重要地域を定めることができる。

第4章　地方の権限
第4条
(1) パプア州の権限は、外交、国防治安、金融と税制、宗教、司法部門の権限と法規則で定められたその他の部門の特定の権限を除き、すべての部門におよぶ。
(2) 第(1)項が意図する権限のほかに特別自治の実施の枠内でパプア州は、この法律に基づく特別な権限が付与される。
(3) 第(1)項と第(2)項が意図する権限の実施については、特別地方規則や州地方規則で詳細を定める。
(4) 県地域と都市地域の権限は、法規則に定められた権限にわたる。
(5) 第(4)項が意図する権限のほかに県地域と都市地域は特別地方規則や州地方規則で詳細を定めたこの法律に基づく権限を有する。
(6) パプア州の必要性にのみ関わる政府によって策定された国際条約は、法規則に基づき、州知事の判断を得た後に施行される。
(7) パプア州は、法規則に基づく共同決定で定められた外国の機関や組織と相互に利益のある協力を行なうことができる。
(8) 州知事は、パプア州における国防分野の政策について政府と調整する。
(9) 第(6)項が意図するところの州知事による判断の示し方については、特別地方規則で定める。

第5章　行政の形態と構成
第1部　総体
第5条
(1) パプア州の地方行政は、立法機関としてのDPRPと行政機関としての州政府からなる。

(2) パプア州における特別自治の施行にあたり、慣習や文化の尊重、女性の活用、宗教生活の融和的安定に根拠をおいて、土着のパプア人の諸権利の保護の枠内で一定の権限を持つ土着のパプア人の文化的代表であるパプア住民協議会を設置する。
(3) MRPとDPRPは州都におく。
(4) 州政府は、州知事とその他の州政府機関からなる。
(5) 県／都市には、立法機関として県地方住民代表議会と都市地方住民代表議会そして行政機関として県政府と都市政府が設置される。
(6) 県／都市政府は、県知事／市長とその他の県／都市政府機関からなる。
(7) 村には、村協議団と村役場あるいはその他の名で呼びうるものが設置される。

第2部　立法機関
第6条
(1) パプア州の立法権は、DPRPによって行使される。
(2) DPRPは、法規則に基づいて選出され任命された議員からなる。
(3) DPRP議員の選挙、確定、任命は、法規則に基づいて行なわれる。
(4) DPRP議員の数は、法規則で定められたパプア州地方住民代表議会の議員数に1 1/4（1と4分の1）を掛けたものである。
(5) DPRPの地位、構成、職務、権限、権利、責任、議員、執行部、およびDPRPの補助機関は、法規則でこれを定める。
(6) DPRPの財政上の地位は、法規則で定める。
第7条
(1) DPRPは、以下の職務と権限を持つ。
a. 州知事と州副知事を選出する。
b. インドネシア共和国大統領に対して、選出された州知事と州副知事の任命を提案する。
c. インドネシア共和国大統領に対して、州知事と／または州副知事の解任を提案する。
d. 州知事と共同で、地方行政政策や地方開発の計画およびその作業基準を策定して方向付けを行なう。
e. 州知事と共同で、地方収支予算を検討して決定する。
f. 州知事と共同で、特別地方規則案と州地方規則案を検討する。
g. 特別地方規則と州地方規則を定める。
h. 州知事と共同で、パプア州の特殊性に配慮して、国家開発計画に基づくパプア州の開発基本モデルを策定する。
i. 地方の必要性に関わる国際条約の計画に関し、パプア州政府に対して意見や判断を示す。
j. 次の事項の監視を行なう。

1) 特別地方規則、州地方規則、州知事決定その他の地方政府政策の実施。
2) パプア州地方の権限となっている行政事項の実施。
3) 地方収支予算の執行。
4) パプア州における国際条約の実施。
k. パプア州の住民の不満や訴えを聞き入れ、要望に目を向け、伝達する。
l. インドネシア共和国国民協議会議員としてのパプア州の代表を選出する。
(2) 第 (1) 項の意図する職務と権限の実施は、法規則に基づきDPRPの秩序規則で定める。

第8条
(1) DPRPは以下の権利を有する：
a. 州知事に責任を求める；
b. 州、県／都市の政府および法規則に基づき必要とされる相手に説明を求める；
c. 調査を行なう；
d. 特別地方規則案と州地方規則案の修正を行なう；
e. 意見の表明を申し出る；
f. 特別地方規則案と州地方規則案を提出する；
g. 地方収支予算の編成、承認、修正、決算を行なう；
h. 地方収支予算の一部としてDPRP支出予算の編成、承認、修正、決算を行なう；そして、
i. DPRP秩序規則を定める。
(2) 第 (1) 項が意図する権利の行使は、法規則に基づきDPRP秩序規則の中に定められる。

第9条
(1) DPRPの各議員は以下の権利を有する：
a. 質問を提出する；
b. 意見や提案を伝える；
c. 訴追免除；
d. 儀礼上；そして、
e. 財政上／行政上。
(2) 第 (1) 項が意図する権利の行使は、法規則に基づきDPRP秩序規則の中に定められる。

第10条
(1) DPRPは以下の義務を持つ：
a. インドネシア単一共和国を守り、維持する；
b. すべての法規則に従い、パンチャシラと1945年憲法を実践する；
c. 地方行政を遂行する中で民主主義を育成する；

d. 経済民主主義に基づいて地方における住民福祉を向上させる；そして、
e. 住民の不満や訴えを聞きいれ、要望に目を向け伝達するとともに、その解決までの便宜を図る。
(2) 第（1）項が意図する義務の遂行は、法規則に基づき DPRP 秩序規則の中に定められる。

第3部　行政機関
第11条
(1) パプア州政府は、州知事と呼ばれる行政の長としての1人の首長によって指導される。
(2) 州知事は、副知事と呼ばれる副首長によって補佐される。
(3) 州知事と州副知事の選出方法は、法規則に基づき特別地方規則で定められる。
第12条
州知事および州副知事に選ばれることができるのは、以下の条件を満たしたインドネシア共和国民である：
a. 土着のパプア人；
b. 唯一神を信仰し、敬虔である；
c. 大学卒業あるいはそれと同等程度の学歴を有する；
d. 30歳以上である；
e. 心身の健康；
f. インドネシア単一共和国に忠誠であり、またパプア州の住民に奉仕する；
g. 政治的諸要因による身柄の拘束を除き、過去に犯罪で禁固刑に処せられたことがない；そして、
h. 政治的諸要因による身柄の拘束を除き、一定の司法権を有する裁判所の決定で選挙権を剥奪されていない。
第13条
州知事と州副知事の条件、選挙の準備と実施方法および任命と就任は、法規則で詳細を定める。
第14条
州知事は、以下の義務を持つ。
a. パンチャシラと1945年憲法を堅持する；
b. インドネシア単一共和国の完全性を守り、維持すると共に、民主主義を推進する；
c. 国民主権を尊重する；
d. すべての法規則を遵守し、遂行する；
e. 住民の福祉と生活水準を向上させる；
f. パプアの住民の生活を理知的にする；

g. 社会の安寧秩序を守る；
h. 特別地方規則案を提出し、MRPの判断と承認を得た後に、DPRPと共同で特別地方規則を定める。
i. 州地方規則案を提案し、DPRPと共同で州地方規則を定める；そして、
j. 清潔に正直に責任を持ってパプア州開発基本方針に沿って開発を行ない、行政を遂行する。

第15条
(1) 政府の代表としての州知事の職務と権限は、以下の通りである。
a. 県／都市間や州と県／都市の間の行政遂行上の摩擦の解決や協力の便宜を図り、調整、指導、監視を行なう；
b. 県知事／市長に対し県／都市地方行政の遂行に関して、定期的あるいは随意に報告を求める；
c. 県知事／市長の責任報告の評価と、県知事／県副知事および市長／副市長の選挙、任命の提案および解任の過程について監督や監視を行なう；
d. 大統領の名において、県知事／県副知事と市長／副市長の任命を行なう；
e. パプア州において国家政策を普及し、法規則の遵守を促進する；
f. パプア州内の官僚の専門能力の育成と人事行政の実施を監視する；
g. インドネシア単一共和国の完全性を守る上で、政府と地方政府や地方政府間の調和を構築する；そして、
h. 地方の分割、合併、廃止および設置の計画に判断を与える。
(2) 第(1)項が意図する州知事の職務と権限の遂行は、法規則で定められる。

第16条
州副知事は、以下の職務を有する：
a. 州知事の義務の遂行を補佐する；
b. 州の政府機関の活動の調整を補佐する；そして、
c. 州知事によって与えられたその他の職務を遂行する。

第17条
(1) 正副州知事の任期は5年であり、その後1期に限って再選されることができる。
(2) 州知事に恒常的な支障が生じた場合、州知事の職務はその任期満了まで州副知事が務める。
(3) 州副知事に恒常的な支障が生じた場合、副知事の職務はその任期終了まで欠員とする。
(4) 州知事と州副知事に恒常的な支障が生じた場合、新たな州知事が選ばれるまで、州知事の職務を遂行するための条件を満たした州政府の1人の官僚をDPRPが指名する。
(5) 第(4)項に述べられた指名が行なわれるまでの間は、暫定的に地方書記(Sekretaris

Daerah) が州知事の職務を遂行する。
(6) 第 (4) 項が意図する州知事と州副知事に恒常的な支障が生じた場合、DPRPは遅くとも3ヵ月以内に正副州知事選挙を実施する。
第18条
(1) 首長そして州行政の長としての義務を遂行する上で、州知事はDPRPに責任を負う。
(2) 第 (1) 項が意図する責任の実施規定は、法規則に基づきDPRP秩序規則で定める。
(3) 政府の代表として州知事は大統領に責任を負う。
(4) 第 (3) 項が意図する州知事の責任規定は、大統領決定で定める。
(5) 州知事は、第4条第 (1) 項が意図するパプア州における政府権限の行使を調整し、監視する。
(6) 州知事は、地方に配置された政府機関や州機関と共同で、第4条第 (2) 項が意図する権限を行使する。

第4部　パプア住民協議会
第19条
(1) MRPは土着のパプア人が議員であり、MRP議員総数のそれぞれ3分の1が慣習上の代表、宗教上の代表、そして女性の代表である。
(2) MRP議員の任期は5年である。
(3) 第 (1) 項が意図するMRPの議員や議員定数は、特別地方規則で定める。
(4) MRPの財政上の地位は、政府規則で定める。
第20条
(1) MRPは以下の職務と権限を持つ：
a. DPRPによって提案された正副州知事候補に関し、判断と承認を与える；
b. DPRPによって提案されたパプア州地方代表のインドネシア共和国国民協議会議員候補に関し、判断と承認を与える。
c. DPRPと州知事によって共同で提案された特別地方規則案に関し、判断と承認を与える。
d. 土着のパプア人の諸権利の保護に関連し特別にパプア州で有効な政府あるいは州政府と第三者との間で策定された協力協定の計画に関し、提案、判断、承認を与える；
e. 土着のパプア人の諸権利に関し、慣習社会、宗教信徒、女性、および一般住民の要望や告発に配慮しそれを伝達して、解決までの便宜を図る；
f. 土着のパプア人の諸権利の保護に関する諸事項について、DPRP、州知事、県／都市地方住民代表議会、県知事／市長に判断を与える。
(2) 第 (1) 項が意図する職務と権限の実施は、特別地方規則で定める。

第21条
(1) MRPは、以下の権利を有する：
a. 土着のパプア人の諸権利の保護に関する事項について、州政府や県／都市政府に説明を求める；
b. 土着のパプア人の諸権利の保護に反すると判断した州地方規則や州知事決定の再検討を求める。
c. パプア州地方収支予算全体の一部として、DPRPにMRPの支出予算案を提出する；そして、
d. MRP秩序規則を定める。
(2) 第 (1) 項の意図する権利の行使は、政府規則に基づき州地方規則で定める。

第22条
(1) MRPの各議員は、以下の権利を持つ：
a. 質問を提出する；
b. 提案や意見を伝える；
c. 起訴免除；
d. 儀礼上；　そして、
e. 財政上／行政上。
(2) 第 (1) 項が意図する権利の行使は、政府規則を指針としてMRP秩序規則で定める。

第23条
(1) MRPは、以下の義務を負う：
a. インドネシア単一共和国の完全性を守り、維持して、パプア州の住民に奉仕する；
b. パンチャシラと1945年憲法を実践すると共にすべての法規則に従う；
c. パプア土着の文化と慣習的な生活の保護保存を指導する；
d. 宗教的生活の融和を育成する；そして、
e. 女性の活力活用を推進する。
(2) 第 (1) 項の意図する義務の遂行方法は、政府規則を指針として特別地方規則で定める。

第24条
(1) MRP議員の選出は、慣習社会、宗教社会、女性社会の構成員によって行なわれる。
(2) 第 (1) 項が意図する選出方法は、政府規則に基づき州地方規則で定める。

第25条
(1) 第24条が意図する選出結果は、承認をえるために州知事によって内務大臣に提出される。
(2) MRP議員の任命は、内務大臣によって行なわれる。
(3) 第 (1) 項および第 (2) 項の意図する規定の実施方法は、政府規則で定める。

第6章　機関と官僚人事

第26条
(1) パプア州の機関は、州事務局（Sekretariat Propinsi）、州事務所（Dinas Propinsi）および州の必要性に応じて設置されたその他の専門機関からなる。
(2) MRPの機関とDPRPの機関は必要に応じて設置される。
(3) 第 (1) 項および第 (2) 項の規定に関する規則は、法規則に基づき州政府規則で定める。

第27条
(1) 州政府は、法規則に基づき、文民国家公務員の規範、基準、そして管理手続きを指針として、州の官僚人事政策を定める。
(2) 第 (1) 項の意図する規定を満たせない場合、州政府および県／都市政府は当該地方の需要と必要性に応じて官僚人事政策を定めることができる。
(3) 第 (2) 項が意図する規定の実施は、州地方規則で定める。

第7章　政党

第28条
(1) パプア州の住民は、政党を組織することができる。
(2) 政党の組織方法および総選挙への参加方法は、法規則に基づく。
(3) パプア州での政党による政治上の人事補充は、土着のパプア人社会を優先して行なう。
(4) 政党は、各々の政党での政治上の人事の選考や補充に関し、MRPに判断を求める義務がある。

第8章　特別地方規則、州地方規則、および州知事決定

第29条
(1) 特別地方規則は、MRPに諮問し承認を得て、DPRPと州知事が共同で作成し定める。
(2) 州地方規則は、DPRPと州知事が共同で作成し定める。
(3) 第1項が意図するMRPの見解の付与や承認の方法は、州地方規則で定める。
(4) 第 (1) 項および第 (2) 項の意図する地方規則の策定方法は、法規則に基づいて定められる。

第30条
(1) 特別地方規則と州地方規則の施行は、州知事決定で定められる。
(2) 第 (1) 項が意図する州知事決定は、公共の利益や特別地方規則および州地方規則に背いてはならない。

第31条
(1) 特別地方規則、州地方規則および州知事決定は、州地方官報に記載されることにより規則とされ法的な性質を持つ。
(2) 特別地方規則、州地方規則および州知事決定は、州地方官報に記載された後に、法的権力と拘束力を持つ。
(3) 第 (2) 項が意図する特別地方規則と州地方規則ならびに州知事決定は、州政府により周知せしめられなければならない。

第32条
(1) パプア州における法律の策定と施行の効果を向上させる上で、特別法務委員会を設置することができる。
(2) 第 (1) 項が意図する特別法務委員会の機能、職務、権限、組織および委員の構成は、州地方規則で定める。

第9章　財政

第33条
(1) 州政府、DPRP、そしてMRPの職務の実施は、地方収支予算の負担でその費用が拠出される。
(2) パプア州における政府の職務の実施は、国家収支予算の負担でその費用が拠出される。

第34条
(1) 州、県／都市の歳入源は、以下のものにわたる：
a. 州、県／都市の本来の収入；
b. 均衡資金；
c. 特別自治の枠内における州の受取；
d. 地方の借入；そして、
e. その他の合法的な受取。
(2) 第 (1) 項a目が意図するパプア州や県／都市の本来の収入源は、以下のものからなる：
a. 地方税；
b. 地方の徴収金；
c. 地方の公営企業からの収入とそれとは別のその他の地方資産の運用からの収入；および、
d. その他の合法的な地方収入。
(3) 特別地方自治の枠内におけるパプア州および県／都市への均衡資金は、次の通りである：
a. 税収入に関しては：

1) 土地建物税の90％；
2) 土地建物権運用税の80％；そして、
3) 個人所得税の20％。
b. 天然資源からの収入に関しては；
1) 林業の80％；
2) 漁業の80％；
3) 一般鉱業の80％；
4) 石油鉱業の70％；そして、
5) 天然ガス鉱業の70％。
c. 法規則に基づき定められた一般交付金；
d. 法規則に基づきパプア州に優先的に配付することが定められた特別交付金；
e. 国家総交付金の上限2％相当の、特に教育と保健を目的とした特別自治の実施枠内における特別な受取。
f. 予算年度毎の、特にインフラストラクチャーの開発費用を目的とし、州の提案に基づいて、政府と国会との間でその額を定めた特別自治の実施枠内における増額資金。
(4) 第 (3) 項 b 目の 4) と 5) が意図する特別自治の枠内における受取は、25年間有効である。
(5) 26年目以降、第 (4) 項が意図する特別自治の枠内における受取は、石油鉱業に対して50％、天然ガス鉱業に対して50％になる。
(6) 第 (3) 項 e 目が意図する特別自治の枠組みにおける受取は、20年間有効である。
(7) 第 (3) 項 b 目の 4) と 5) および e 目の意図する受取のパプア州と県と都市およびその他の名で呼ばれるものの間の分配の詳細は、特に遅れた諸地方への付与に配慮して、特別地方規則で公正かつ均衡的に定める。
第35条
(1) パプア州は、政府に通知した後、外国からの援助を受け入れることができる。
(2) パプア州は、その予算の一部の費用とするために、国内と／あるいは国外の出処から借入を行なうことができる。
(3) パプア州のための国内の出処からの借入は、DPRPの承認を得なければならない。
(4) パプア州のための国外の出処からの借入は、法規則を指針とした政府とDPRPの判断と承認を得なければならない。
(5) 第 (3) 項と第 (4) 項の意図する借入の総累積額は、法規則に基づき地方収支予算案の一定の割合を超えてはならない。
(6) この条文が意図する援助の実施に関する規定は、州地方規則で定める。
第36条
(1) パプア州の収支予算案の修正と決算は、州地方規則で定める。
(2) 第34条第 (3) 項 b 目の 4) と 5) が意図する受取の少なくとも30％は教育費に割り

当てられ、少なくとも15％は保健と栄養改善に割り当てられる。
(3) 州収支予算案の編成と執行方法、その修正、決算および責任と監視は、州地方規則で定める。
第37条
パプア州からの税収や税収以外の国家収入についてのデータや情報は、予算年度毎に州政府とDPRPに伝えられる。

第10章　経済

第38条
(1) 国家経済およびグローバル経済の一部であるところのパプア州経済は、公正と平等の諸原則を尊重し、すべてのパプア住民の最大限の繁栄と福祉の創出へ向けて努力される。
(2) 天然資源を活用したパプア州における経済諸活動は、伝統社会の諸権利を常に尊重し、企業家には法的に確かな保証を与えると共に環境保護の諸原理に基づいて行なわれ、その継続的開発の調整は特別地方規則で定められる。

第39条
第38条が意図する天然資源の活用の枠内でのさらなる加工は、健康、効率、競争の経済的諸原則を常に堅持して、パプア州で行なわれる。

第40条
(1) 政府と／あるいは州政府と第三者の間で結ばれている協力協定は、依然として尊重され、有効である。
(2) 法権力を有する裁判所によって法的欠陥、住民の生活権の侵害、あるいはこの法律規定に背いていることが明らかとされたところの第(1)項が意図する協定や許可は、その協定の当事者や許可を持つ者が負う法的義務を減ずることなく、再検討されなければならない。

第41条
(1) パプア州政府は、パプア州内に所在し操業する国営企業（BUMN）や民間企業に資本参加することができる。
(2) 第(1)項が意図するところのパプア州政府の資本参加の方法は、州地方規則で定める。

第42条
(1) 住民を基盤とした経済開発は、慣習社会と／あるいはその土地の住民に最大限の機会を与えて遂行される。
(2) パプア州内に投資する資本家は、その土地の慣習社会の諸権利を認め、尊重しなければならない。
(3) 州、県／都市政府と資本家との間の話し合いには、その土地の慣習社会も関わら

せなければならない。
(4) 第 (1) 項が意図する活動機会の付与は、慣習社会の活用の枠内で、その経済的役割が最大となるように行なう。

第11章　慣習社会の諸権利の保護
第43条
(1) パプア州政府は、有効な法規則を指針として、慣習社会の諸権利を認め、尊重し、保護し、活用し、向上させる義務がある。
(2) 第 (1) 項に言う慣習社会の諸権利は、慣習社会のウラヤット権や慣習法社会に係わる住民たちの個人的所有権にわたる。
(3) ウラヤット権の行使は、それが現実にまだある限りは、法規則に基づき手続き上合法的に第三者が取得した旧ウラヤット権の土地の権限を尊重して、その地の慣習法規定に基づき慣習法社会の権力者によって行なわれる。
(4) いかなる必要のためであれ慣習法社会のウラヤット権のある土地や個人の土地の調達は、必要とされる土地の引き渡しやその謝礼についての合意を得るために、慣習法社会とそれに係わる住民との話し合いを通じて行なわれなければならない。
(5) 州、県／都市政府は、関連する各方面が満足する合意に達することができるように、ウララヤット権のある土地や元は個人的権利のあった土地をめぐる争いの公正かつ賢明な解決のために、積極的な調停を行なう。
第44条
州政府は、法規則に基づいて、土着のパプア人の知的財産権を保護する義務を負う。

第12章　基本的人権
第45条
(1) 政府、パプア州政府およびパプア州の住民は、パプア州における基本的人権を堅持し、推進し、保護し、尊重する義務を負う。
(2) 第 (1) 項の意図することを実施するために政府は、法規則に基づきパプア州に国家人権委員会の代表部、人権裁判所そして真実和解委員会を設置する。
第46条
(1) パプア州における民族の統一と結束の強化を図る上で、真実和解委員会が設置される。
(2) 第 (1) 項が意図する真実和解委員会の職務は、すなわち：
a. インドネシア単一共和国内の民族の統一と結束の強化のために、パプアの歴史を明確にすること；そして、
b. 和解への諸段階を定義し、確定すること。
(3) 第 (1) 項が意図する真実和解委員会の委員の構成、地位、職務実施規定、および

費用は、州知事からの提案を得た後、大統領決定で定められる。
第47条
女性の基本的人権の尊重のため、州政府は、地位的な面での女性の育成、諸権利の保護そして活用を図り、さらに男性と対等のパートナーとして女性を位置づけるためのあらゆる手段をとる義務がある。

第13章　パプア州地方警察

第48条
(1) パプア州における警察職務は、インドネシア共和国警察の一部としてのパプア州地方警察によって行なわれる。
(2) パプア州における治安に関する施策は、パプア州地方警察長官により州知事と調整が図られる。
(3) 社会の安寧秩序部門に関する第 (1) 項が意図する警察職務の諸事項は、そのための費用を含め詳細を州地方規則で定める。
(4) 第 (3) 項が意図する警察職務の実施は、州知事に対してパプア州地方警察長官が責任を負う。
(5) パプア州地方警察長官の任命は、パプア州知事の承認を得て、インドネシア共和国警察長官が行なう。
(6) パプア州地方警察長官の解任は、インドネシア共和国警察長官によって行なわれる。
(7) パプア州地方警察長官は、インドネシア共和国警察の職務遂行の中でのパプア州における警察育成について、インドネシア共和国警察長官に責任を負う。
第49条
(1) パプア州においてインドネシア共和国警察の警察将校 (perwira)、警察下士官 (bintara) および下級警察官 (tamtama) になるための選考は、法体系、文化、慣習、およびパプア州知事の政策に配慮して、パプア州地方警察が行なう。
(2) パプア州におけるインドネシア共和国警察の警察下士官と下級警察官に対する基礎教育と一般訓練は地方の編成したカリキュラムで行なわれ、その修了者はパプア州における任務を優先される。
(3) パプア州出身のインドネシア共和国警察将校の教育と指導は、インドネシア共和国警察により国家的に行なわれる。
(4) パプア州外からのインドネシア共和国警察の警察将校、警察下士官そして下級警察官の配属は、任地の法体系、文化および慣習に配慮して、インドネシア共和国警察長官決定で行なわれる。
(5) パプア州における警察部隊の新たな配置や再配置に関する事柄については、政府は州知事と調整を行なう。

第14章　司法権力

第50条
(1) パプア州における裁判権は、法規則に基づき裁判機関によって執行される。
(2) 第(1)項が意図する裁判権のほかに、特例の慣習法社会内における慣習裁判の存在が認められる。

第51条
(1) 慣習裁判は、当該慣習法社会の住民たちの間での慣習上の民事訴訟や刑事事件を調べ、裁判する権限を有するところの慣習法社会における和解裁判である。
(2) 慣習裁判所は、当該慣習法社会の慣習法規定に基づいて組織される。
(3) 慣習裁判所は、当該慣習法社会の慣習法に基づいて、第(1)項が意図する慣習上の民事訴訟や刑事事件を調べ、裁判する。
(4) 系争あるいは公判で一方が第(3)項の意図する慣習裁判所の調べによる判決に不服のときは、その不服である側は、当該訴訟あるいは事件の再審理のための権限を有する司法機関の下級裁判所に再審理を求める権利がある。
(5) 慣習裁判所は、懲役刑や禁固刑を下す権限はない。
(6) 第(4)項が意図する再審請求のない事件である犯罪行為に関する慣習裁判所の判決は、最終判決となり、一定の法権力を持つ。
(7) 現行の刑法の規定による刑事告発から犯人を解放するためには、第(3)項が意図する犯罪発生地を担当する地方検察長官を通じて得たその地域の地方裁判所長の実施の承認声明を必要とする。
(8) 第(7)項が意図する慣習裁判所の判決の実施の承認声明の要請が国家裁判所によって拒否された場合、第(6)項が意図する慣習裁判所の判決は、当該事件を判決する上で国家裁判所の法的判断材料となる。

第52条
(1) 検察の職務は、インドネシア共和国検察の一部としてのパプア州検察が行なう。
(2) パプア州高等検察庁長官の任命は、州知事の承認を得て、インドネシア共和国検事総長が行なう。
(3) パプア州高等検察長官の解任は、インドネシア共和国検事総長によって行なわれる。

第15章　宗教

第53条
(1) パプア州の各住民は、各々の信仰や信条の自由と権利を持つ。
(2) パプア州の各住民は、宗教上の諸価値を尊重し、信徒間の融和を維持すると共に、インドネシア単一共和国およびパプア州における社会の統一と結束を分裂させる動きを防ぐ義務がある。

第54条
パプア州政府は、以下の義務を負う:
a. すべての信徒に対して、信仰する宗教や信条に基づいて礼拝を行なうための自由の保障、融和の構築、および保護を行なう;
b. 信徒によって信仰されている宗教上の諸価値を尊重する;
c. 宗教団体の自治を認める;そして、
d. 各宗教団体に対して、制限することなく信徒数に応じて相対的な支持を与える。

第55条
(1) パプア州における宗教開発の枠内での政府による財政およびその他の資源の分配は、制限することなく信徒数に基づいて相対的に行なう。
(2) 政府は、パプア州における宗教部門での外国人労働者の配属の許認可権の一部をパプア州知事に委譲する。

第16章　教育と文化

第56条
(1) パプア州政府は、パプア州におけるあらゆる段階、専攻、および種類の教育の実施に関して責任を負う。
(2) 政府は、高等教育機関の指導部と州政府のための政策指針として、高等教育機関の自治、中核カリキュラム、およびあらゆる段階と専攻と種類の教育の質的基準についての総合政策を定める。
(3) パプア州の各住民は、できる限り低い住民負担で中等学校段階まで、第(1)項が意図する高水準の教育を受ける権利がある。
(4) 教育の実施と発展の上で、州政府と県／都市政府は、パプア州での高水準の教育の実施と発展のため、法規則に基づいて条件を満たした宗教団体、非政府機関、および実業界に対して、できる限り広い機会を与える。
(5) 州および県／都市政府は、援助と／または補助金を、必要とする社会団体によって運営されている教育機関に与えることができる。
(6) 第(1)項から第(5)項までが意図する規定の実施は、州地方規則で定める。

第57条
(1) 州政府は、パプア土着の文化を保護し、育成し、発展させる義務を負う。
(2) 第(1)項が意図する義務の遂行において、州政府は、条件を満たした非政府機関を含む社会にできる限り大きな役割を与える。
(3) 第(2)項が意図する義務の遂行には、その費用が付与される。
(4) 第(2)項と第(3)項の意図する詳細規定は、州地方規則で定める。

第58条
(1) 州政府は、パプア人のアイデンティティーの保持と強化のために、地方の多様な

言語と文学を育成し、発展させ、保存する義務を負う。
(2) 国語としてのインドネシア語のほかに、あらゆる教育段階での第2言語として英語を定める。
(3) 地方語は、必要に応じて、基礎教育段階での媒介言語として用いることができる。

第17章　保健
第59条
(1) 州政府は、住民のための保健の品質基準を定め、保健サービスを行なう義務を負う。
(2) 政府、州政府および県／都市政府は、各種の風土病と／または住民生活の継続に危険を及ぼす様々な病気を予防し克服する義務を負う。
(3) パプアの各住民は、できる限り低い住民負担で、第(1)項が意図する保健サービスを受ける権利がある。
(4) 第(1)項と第(2)項が意図する義務の遂行において、州政府は、条件を満たした宗教団体と非政府機関と実業界に、できる限り大きな役割を与える。
(5) 第(3)項が意図するできる限り低い住民負担での保健サービスの実施義務に関する規定と、第(4)項が意図する宗教団体と非政府機関と実業界の参画に関する規定は、州地方規則で詳細を定める。
第60条
(1) 州政府と県／都市政府は、住民の栄養改善および向上の諸計画を策定して実施する義務を負い、またその実施にあたっては、条件を満たした宗教団体と非政府機関と実業界を参加させることができる。
(2) 第(1)項の意図する規定は、州地方規則で詳細を定める。

第18章　人口と労働力
第61条
(1) 州政府は、パプア州の人口成長に関して、指導、監視そして制御を行なう義務を負う。
(2) 州政府のあらゆる開発部門における土着のパプア人の活用、質的向上そして参加の実現を加速化させるために、人口政策を実施する。
(3) 政府が実施する国家的な国内移住政策の枠内でのパプア州における住民配置は、州知事の承認で行なわれる。
(4) 第(3)項の意図する住民の配置は、州地方規則で定める。
第62条
(1) 各人は、その才能と能力に応じて、ふさわしい職業や収入を得る権利と／または転職の権利を持つ。

(2) 土着のパプア人は、その教育と専門性に基づいて、パプア州内のすべての職業分野で職業を得るための機会を得、優先される権利を持つ。
(3) 第 (2) 項が意図する職業を得ることの中で、司法部門においては、土着のパプア人はパプア州の裁判官や検事に任命される優先権を持つ。
(4) 第 (1) 項と第 (2) 項の意図する規定は、詳細を州地方規則で定める。

第19章　持続的開発と環境
第63条
パプア州における開発は、領域内の整備計画に配慮して、持続的開発、環境保護、有益性、そして公正の諸原則を指針に行なわれる。
第64条
(1) パプア州政府は、その内部の整備を考慮し、生物的天然資源、非生物的天然資源、人工資源、生物的天然資源とその生態系の保存、文化的保護区、生物学上および気候上の変化の多様性を守り、慣習社会の諸権利と住民福祉の最大化に配慮して、融合的に環境管理を行なう義務を負う。
(2) 生物学上の多様性と最も重要な生態系の保護のために、州政府は保護区を運営する義務を負う。
(3) 州政府は、環境の管理と保護において、条件を満たした非政府機関を参画させる義務がある。
(4) パプア州に環境紛争解決のための独立機関を設置することができる。
(5) 第 (1) 項、第 (2) 項、第 (3) 項そして第 (4) 項が意図する規定は、詳細を州地方規則で定める。

第20章　社会
第65条
(1) 州政府はその権限に応じて、社会的問題を抱えたパプア州の住民に対して、適切な生活保障を与えて保護する義務を負う。
(2) 第 (1) 項の意図する義務を遂行する上で、州政府は非政府機関を含む社会にできる限り大きな役割を与える。
(3) 第 (1) 項と第 (2) 項の意図する規定は、州地方規則で詳細を定める。
第66条
(1) 州政府は、パプア州内で孤立し、辺境に追いやられ、無視されている諸エスニック・グループを進歩させるために、特別の配慮と対処を行なう。
(2) 第 (1) 項の意図する規定は、詳細を特別地方規則で定める。

第21章　監視

第67条

(1) 良好で、清潔で、権威があり、清潔で責任を持った行政遂行の枠内で、法の監視、政治の監視および社会の監視が行なわれる。

(2) 第 (1) 項の意図する社会の監視は、特別地方規則で詳細を定める。

第68条

(1) 地方行政の遂行の枠内で、政府は指針の付与や訓練および指揮を通じて便宜を図る義務を負う。

(2) 政府は、特別地方規則、州地方規則および州知事決定について、抑圧の監視を行なう権限がある。

(3) 政府は、法規則に基づき、地方行政の遂行について、職務上の監視を行なう権限がある。

(4) 政府は、法規則に基づき、県／都市行政の遂行の監視を、政府の代表としての州知事に委譲することができる。

第22章　協力と争議の解決

第69条

(1) パプア州は、必要に応じて、インドネシアの他の州と、経済・社会・文化部門における協力協定を行なうことができる。

(2) 第 (1) 項の意図する協定を行なった側同士の争議は、取り決められた法的手段によって解決される。

第70条

(1) パプア州内の県／都市間の争議は、州政府が便宜を図り、話し合いによって解決される。

(2) 県／都市と州との間の争議は、政府が便宜を図り、話し合いによって解決される。

第23章　移行規定

第71条

(1) この法律が有効となる以前に任命されたパプア州内の州知事、州副知事、州地方住民代表議会、県知事、県副知事、県地方住民代表議会、市長、副市長、都市地方住民代表議会はそのまま、その任期満了まで職務を遂行する。

(2) 法規則に基づく州および県／都市政府のすべての権限は、この法律に基づいて特別地方規則と州地方規則でさらなる規定がなされるまでは、依然として有効である。

第72条

(1) 最初の州知事とDPRPは、政府規則の策定資料として政府に提案するために、MRPの議員の条件と定数および選出方法を作成する。

(2) 政府は、第 (1) 項の意図する政府規則を、提案を受けてから遅くとも1ヵ月以内に定める。

第73条

この法律に規定された権限実施の枠内において、パプア州政府は法規則に基づき、費用・人員・装備にそれらの書類を含めた (P3D) 資産を受け取り、運用する権限を持つ。[242]

第74条

既存のすべての法規則は、この法律の中に規定されない限り、パプア州において依然として有効である。

第75条

この特別自治法の意図する実施規則は、法律化されてから遅くとも2年以内に定められる。

第24章　最終規定

第76条

パプア州の複数の州への分割は、社会文化の単一性、人的資源の準備、経済的能力および将来の発展を慎重に考慮した後、MRPとDPRPの合意を得て行なわれる。

第77条

この法律の修正提案は、法規則に基づき、MRPとDPRPを通じてパプア州の住民によって国家あるいは政府に提出することができる。

第78条

この法律の実施は毎年評価され、その第1回目の評価はこの法律の施行後3年目の年末に実施される。

第79条

この法律は、制定された日をもって有効となる。

各人に周知せしめるため、この法律の規定をインドネシア共和国官報に掲載することを命じる。

2001年11月21日にジャカルタにて承認
インドネシア共和国大統領　メガワティ・スカルノプトゥリ（署名）

2001年11月21日にジャカルタにて制定

---

[242] P3Dとは、インドネシア語のpembiayaan（費用）、personil（人員）、peralatan（装備）、dokumen（書類）の頭文字をつなぎ合わせた略語である。

インドネシア共和国国家書記　バンバン・クソウォ（署名）

インドネシア共和国官報2001年第135号

事項索引

あ行

アムネスティ・インターナショナル……48, 140, 220, 222
イリアン・インドネシア独立党(PKII)……83, 98, 100
イリアン・ジャヤ住民和解フォーラム(Foreri)……119
イリアン・ジャヤ青年会議(FKGMI)……118
インドネシア全国労働者組合(SPSI)……56
インドネシア独立委員会(KIM)……97, 98
インドネシア独立準備調査会……22, 81, 82, 133
インドネシア独立党(PIM)……97, 100, 114
ウニン流血事件……27

か行

紅白旗防衛戦線(FPMP)……188
国民解放軍(TPN または Tepenal)……28, 30, 32, 33, 48, 114, 116, 142, 165, 166
国民解放隊(Papenal)……114, 116
国連臨時行政府(UNTEA)……24, 38, 83, 85, 103, 107

さ行

真実和解委員会(KKR)……180, 181, 190, 227, 243
新メラネシア……187

た行

第3回パプア住民会議……28, 39, 42, 44, 88, 218, 219, 220, 221, 224, 225
第2回パプア住民会議……26, 124, 129, 130, 131, 132, 133, 137, 138, 139, 140, 142, 143, 145, 146, 150, 153, 154, 155, 156, 159, 160, 162, 165, 170, 171, 172, 219, 224
太平洋諸島フォーラム(PIF)……162
ティミカ事件……26
トランスミグラシ……69

な行

西パプア共和国暫定政府……114
西パプア国独立闘争組織……107, 108
西パプア国民解放議会……111
西パプア国民政府(WPNA)……43, 112, 221
西パプア青年国民委員会(KNPPB)……124
西パプアのための国際法律家会議(ILWP)……49
西パプア連邦……28, 42, 43, 219, 221, 222, 224, 225
西メラネシア……37, 38, 39, 111, 112, 117, 221
西メラネシア／西パプア最高代表議会……111
ニューギニア議会(Nieuw-Guinea Raad)……23, 24, 84, 85, 99, 100, 101, 103, 104, 135, 136
ニューギニア人党(PONG)……84, 100
ニューヨーク協定……24, 38, 85, 86, 103, 104, 107, 110, 127, 134, 136, 137, 138, 140, 142, 151, 153, 163, 166

は行

ハーグ協定……23, 98
パプア慣習議会(DAP)……27, 28, 32, 43, 73, 182, 221
パプア慣習社会研究所(LMA)……25, 35, 124
パプア議会常任幹部会(PDP)……26, 33, 35, 84, 89, 90, 124, 126, 128, 130, 131, 136, 138, 139, 142, 143, 144, 145, 148, 150, 151, 154, 156, 159, 160, 161, 162, 164, 165, 166, 167, 168
パプア議会団(Panel Dewan Papua)……126, 128, 138, 143, 144, 145, 154, 165, 167
パプア義勇軍(PVK)……100, 107
パプア国民委員会……23, 35, 38, 84, 100, 129, 139, 219, 224
パプア国民戦線(FNP)……84, 119, 158
パプア国民党(Parna)……84
パプア自警団(Satgas Papua)……124, 125, 142, 146, 158

事項索引　253

パプア住民協議会(MRP)……28, 145, 176, 177, 181, 183, 189, 190, 195, 197, 198, 199, 200, 201, 202, 203, 204, 205, 206, 207, 208, 209, 210, 211, 216, 224, 230, 233, 236, 237, 238, 239, 240, 249, 250
パプア大協議会(Mubes Papua)……28, 124, 125, 126, 127, 128, 131, 143, 145, 167, 170, 171
パプア独立委員会……130
パプア独立党(PPM)……84, 100
パプア・バプテスト教会連合……49, 50, 51
パプア・ロード・マップ……50, 51
バンカー提案……24, 103
フリーポート社……24, 25, 46, 53, 54, 55, 56, 57, 58, 59, 60, 61, 62, 117, 148, 211, 213, 226

ま行

マリノ会議……23, 94, 96
マンベサック……39
民族自決協議会(DMP)……3, 25, 35, 86, 87, 104, 105, 113, 114, 119, 127, 128, 136, 137, 138, 140, 141, 142, 146, 147, 152, 154, 163, 166, 206

ら行

ローマ覚書……38

わ行

ワシオール事件……26, 47
ワメナ事件……27, 47, 187

人名索引

あ行

アグス・A・アルア(Agus A. Alua) ……28, 129, 206, 207, 208, 211, 216
アクバル・タンジュン(Akbar Tanjung) ……159
アセル・デモテカイ(Aser Demotekay) ……104
アダム・マリク(Adam Malik) ……25, 86
アーノルド・クレメンス(Arnold Clemens Ap) ……39, 87
アブドゥルラフマン・ワヒッド(Abdurrahman Wahid) ……26, 35, 89, 90, 123, 127, 128, 129, 156, 160, 186
アブラハム・アトゥルトゥリ(Abraham Aturutri) ……186, 189, 190
アリ・ムルトポ(Ali Moertopo) ……86, 104, 147
アレックス・デゲイ(Alex Degey) ……115
アンドレアス・アジャミセバ(Andreas Ajamiseba) ……112
イサーク・ヒンドム(Isaak Hindom) ……70, 83
イフダル・カシム(Ifdal Kasim) ……42, 44, 48
ウィム・ルムサルウィル(Wim Rumsarwir) ……126
ウ・タント(U Thant) ……4, 102
エウリコ・グテレス(Eurico Guterres) ……188
エディソン・ワロミ(Edison Waromi) ……28, 39, 43, 219, 221
エドゥアード・ヘゲムル(Eduard Hegemur) ……114
エフリ・トゥリアスヌ(Efri Triassunu) ……60, 61
エリゼル・ヤン・ボナイ(Eliezer Yan Bonay) ……24, 71, 83, 107
エンドリアルトノ(Endriartono) ……33
オルティス・サンス(Ortiz Sanz) ……86, 105

か行

カイワイ(T.N.Kaiway) ……26, 89, 123
キンデルマン・ギレ(Kinderman Gire) ……28, 42
クンチャラニングラット(Koentjaraningrat) ……94
ケリー・カリック(Kelly Kwalik) ……28, 29, 30, 31, 32, 48, 117

さ行

サウル・ヒンドム(Saul Hindom) ……112, 114
サルウォ・エディ・ウィボウォ(Sarwo Edhie Wibowo) ……113
ジェームス・ニャロ(James Nyaro) ……72, 116
ジョコ・スヤント(Djoko Suyanto) ……48, 219
ジョージ・トイスタ(George Toisutta) ……49
ジョージ・ユヌス・アディチョンドロ(George Junus Aditjondro) ……39, 88
ジョン・イボ(John Ibo) ……27, 172, 188
シラス・パレパレ(Silas Parepare) ……81, 83, 96, 98
スカルノ(Soekarno) ……24, 81, 82, 94, 102, 103, 110, 133, 134, 146, 221, 223, 250
スゴロ・アトモプラソジョ(Soegoro Atmoprasodjo) ……96
スタルジョ・スルヨグリトノ(Soetardjo Soerjoguritno) ……159
スハルト(Suharto) ……4, 25, 70, 73, 88, 110, 114, 118, 122, 146, 147, 170
スルヤディ・スディルジャ(Surjadi Soedirdja) ……172, 193
セス・ルムコレム(Seth J. Rumkorem) ……36, 112, 114, 116

た行

ダイ・バクティアル(Dai Bachtiar) ……34
タハ・アルハミッド(Taha Al-Hamid) ……129, 146
ディアズ・グウィヤンゲ(Diaz Gwijangge) ……60
テイス・エルアイ(Theys H. Eluay) ……25, 26, 33, 34, 35, 36, 84, 89, 90, 119, 124, 125, 126, 128, 139, 159, 162, 164, 165, 168, 222
デービッド・ペケイ(David Pekei) ……113
テリアヌス・アロンゲアル(T.T.Aronggear) ……32, 107, 108

人名索引

トーマス・ワインガイ（Thomas Wainggai）……37, 38, 39, 112, 117, 118, 221
トム・ベアナル（Tom Beanal）……88, 119, 122, 124, 126, 139, 162
ドン・フラシー（Don A. Flassy）……130

な行

ナス・アパセライ（Nas Apaseray）……119, 133
ニコラス・ジョウエ（Nicolaas Jouwe）……98, 100, 107, 108, 111, 112, 114

は行

ハビビ（Habibie）……4, 25, 26, 89, 119, 120, 122, 123, 127, 128, 152, 186
ハッタ（Mohammad Hatta）……81, 82, 133, 134
ハナ・S・ヒコヤビ（Hana S. Hikoyabi）……206, 207
バラク・ソペ（Barak Sope）……162, 163
バルナバス・スエブ（Barnabas Suebu）……190
バンカー（Bunker）……102
フォルコルス・ヤボイセンブト（Forkorus Yaboisembut）……28, 32, 42, 43, 73, 219, 221, 225
プラボウォ（Prabowo）……89, 90
フランス・ウォスパクリック（Frans A. Wospakrik）……171
フランス・カイセポ（Frans Kaisiepo）……81, 94, 96
フレディ・ヌンベリ（Freddy Numberi）……123
ベニ・ムルダニ（Benny Moerdani）……72, 91
ベルナルド・ドウィヨゴ（Bernard Dowiyogo）……162
ヘルマン・ウォムシウォル（Herman Womsiwor）……107, 108
ヘルマン・モニム（Herman Monim）……186
ヘルマン・ワヨイ（Herman Wayoi）……103, 119
ペルメナス・アウォン（Permenas Herry Awon）……108
ベン・タンガフマ（Ben Tanggahma）……112
ヘンドリック・ジョク（Hendrik Joku）……107, 108

ま行

マヌサマ（Johan Manusama）……112
マルクス・カイセポ（Markus Kaisiepo）……107, 108, 111, 112, 114

マルセン・インディ（Marthen Indey）……81, 96, 97
マルトノ（Martono）……69, 72
ミミエ・テルコ・コハラ（Mimie Teruko Kohara）……37, 117
ムリダン・S・ウィジョヨ（Muridan S. Widjojo）……46
メガワティ（Megawati Sukarnoputri）……26, 27, 92, 173, 183, 186, 192, 250
メルキー・サロサ（Melky Salosa）……116, 117
モセス・ウェロー（Moses Werror）……84, 133

や行

ヤコブス・ソロッサ（Jacobus P. Solossa）……170, 171, 189
ヤコブ・ドゥイフェンフールド（Jacob Duivenvoorde）……156
ヤコブ・プライ（Jacob Pray）……114, 116
ユスフ・カラ（Jusuf Kalla）……44
ユスフ・マルティン・タナワニ（Yusuf M. Tanawani）……128, 139
ユドヨノ（Susilo Bambang Yudhoyono）……27, 51, 52, 204, 219
ヨハン・アリクス（Johan Ariks）……83, 98, 100
ヨリス・ラウェヤイ（Yorrys Th Raweyai）……118

ら行

ルカス・カレル・デゲイ（Lukas Karel Degey）……88
ルカス・ルムコレム（Lukas Rumkorem）……114
レオ・スリャディナタ（Leo Suryadinata）……66
レオ・ラディアル（Leo L. Ladiar）……156
ロデウィック・マンダチャン（Lodewijk Mandatjan）……83, 109

略語

Bakesbangpol（Badan Kesatuan Bangsa dan Politik）＝政治単一民族局
DAP（Dewan Adat Papua）＝パプア慣習議会
DMPまたはPepera（Dewan Musyawarah Penentuan Pendapat Rakyat）＝民族自決協議会
DOM（Daerah Operasi Militer）＝軍事作戦地域
DPD（Dewan Perwakilan Daerah）＝地方代表議会
DPR（Dewan Perwakilan Rakyat）＝国民代表議会（国会）
DPRD（Dewan Perwakilan Rakyat Daerah）＝地方住民代表議会
DPRP（Dewan Perwakilan Rakyat Papua）＝パプア住民代表議会（州議会）
ELSAM（Lembaga Studi dan Advokasi Masyarakat）＝社会アドボカシー研究所
FKGMI（Forum Komunikasi Generasi Muda Irian Jaya）＝イリアン・ジャヤ青年会議
FNP（Front Nasional Papua）＝パプア国民戦線
Foreri（Forum Rekonsiliasi Rakyat Irian Jaya）＝イリアン・ジャヤ住民和解フォーラム
FPMP（Front Pembela Merah Putih）＝紅白旗防衛戦線
GAM（Gerakan Aceh Merdeka）＝アチェ独立運動
GBHN（Garis-garis Besar Haluan Negara）＝国策大綱
GENAPA（Gerakan Nasional Papua）＝パプア国民運動
Gerasem（Gerakan Aspirasi Merdeka）＝独立要求運動
HPH（Hak Pengusahaan Hutan）＝森林事業権
ILWP（Internasional Lawyers for West Papua）＝西パプアのための国際法律家会議
Inpres（Instruksi Presiden）＝大統領指令
KIM（Komite Indonesia Merdeka）＝インドネシア独立委員会
KKR（Komisi Kebenaran dan Rekonsiliasi）＝真実和解委員会
KNPPB（Komite Nasional Pemuda Papua Barat）＝西パプア青年国民委員会
Kontras（Komisi untuk Orang Hilang dan Korban Tindak Kekerasan）＝暴力の犠牲者と行方不明者のための委員会
Kopassus（Komando Pasukan Khusus）＝陸軍特殊部隊
KPK（Komisi Pemberantasan Korupsi）＝汚職撲滅委員会
KPU（Komisi Pemilihan Umum）＝総選挙委員会
KWI（Konferensi Waligereja Indonesia）＝インドネシア・キリスト教会代表協議会
LIPI（Lembaga Ilmu Pengetahuan Indonesia）＝インドネシア科学院
LMA（Lembaga Masyarakat Adat）＝パプア慣習社会研究所
LPMAK（Lembaga Pengembangan Masyarakat Amungme dan Kamoro）＝アムンメ・カモロ社会発展研究所

MPR（Majelis Permusyawaratan Rakyat）＝国民協議会
MPRS（Majelis Permusyawaratan Rakyat Sementara）＝暫定国民協議会
MRP（Majelis Rakyat Papua）＝パプア住民協議会
MUI（Majelis Ulama Indonesia）＝インドネシア・イスラム法学者会議
Muspida（musyawarah pimpinan daerah）＝地方指導者協議会
NAPAN（Natural Papua Nasional）＝本来のパプア国
NNG（Nederlands Nieuw Guinea）＝蘭領ニューギニア
NRFPB（Negara Republik Federal Papua Barat）＝西パプア連邦共和国
OPM（Organisasi Papua Merdeka）＝パプア独立組織
Opsus（Operasi Khusus）＝特殊作戦
Papenal（Pasukan Pembebasan Nasional）＝国民解放隊
Parna（Partai Nasional）＝パプア国民党
PDP（Presidium Dewan Papua）＝パプア議会常任幹部会
Pemka（pemulihan keadilan）＝正義回復
Perdasus（Peraturan Daerah Khusus）＝特別地方規則
Perdasi（Peraturan Daerah Provinsi）＝州地方規則
PIF（Pacific Islands Forum）＝太平洋諸島フォーラム
PIM（Partai Indonesia Merdeka）＝インドネシア独立党
PIR（Perusahaan Inti Rakyat）＝庶民中核企業
PKII（Partai Kemerdekaan Indonesia Irian）＝イリアン・インドネシア独立党
PMKRI（Perhimpunan Mahasiswa Katolik Republik Indonesia）＝インドネシア共和国カトリック学生連盟
PmPm（Piagam Masyarakat Papua Merdeka）＝独立パプア社会憲章
POM TNI（Polisi Militer Tentara Nasional Indonesia）＝インドネシア国軍警察
PONG（Partai Orang Nieuw Guinea）＝ニューギニア人党
PP（Peraturan Pemerintah）＝政府規則
PPM（Partai Papua Merdeka）＝パプア独立党
PSI（Partai Sosialis Indonesia）＝インドネシア社会党
PVK（Papoea Vrijwilligers Korp）＝パプア義勇軍
RMS（Republik Maluku Selatan）＝南マルク共和国
SKP（Sekertariat Keadilan dan Perdamaian）＝平和と正義事務局
SPSI（Serikat Pekerja Seluruh Indonesia）＝インドネシア全国労働者組合
TPN　またはTEPENAL（Tentara Pembebasan Nasional）＝国民解放軍
Trikora（Tri Komando Rakyat）＝国民への三大指令
UNTEA（The United Nations Temporary Executive Authority）＝国連臨時行政府
WPNA（West Papua National Authority）＝西パプア国民政府

主な参考文献

- 播里枝監修『インドネシア資料集 上』(日本国際問題研究所、昭和47年)
- 播里枝監修『インドネシア資料集 下』(日本国際問題研究所、昭和48年)
- Wawan H.Purwanto, Papua 100 tahun ke depan (Jakarta, 2010)
- Lamadi de Lamato, Obat Demokrasi Papua; Tafsir Ekstrim Atas Polemik dan Isu Merdeka dan NKRI (Jayapura, 2010)
- Darpan Ariawinangum, Sandra Kartika ed., Memoria Passionis di Papua: Kondisi Sosial-Politik dan Hak Asasi Manusia 2001 (Jayapura, 2003)
- Agus A.Alua, Kongres Papua 2000 21 Mei-04 Juni: marilah Kita Meluruskan Sejarah Papua Barat (Jayapura, 2002)
- Agus A. Alua, MUBES PAPUA 23-26 Februari- Jalan Sejarah, Jalan Kebenaran (Jayapura, 2002)
- Dr.George Junus Aditjondro, Cahaya Bintang Kejora-Papua Barat Kajian Sejarah, Budaya, Ekonomi, dan Hak Asasi Manusia (Jakarta, 2000)
- Al Araf, Aliabbas, Ardi Manto, dll, Sekuritisasi Papua – Implikasi Pendekatan Keamanan terhadap Kondisi HAM di Papua (Jakarta, 2011)
- Tim SKP Jayapura, Memoria Passionis Di Papua – sepanjang 2004 Potret Sosial, Politik, dan HAM (Jayapura, 2006)
- Candra Gautama, ed., Memoria Passionis di Papua-Kondisi Hak Asasi Manusia dan Gerakan Aspirasi Merdeka: Gambaran 1999 (Jakarta, 2001)
- Theo P.A.van den Broek ofm, J.Budi Hernawan ofm, Frederika Korain, S.H., Adolf Kambayong ofm., Memoria Passions di Papua – Kondisi Sosial-Politik dan Hak Asasi Manusia 2001 (Jayapura, 2003)
- Theo P.A.van den Broek ofm, Frederika Korain S.H, Goglian Lumbangaol ofm, Memoria Passionis Di Papua – Kondisi Sosial-Politik dan Hak Asasi Manusia 2002-2003 (Jayapura, 2004)
- Tim SKP Jayapura, Memoria Passionis di Papua Tahun 2005 – Catatan Sosial, Politik, HAM (Jayapura, 2007)
- Muridan S.Widjojo ed., Papua Road Map (Jakarta, 2009)
- BPS, Statistik Indonesia 2011 (Jakarta, 2011)
- BPS, Statistik Indonesia 1994 (Jakarta, 1995)
- Cypri J.P.Dale & John Djonga, Paradoks Papua (Keerom, Papua, 2011)
- P.J.Drooglever, Tindakan Pilihan Bebas! Orang Papua dan Penentuan Nasib Sendiri (Yogyakarta, 2010)
- Leo Suryadinata, Evi Nurvidya Arifin, Aris Ananta, Penduduk Indonesia- Etnisitas dan Agama dalam Era Perubahan Politik (Jakarta, 2003)

- Departemen Pendidikan Nasional, Kamus Besar Bahasa Indonesia (Jakarta, 2008)
- Sri Edi Swasono & Masri Singarimbun ed., Transmigrasi di Indonesia 1905-1985 (Universitas Indonesia, 1986)
- Marël Otten, Transmigrasi: Indonesian Resettlement Policy 1965-1985 (Copenhagen, 1986)
- Decki Natalis Pigay BIK, Evolusi Nasionalisme Dan Sejarah Konflik Politik Di Papua (Jakarta, 2000)
- Koentjaraningrat ed., Irian Jaya-Membangun Masyarakat Majemuk (Jakarta, 1993)
- John RG Djopari, Pemberontakan Organisasi Papua Merdeka (Jakarta, 1993)
- Prof.Mr.Hadji Muhammad Yamin, Naskah Persiapan Undang-Undang Dasar 1945 Djilid Pertama (Jajasan Prapantja, 1959)
- Pim School, ed., Belanda di Irian Jaya-Amtenar di Masa Penuh Gejolak 1945-1962. (Jakarta, 2001)
- Paskalis Kossay, S.Pd.MM, Konflik Papua-Akar Masalah dan Solusi (Jakarta, 2011)
- Tuhana Taufiq Andrianto, Mengapa Papua Bergolak? (Yogyakarta, 2001)
- Widjiono Wasis, Ensiklopedi Nusantara (Jakarta, 1989)
- Y.B.Sudarmanto, Jelak-jejak Pahlawan: Dari Sultan Agung Hingga Syekh Yusuf (Jkakarta, 1996)
- Ross Garnaut & Chris Manning, Perubahan Sosilal Ekonomi Di Irian Jaya (Jakarta, 1979)
- Frits Bernard Ramandey, Irian Barat, Irian Jaya, sampai Papua (Jayapura, 2007)
- Marwati Djoened Poesponegoro, Nugroho Notosusanto, Sejarah Nasional Indonesia IV (Jakarta, 1993)
- Carmel Budiardjo, Liem Soei Lion, West Papua: The Obliteration of a People (London, 1989)
- Nazarruddin Sjamsuddin, Integrasi Politik di Indonesia (Jakarta, 1989)
- Viktor Kaisiepo, Satu Perspektif untuk Papua-Cerita Kehidupan dan Perjuanganku (Yogyakarta, 2012)
- Dr.Jacobus Perviddya Solossa, Drs.M.Si, Otonomi Khusus – Mengangkat Martabat Rakyat Papua Di Dalam NKRI (Jakarta, 2006)
- Agus Sumule ed., Mencari Jalan Tengah – Otonomi Khusus Provinsi Papua (Jakarta, 2003)
- Hadi Setia Tunggal, ed. Peraturan Pelaksanaan Undang-Undang Otonomi Khusus Papua dan Putusan Mahkamah Konstitusi Nomor 0018/PUU-1/2003 tentang Pemekaran Propinsi Papua (Harvarindo, 2007)
- Paskalis Keagop dkk, Rekam Jejak Majelis Rakyat Papua 2005-2010 (Jayapura, 2010)
- Jim Elmslie and Camellia Webb Gannon with Peter King, A report for the West Papua Project of the Center for Peace and Conflict Studies (The University of Sydney, July 2010)
- Forkorus Yaboisembut, Surat Pernyataan Penolakan Sidang Pengadilan Makar dan Minta Perundingan Politik. (Jayapura, 30 Januari 2012)

井上 治（いのうえ・おさむ）
1964年、東京生まれ。
1987年、拓殖大学政経学部政治学科卒業。
1992年、同大学院経済学研究科博士後期課程満期退学。
　社団法人国際情勢研究会研究員、ダルマプルサダ大学（インドネシア）客員講師などを経て、
2003年、拓殖大学政経学部助教授。
2011年、拓殖大学政経学部教授。
【主な著作】
単著：『ペタ関連資料・日本人指導官の意識と行動・森本武志・ジャワ防衛義勇軍』（鳳書房、1995年）
編著：『ペタ関連資料・カプテン柳川留魂録・ジャワ防衛義勇軍・柳川宗成遺稿集』（鳳書房、1997年）
共著：岩崎育夫編『新世代の東南アジア〜政治・経済・社会の課題と新方向』（成文堂、2007年）、
　　　加納啓良監修『インドネシア検定』（めこん、2010年）など。

インドネシア領パプアの苦闘
分離独立運動の背景

初版第1刷発行　2013年11月10日

定価2800円＋税

著者　井上治Ⓒ
装丁　臼井新太郎
発行者　桑原晨
発行　株式会社 めこん
〒113-0033　東京都文京区本郷3-7-1
電話03-3815-1688　FAX03-3815-1810
URL：http://www.mekong-publishing.com

組版　字打屋實兵衛
印刷　太平印刷社

ISBN978-4-8396-0275-8　C3031　¥2800E
3031-1311275-8347

JPCA 日本出版著作権協会
http://www.e-jpca.com/

本書は日本出版著作権協会（JPCA）が委託管理する著作物です。本書の無断複写などは著作権法上での例外を除き禁じられています。複写（コピー）・複製、その他著作物の利用については事前に日本出版著作権協会（電話03-3812-9424 e-mail：info@e-jpca.com）の許諾を得てください。